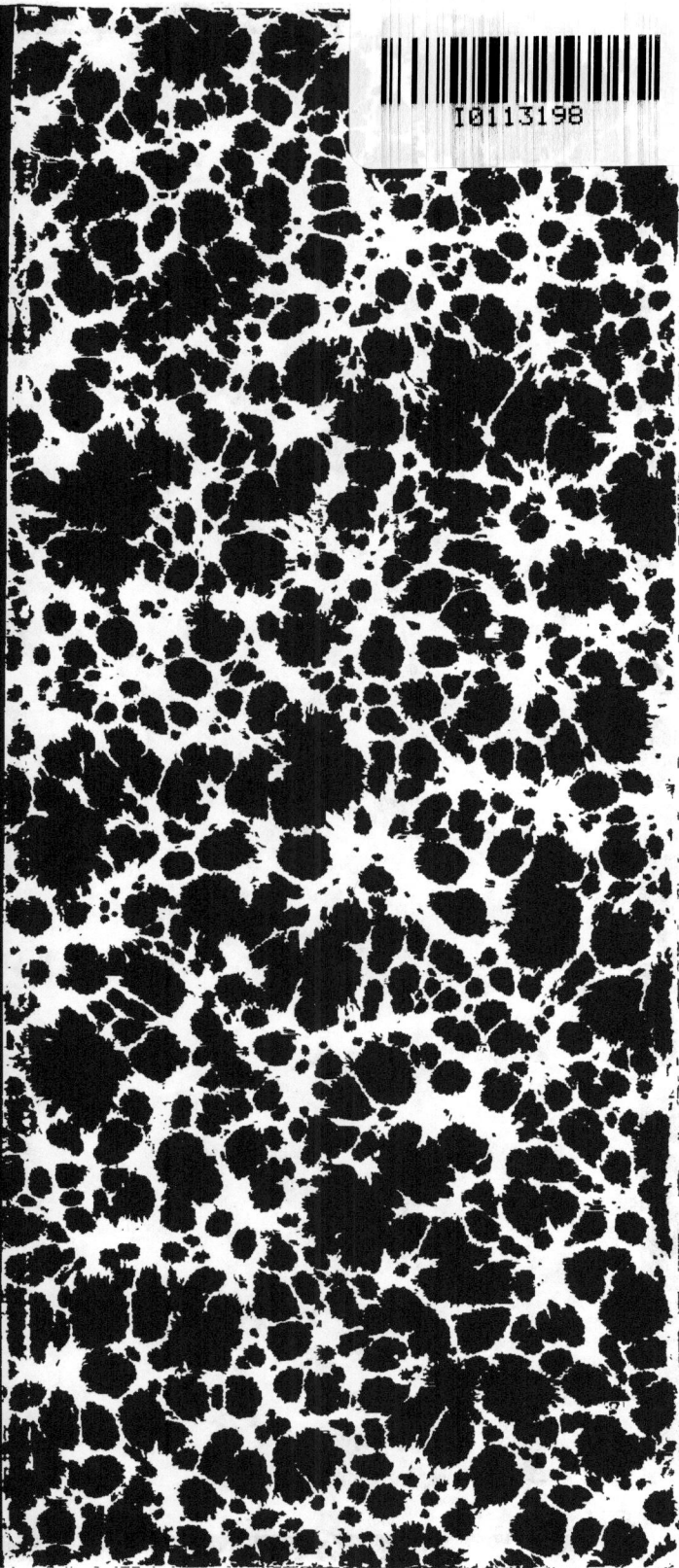

LE
MONDE DES RÊVES

PAR

P. MAX SIMON

MÉDECIN EN CHEF A L'ASILE PUBLIC D'ALIÉNÉS DE BRON,
MÉDECIN-INSPECTEUR DES ASILES PRIVÉS DU RHÔNE.

DU RÊVE EN GÉNÉRAL — LE RÊVE ET LES SENS
LE RÊVE ET L'ORGANISME — LE RÊVE ET L'ESPRIT
SUR L'HALLUCINATION VISUELLE — LES INVISIBLES
ET LES VOIX — INCUBES, SUCCUBES ET VAMPIRES
HALLUCINATIONS PHYSIOLOGIQUES — HALLUCINATIONS
HYPNAGOGIQUES — DU SOMNAMBULISME ET DE
LA VISION SOMNAMBULIQUE — DE L'EXTASE
DE L'HYPNOTISME — DE L'ILLUSION — OPIUM, HASCHISCH
ET ALCOOL — DU RAGLE — LE CERVEAU ET LE RÊVE

PARIS
LIBRAIRIE J.-B. BAILLIÈRE ET FILS
19, rue Hautefeuille, 19
—
1882

LE MONDE

DES RÊVES

DU MÊME AUTEUR

HYGIÈNE DE L'ESPRIT

AU POINT DE VUE PRATIQUE

DE LA PRÉSERVATION DES

MALADIES MENTALES ET NERVEUSES

(2ᵉ édition).

POUR PARAITRE PROCHAINEMENT

CRIMES

ET

DÉLITS DANS LA FOLIE

LYON, IMPRIMERIE SCHNEIDER FRÈRES, QUAI DE L'HÔPITAL, 12.

LE
MONDE DES RÊVES

PAR

P. MAX SIMON

MÉDECIN EN CHEF A L'ASILE PUBLIC D'ALIÉNÉS DE BRON,
MÉDECIN-INSPECTEUR DES ASILES PRIVÉS DU RHÔNE.

DU RÊVE EN GÉNÉRAL — LE RÊVE ET LES SENS
LE RÊVE ET L'ORGANISME — LE RÊVE ET L'ESPRIT
SUR L'HALLUCINATION VISUELLE — LES INVISIBLES
ET LES VOIX — INCUBES, SUCCUBES ET VAMPIRES
HALLUCINATIONS PHYSIOLOGIQUES — HALLUCINATIONS
HYPNAGOGIQUES — DU SOMNAMBULISME ET DE
LA VISION SOMNAMBULIQUE — DE L'EXTASE
DE L'HYPNOTISME — DE L'ILLUSION — OPIUM, HASCHISCH
ET ALCOOL — DU RAGLE — LE CERVEAU ET LE RÊVE

PARIS
LIBRAIRIE J.-B. BAILLIÈRE ET FILS
19, rue Hautefeuille, 19
—
1882

A MONSIEUR LE Dr LOMBARD

DÉPUTÉ DU JURA

AU SAVANT DISTINGUÉ, AU CHIRURGIEN HABILE

A L'AMI

P. MAX SIMON.

PRÉFACE

Il est tout un ensemble d'images qui s'offrent sous des aspects plus ou moins identiques dans le souvenir, dans le rêve et l'hallucination. Ce sont les circonstances de la formation de ces images que nous étudions ici.

On est assez porté à croire que les phénomènes qui constituent le souvenir, l'imagination, le rêve, l'hallucination sont essentiellement différents. Nous espérons que le lecteur, après avoir lu le présent ouvrage, sera amené à penser qu'entre ces divers ordres de manifestations mentales il n'y a guère qu'une différence de degré et que c'est par le même mécanisme, si je puis dire, qu'elles se produisent. En même temps que j'ai essayé de montrer l'identité de ces phénomènes, que j'ai cherché à établir quelques-unes des lois qui président à leur production, je me suis efforcé de pénétrer leur nature, qui paraît consister en des modes de mouvements.

Outre ce que je viens d'indiquer, on trouvera dans ce livre un certain nombre de vues et des solutions non encore proposées, touchant certaines questions envisagées sous un aspect assez différent de celui sous lequel on a l'habitude de les considérer. Ces vues, je les crois de nature à jeter quelque lumière sur d'obscurs et difficiles problèmes, et j'espère que les solutions proposées ne paraîtront pas trop éloignées de la vérité. Que si je me trompais dans mon appréciation sur un travail que je suis trop naturellement enclin à juger favorablement, si j'ai simplement réussi à faire naître sur les questions traitées dans cet ouvrage une curiosité plus vive et à provoquer dans une branche de la science de difficile abord des recherches suivies, j'estimerai encore n'avoir point écrit un livre inutile.

P. MAX SIMON.

Lyon, juin 1882.

LE MONDE DES RÊVES

CHAPITRE PREMIER.

DU RÊVE EN GÉNÉRAL.

Le rêve est assurément un des phénomènes les plus intéressants que présente le sommeil, et si l'on veut bien considérer l'extrême analogie que le rêve paraît offrir avec l'hallucination, même avant toute étude comparative de ces deux manifestations mentales, on comprendra l'attrait qu'un tel sujet peut avoir pour le médecin aliéniste. Aussi bien n'avons-nous pas hésité à aborder cette question de la nature du rêve, pour obscure et difficile qu'elle soit.

C'est, on le sait, au commencement du sommeil et près du réveil que les rêves s'offrent le plus fréquemment. Il n'y a pas lieu, du reste, de nous étonner de ce fait. On ne saurait guère, en effet, comprendre le rêve coexistant avec la suspension absolue de l'action cérébrale qui paraît constituer le sommeil complet, et l'on conçoit, dès lors, que cette demi-activité qui précède le sommeil et le réveil doive être, si je puis dire, le véritable milieu du rêve.

Le rêve consiste essentiellement dans la production d'images cérébrales dont nous gardons au réveil un souvenir vague ou précis. Ces images peuvent être des images purement sensorielles ou des images-signes : ces deux genres d'images peuvent également coexister. Dans le premier cas, nous assistons à des scènes plus ou moins bien enchaînées, nous voyons, nous entendons parfois, bien qu'assez rarement néanmoins, nous éprouvons des sensations variées ; dans le second cas, nous associons des idées, nous parlons, nous composons.

Il est d'observation vulgaire que les images qui naissent pendant le sommeil se transforment très rapidement. Tantôt cette transformation a lieu, comme nous verrons que cela arrive pour l'hallucination, par le remplacement total des images : il se fait comme une sorte de changement à vue, et c'est là, croyons-nous, le cas le plus ordinaire. Parfois encore, une image se métamorphose : ses diverses parties disparaissent successivement et sont remplacées par d'autres fractions d'images, dont la réunion donne naissance à un autre objet.

Les images du rêve sont la reproduction d'objets vus pendant la veille à une époque souvent très rapprochée, parfois si lointaine que nous en avons perdu le souvenir; et si des créations absolument étranges et insolites nous apparaissent, c'est qu'elles sont le résultat de la juxtaposition d'objets ou de fractions d'objets que nous n'avons vus que séparés dans le monde extérieur. Cela est si vrai que dans les créations les plus fantastiques, dans les associations les plus hétérogènes, nous pouvons souvent reconnaître les éléments que nous avons empruntés à à tel ou tel être vivant ou inanimé pour composer la monstruosité qui nous cause autant d'étonnement que d'effroi. Je me rappelle, en ce moment, un rêve qui, à ce point de vue, m'a jadis frappé : j'avais rencontré dans la journée une personne d'une taille extrèmement petite, et j'avais causé assez longuement avec cette personne, dont j'avais remarqué le costume assez original. La nuit même, je vis en rêve un personnage de même taille et de même costume que mon interlocuteur; mais les yeux du personnage de mon rêve étaient bien différents de ceux du personnage réel. Ceux-ci, en effet, étaient très beaux, tandis que l'être fantastique de mon songe avait des yeux en forme de boule et extrêmement saillants. Il me fut facile, à cause de son étrangeté même, de trouver la raison d'une telle image : dans la matinée, j'avais considéré assez longuement une statuette représentant un monstre japonais ayant précisément ces yeux.

Les éléments du rêve sont donc uniquement empruntés à la réalité. J'ajouterai que l'image du rêve est dans un rapport extrêmement étroit avec l'image sensitive antérieurement perçue; pour mieux dire, cette image est la reproduction intégrale, absolue de cette perception. C'est, en somme, la perception même, retenue avec les qualités ou les défauts qu'elle doit aux appareils sensitifs plus ou moins parfaits qui l'ont apportée au centre encéphalique, qui revient à nouveau impressionner le sensorium.

M. Maury, dans son ouvrage si intéressant sur le sommeil et les rêves a bien remarqué cette manière d'être spéciale des images du rêve qui fait qu'elles sont exactement semblables aux images sensorielles de la veille; mais ce savant distingué donne de ce fait une raison qu'il nous est absolument impossible d'admettre : « J'ai la vue basse et mauvaise, dit M. Maury, et à la fenêtre je ne saurais distinguer nettement une personne passant dans la rue. Eh bien! j'ai plusieurs fois, en songe, cru apercevoir de ma croisée des gens qui étaient dehors, et je ne les distinguais pas mieux que je ne l'eusse fait dans la réalité. Evidemment, ajoute l'auteur que nous citons, il n'y a pas de myopie imaginative ; c'était la mémoire de ma mauvaise vue qui me faisait voir aussi mal dans mon rêve (1). » L'observation est vraie et curieuse, mais l'explication du fait est inadmissible, et, selon nous, ce n'est pas à la mémoire de sa mauvaise vue que le savant membre de l'Institut devait d'apercevoir en rêve des images confuses ; ces images, ayant été antérieurement vicieusement, si je puis dire, confusément perçues par un appareil visuel imparfait, se présentaient de nouveau au sensorium pendant le rêve avec ce même caractère de confusion.

Dans le rêve comme dans l'hallucination il arrive parfois que les images offrent des dimensions absolument anormales. Tantôt on aperçoit

_____

(1) Maury. *Le Sommeil et les Rêves.*

en rêve des personnages extrêmement petits,
de véritables nains; d'autrefois, les objets que
nous présente le rêve offrent des dimensions
veritablement gigantesques. Dans ce dernier cas,
il n'est pas rare que le rêve prenne un caractère
effrayant. Le rêveur est dans le cas de Gulliver
à Brobdingnag, quand, pour la première fois, il
aperçoit un des habitants du pays des géants.
On imagine bien que, si le rêveur est lui-même
le sujet d'un rêve de ce genre, sa surprise, son
étonnement peuvent aller jusqu'à la terreur.

On peut se demander la raison de la production dans le rêve de ces images prodigieusement grossies. Cette raison échappe assurément
la plupart du temps. Parfois, pourtant, il semble
possible d'en trouver l'explication dans l'association de diverses impressions sensorielles. On
sait, en effet, que la compression d'un membre,
par suite d'une mauvaise position gardée trop
longtemps, ne tarde pas à faire naître la sensation d'un poids énorme et que le membre, le
bras si l'on veut, ainsi comprimé, semble avoir
des dimensions extraordinaires. Les rêves visuels,
où certaines parties du corps du rêveur lui
apparaissent avec des dimensions hors nature,
ne sont-ils pas liés à une image tactile naissant

de quelque compression accidentelle et vague-
ment perçue ? Je n'oserais l'affirmer, n'ayant par
devers moi aucune observation sur ce point ;
mais je pense que la plus exacte rigueur scientifique ne saurait interdire la supposition que je
viens de faire.

Jusqu'ici nous avons surtout considéré les
images visuelles, nous allons maintenant nous
occuper des images auditives et tactiles, qui,
après les images visuelles, sont les plus fréquentes dans les rêves. Les images gustatives et
celles fournies par l'odorat sont beaucoup plus
rares, ces dernières surtout ne paraissent se
rencontrer que très exceptionnellement.

Bien que l'existence des rêves intéressant le
sens de l'ouïe ne puisse être mise en doute, ces
rêves sont pourtant moins fréquents qu'on ne
pourrait le croire tout d'abord. Si, en effet,
nous examinons avec quelque attention les rêves
où se tiennent des discours en notre présence,
ceux où nous parlons nous-mêmes, nous ne
tardons pas à reconnaître que dans beaucoup de
ces rêves il n'y a véritablement pas d'image
auditive. Nous comprenons le personnage avec
lequel nous nous entretenons, mais nous ne l'entendons pas ; souvent encore, nous nous faisons

comprendre nous-mêmes, mais nous n'avons pas conscience, — cette singulière conscience du rêve — du son de nos paroles : il n'y a donc pas image auditive. Je ferai remarquer qu'en présence de cette particularité, on ne peut s'empêcher de se rappeler ces aliénés qui prétendent qu'on leur parle par la pensée. Eux non plus ne perçoivent pas d'images auditives et, comme le rêveur, ils ont conscience d'idées qu'ils n'imaginent pas naître de leur propre cerveau, mais qu'ils croient leur être communiquées par un personnage imaginaire. Les rêves du genre de ceux dont nous nous occupons ne sont pas très rares ; en voici un exemple qui m'est personnel : Je me trouvais dans une salle immense, ayant devant moi un professeur âgé, de figure grave, qui développait devant un nombreux auditoire des considérations sur les nouvelles théories qui ont fait de nos jours de la physique une science si séduisante. Un tableau noir était couvert de figures et de calculs, que continuait à tracer le personnage de mon rêve. Je suivais l'exposition du professeur, je voyais ses gestes ; cependant, je n'entendais aucune parole, et, dans mon rêve, j'avais conscience de ce silence ; mais, comme il arrive si souvent dans les songes, cette singularité me paraissait une chose toute naturelle.

Je le répète, on ne saurait voir dans le songe que je viens de rapporter un rêve auditif; il s'agit simplement d'un rêve intellectuel, d'un rêve constitué par des images-signes et accompagné d'images visuelles. Nous avons donc ici quelque chose d'analogue à un phénomène que nous étudierons plus loin en parlant de ces hallucinations sans productions d'images auditives et que **M.** Baillarger a appelées hallucinations **psychiques.** C'est ainsi que presque à chaque pas dans l'étude du rêve nous trouvons des ressemblances entre le songe et les divers phénomènes de la folie. Cela dit, occupons-nous des rêves auditifs.

Dans ces rêves, une image auditive est réellement perçue. Tantôt, c'est la voix des interlocuteurs du rêve dont le dormeur a conscience; tantôt, ce sont des bruits de diverses sortes qui parviennent au sensorium. Souvent ces images auditives disparaissent avec les images visuelles qu'elles accompagnent et, d'autres images naissant, la fantasmagorie du rêve se poursuit avec ses variations habituelles, ses changements imprévus d'images sensorielles. Mais il arrive par-

fois que l'image auditive est d'une telle vivacité
qu'elle amène le réveil. Ce sont surtout les
rêves de nature effrayante qui offrent cette particularité. Qu'une personne rêve d'un coup de
pistolet tiré sur elle, il y a grande chance pour
que ce rêve soit suivi d'un réveil immédiat, et il
est des cas où la sensation subjective a été si vive
que l'oreille du dormeur est encore remplie, si
je puis dire, du bruit qu'il a rêvé : il entend
encore. Nous avons donc ici un véritable rêve
hallucinatoire, ce qui montre bien que le rêve et
l'hallucination sont deux phénomènes de nature
identique. Ce que je dis ici des rêves auditifs,
j'aurais pu le dire des images visuelles du songe,
car un phénomène analogue se produit quand
ces dernières ont une certaine vivacité : Le
Dr Liébault a raconté que, rêvant incendie et
venant à s'éveiller, il aperçut l'image de l'incendie qu'il avait rêvé (1). J'ai eu l'occasion de constater chez une personne d'une imagination très
vive un fait semblable. Enfin, on a rapporté
également l'histoire d'un médecin qui, préoccupé de la maladie d'un de ses enfants, s'endormit dans un fauteuil et vit en rêve la figure

(1) Liébault. *Du Sommeil et des états analogues.*

d'un babouin gigantesque : s'éveillant en sursaut, il aperçut encore pendant quelques instants le babouin de son rêve (1).

Touchons-nous souvent les objets que nous offre le rêve ou, en d'autres termes, percevons-nous souvent des images tactiles ? Sans être très fréquentes, ces images existent néanmoins. Tantôt elles sont agréables, comme dans les rêves voluptueux ; tantôt, au contraire, elles ont un caractère pénible : nous subissons le contact de quelque bête horriblement velue ou visqueuse, particularité qui se rencontre très fréquemment dans le cauchemar. Enfin, il arrive encore que nous avons la sensation d'un coup que nous donnerions sur un corps extrêmement dur et résistant ; quelquefois aussi, il nous semble que nous nous sommes nous-mêmes frappés. Je ferai remarquer également que certaines impressions tactiles, éprouvées dans le cours des rêves éro-tiques ne sont pas toujours de nature agréable. La même remarque peut s'appliquer aux hallu-cinations du sens génital, mais je dois dire que le fait est infiniment plus rare quand il s'agit des rêves.

(1) Macario. — *Du Sommeil, des Rêves et du Somnambu-lisme.* Voir aussi Tissot. *L'Imagination.*

Il est une sensation souvent perçue en rêve, qu'il est assez difficile de classer, mais qui me semble pourtant devoir être rattachée aux images tactiles. Je veux parler de la sensation de voler, d'être précipité dans un insondable abîme, d'être entraîné à travers l'immensité de l'espace. Il me paraît évident que dans le cas dont nous nous occupons, c'est bien la sensibilité qui est en jeu. Pour mieux nous rendre compte de cette sensation du rêve, il faut nous reporter à un phénomène très intéressant, parfois pathologique, mais que quelques personnes éprouvent à l'état physiologique : je veux parler du vertige. Le vertige se présente sous des formes assez différentes ; mais il est une de ces formes dans laquelle la personne en proie au vertige est comme emportée plus ou moins rapidement, se sent entraînée dans un mouvement de va-et-vient ou animée d'un mouvement rotatoire. Nous verrons ailleurs que cette variété de la sensation vertigineuse doit être vraisemblablement rattachée à l'hallucination tactile et constitue une des modalités de l'hallucination hypnagogique de la sensibilité. En tout cas, il est difficile de n'être pas frappé de l'analogie du phénomène du vertige avec les sensations du rêve dont nous venons de parler.

J'ai dit plus haut que les rêves ayant rapport au sens de l'odorat et au sens du goût ne sont pas très fréquents. Brillat-Savarin a signalé la rareté de ces images sensorielles. « Il est rare, dit cet écrivain, que les sensations éprouvées en rêvant se rapportent au goût et à l'odorat. Quand on rêve d'un parterre ou d'une prairie, on voit les fleurs sans en sentir le parfum ; si on croit assister à un repas, on voit les mets sans en savourer le goût (1). » Nous verrons plus tard que cette opinion de Brillat-Savarin ne saurait être entièrement acceptée. Si elle est généralement vraie pour le sens de l'odorat, elle est bien moins exacte pour celui du goût. Le premier de ces sens donne lieu lui-même à un certain nombre de rêves. MM. Macario et Maury en ont rapporté des exemples que nous citerons ailleurs. Le premier de ces auteurs a même constaté, dans les deux faits qu'il rapporte, que l'impression odorante a persisté après le réveil ; de sorte que nous trouvons encore ici l'extrême analogie, ou, pour mieux dire, l'identité du songe et de l'hallucination, que nous avons signalée à propos des autres images sensorielles du rêve.

(1) Brillat-Savarin. *Physiologie du goût.*

L'incohérence est le caractère le plus ordinaire des rêves. Les images, les scènes, se
succèdent sans ordre. Il arrive parfois cependant que les rêves sont, si je puis dire, régulièrement agencés, que les scènes sont bien ordon-
nées, que les discours que nous tenons ou que
nous entendons présentent un enchaînement
qui les fait à peine différer des productions de
l'esprit pendant la veille. Nous verrons plus tard
à quoi il faut attribuer cette particularité de
certains songes. Mais, même dans les rêves absolument incohérents, il est souvent possible de
discerner entre les différentes scènes qu'ils
composent un lien bien réel, quoique tout à fait
artificiel. M. Maury, que nous aurons encore bien
des fois l'occasion de citer, a très nettement mis
en lumière cette association des images du rêve.
Je ne saurais mieux faire que de reproduire ici
la page dans laquelle le savant académicien a
montré par quelles transitions singulières les
conceptions du rêveur se succèdent et s'engendrent. « Après un pèlerinage à Jérusalem ou à la
Mecque, à la suite d'une foule d'aventures que
j'ai oubliées, dit M. Maury, je me trouvais rue
Jacob, chez M. Pelletier, le chimiste, et, dans
une conversation que j'eus avec lui, il me donna

une pelle de zinc, qui fut mon grand cheval de
bataille dans un rêve subséquent, plus fugace
que les précédents et que je n'ai pu me rappeler.
Voilà trois idées, trois scènes principales qui
sont visiblement liées entre elles par ces mots :
pèlerinage, *Pelletier*, *pelle*, c'est-à-dire par
trois mots qui commencent de même et qui
s'étaient évidemment associés par assonance ;
ils étaient devenus les liens d'un rêve en apparence fort incohérent. Je fis un jour part de
cette observation à une personne de ma connaissance, qui me répondit qu'elle avait le souvenir
très présent d'un rêve de la sorte. Les mots
jardin, *Chardin* et *Janin* s'étaient si bien associés dans son esprit, qu'elle vit tour à tour en
rêve le Jardin-des-Plantes, où elle rencontra le
voyageur en Perse, Chardin, qui lui donna à son
grand étonnement, je ne sais si ce fut à raison
de l'anachronisme, le roman de Jules Janin :
L'âne mort et la femme guillotinée. Je cite un
nouvel exemple, encore emprunté à mes propres observations, et qui dénote une association
d'une nature également vicieuse. Je pensais au
mot *kilomètre*, et j'y pensais si bien que je
m'imaginais en rêve marcher sur une route où
je lisais les bornes qui marquent les distances

évaluées au moyen de cette mesure itinéraire. Tout à coup je me trouve sur une de ces grandes balances dont on fait usage chez les épiciers, sur l'un des plateaux de laquelle un homme accumulait des *kilos*, afin de connaître mon poids, puis, je ne sais trop comment, cet épicier me dit que nous ne sommes pas à Paris, mais dans l'île *Gilolo*, à laquelle je confesse avoir très peu pensé dans ma vie ; alors mon esprit se porte sur d'autres syllabes de ce nom, et, changeant en quelque sorte de pied, je quittai le premier et me mis à glisser sur le second ; j'eus successivement plusieurs rêves dans lesquels je voyais la fleur *lobélia*, le général *Lopez*, dont je venais de lire la déplorable fin à Cuba ; enfin, je me réveillai en faisant une partie de *loto*. Je passe, il est vrai, quelques circonstances intermédiaires dont le souvenir ne m'est pas assez présent, et qui ont vraisemblablement aussi des assonances pour étiquettes. Quoi qu'il en soit, le mode d'association n'en est pas moins ici manifeste. Ces mots, dont l'emploi n'est certes pas journalier, avaient enchaîné des idées fort disparates (1). »

(1) Maury. *Le Sommeil et les Rêves.*

Cette analyse fine et délicate est assurément intéressante. Elle nous fait voir le lien un peu artificiel, il est vrai, mais bien réel cependant, qui unit ces scènes variées et incohérentes du songe. Des images-signes ayant entre elles une étroite connexion, une syllabe commune, s'entraînent l'une l'autre en quelque sorte, et amènent avec elles les images sensorielles dont elles sont la représentation. Mais comme une seule image, et une image représentative, conventionnelle, et j'allais presque dire une fraction d'image, est le pivot sur lequel roule tout l'enchaînement, toute l'association des images du rêve, il en résulte une incohérence extrême dans les scènes qui se succèdent dans l'esprit du dormeur. Il y a pourtant un enchaînement réel dans les phantasmes, mais c'est un enchaînement en quelque sorte matériel et, partant, parfaitement illogique.

J'ai dit tout à l'heure que certains rêves, ainsi que nous le verrons ailleurs, présentent une remarquable cohérence. Mais, même dans ces rêves où un discours prononcé par un des personnages du rêve est suivi, rempli de déductions rigoureuses et savantes, il arrive parfois que le rêve offre pourtant quelque détail abso-

lument singulier, anormal et grotesque. Ce
personnage que nous entendons parler si docte-
ment, le fera placé dans une position ridicule,
se livrant aux plus bizarres excentricités. Les
lecteurs, qui voudront bien chercher dans leur
mémoire quelques-uns de leurs rêves, reconnaî-
tront avec moi la vérité de ce que j'avance ici.

Pour en finir avec ces généralités sur les
rêves, demandons-nous ce que peuvent durer
en réalité des songes qui parfois nous paraissent
si compliqués, si remplis d'événements, si longs,
qu'il semble qu'une vie entière y ait été vécue.
Des faits assez nombreux et bien observés nous
montrent que quelques instants suffisent à faire
passer devant l'œil de notre esprit des milliers
d'événements. M. Maury a raconté (1) que
dans l'intervalle très court qui s'écoula entre
la chute de la flèche de son lit tombée sur son
cou, et le réveil qui suivit presque immédiatement, il rêva de la terreur, assista à des scènes
de massacre et comparut devant le tribunal révo-
lutionnaire, fut jugé, condamné à mort et monta
sur l'échafaud, au milieu d'un concours immense de peuple : quelques secondes avaient

(1) *Ouvrage cité.*

suffi à tous ces événements. Encore un fait et je termine : Un soir que Casimir Bonjour assistait à la représentation d'une de ses pièces, souffrant et fatigué, il s'endort. Il voit en songe représenter son drame tout entier, suivant, avec l'intérêt qu'on peut comprendre, le développement de l'action et les diverses émotions du public. Enfin, la pièce se termine au milieu des plus chaleureux applaudissements. A ce moment, le dormeur s'éveille et constate avec surprise qu'on en est seulement aux premiers vers de la première scène, et que toutes les péripéties qu'il avait vues se dérouler devant ses yeux avaient duré quelques minutes à peine.

CHAPITRE II.

LE RÊVE ET LES SENS.

Dire que la plupart des rêves naissent de la façon la plus imprévue, et sans qu'il soit possible de leur assigner d'autre cause que le jeu des cellules cérébrales, fonctionnant, pendant le sommeil, dans des conditions que la physiologie n'a pas encore bien déterminées, c'est tout à la fois énoncer un fait et confesser notre ignorance. Cependant, si la cause d'un grand nombre de rêves est et paraît devoir demeurer longtemps inconnue, l'origine de certains songes se peut, en quelque sorte, toucher du doigt. J'ajouterai même que les causes diverses dont naissent ces rêves peuvent servir à établir entre eux une sorte de classification.

Le rêve est parfois manifestement la suite des préoccupations de la veille. L'esprit, fortement occupé d'idées ou d'images données, conserve encore pendant le sommeil la même direction. La volonté n'y est plus pour rien, mais il semble qu'il y ait eu un mouvement imprimé aux images et aux idées, mouvement que le sommeil n'a point arrêté et qui continue.

D'autrefois, le rêve paraît reconnaître pour cause un état particulier de l'organisme, qui donne naissance à des images dont le moi, si obscurément conscient du rêve, s'empare et qu'il transforme.

Souvent, enfin, les rêves auront pour origine des excitations sensorielles actuellement perçues, ces excitations faisant surgir des images qui vont se modifiant suivant les hasards de l'incohérence plus ou moins grande du rêve.

Ces diverses causes, on le comprend, peuvent agir en même temps. On aura ainsi des rêves mixtes que l'on pourra pourtant ranger assez facilement dans telle ou telle classe, suivant la prédominance de l'une des causes génératrices du rêve.

Je crois cette classification naturelle et basée sur une exacte observation, et si beaucoup de rêves paraissent y échapper, j'imagine que cela tient surtout aux difficultés que présentent fréquemment la constatation des circonstances, de toutes les circonstances du rêve.

Cela dit, occupons-nous d'abord des rêves qui naissent des impressions sensorielles.

Les deux sens qui nous fournissent le plus d'excitations pendant le sommeil sont le sens de l'ouïe et le sens du toucher, ce dernier particulièrement; puis viennent la vue, l'odorat et le goût.

Enfin, un certain nombre de rêves se rattachent à la sensibilité générale ; nous les étudierons en dernier lieu.

Le sens de l'ouïe demeure pendant le sommeil singulièrement accessible aux impressions extérieures. Aussi, quelqu'un, dans un langage peut-être un peu trop pittoresque, l'a-t-il surnommé la sentinelle de l'homme endormi. Si l'expression est imagée à l'excès, le fait est vrai, et, dès lors, il paraîtra naturel que les images naissant des excitations de l'organe de l'ouïe viennent souvent jouer un rôle important dans nos rêves. Parfois, l'impression auditive fait naître le rêve ; parfois aussi, elle apporte seulement un élément nouveau au tableau mobile qui se déroule à l'esprit du dormeur. « Si l'on rêve de duels, dit Walter Scott, le bruit qu'on entend réellement devient aussitôt la décharge des pistolets des combattants. Si un orateur prononce un discours en dormant, tout bruit qu'il perçoit est transformé en applaudissements de son auditoire supposé. Si le dormeur est transporté par son rêve au milieu des ruines, le bruit lui parait celui de la chute de quelque partie de cette masse (1). » Une personne très sujette à rêver m'a rapporté bien des faits de ce genre : Le pétillement du feu, le craquement des meubles, si fréquent dans certaines conditions de température, étaient transformés par elle en coups de fusil ou de pistolet, tirés par quelque personnage de son rêve.

Si une impression auditive peut entrer dans le rêve d'une façon épisodique, ne lui fournir qu'un élément, bien souvent aussi cette impression le fera naître de toutes pièces et donnera lieu à un tableau complet et, parfois, en un rapport exact avec l'intensité de l'impression perçue par le sens de l'ouïe. Je me rappelle un rêve qui, à ce point de vue, me paraît mériter d'être consigné ici. Je voyais des personnages de dimension colossale placés autour d'une table et occupés à manger. J'entendais le bruit formidable de leurs mâchoires frappant l'une contre l'autre. Je m'éveille, et je m'aperçois que le choc des mâchoires des géants de mon rêve n'est autre

(1) Walter Scott. *Démonologie.*

chose que le bruit du galop d'un cheval qui passait sous mes fenêtres. Ce bruit avait-il donné naissance au rêve ? C'est ce dont il serait difficile de douter, et c'est vraisemblablement l'intensité du bruit qui avait suscité une image visuelle de proportions insolites. Voici encore un songe dont les images me paraissent dues également à une impression auditive : J'ai passé une partie de ma vie dans les asiles. Dans beaucoup de ces établissements, le lever, les repas, les divers exercices, sont annoncés par la cloche, et j'ai encore présent à l'esprit un rêve provoqué par le son de la cloche du lever. Le bruit que j'entendais fit apparaître dans le champ de mon imagination une église où un mariage se célébrait. Je voyais les voûtes élevées du monument, les cierges allumés, la foule des assistants, les prêtres, les époux. En même temps, j'entendais les cloches jetant à toute volée leurs éclats joyeux : la scène était complète et, ce qui arrive assez rarement, on en peut juger par les exemples que je viens de citer, agréable. Cela se passait au printemps, par une température douce et le matin. Est-ce à cette circonstance qu'est dû le caractère agréable du rêve ? C'est ce que je serais assez porté à croire.

Je n'irai pas plus loin, sans faire remarquer que dans le dernier songe que je viens de rapporter la note dominante du rêve vient bien d'un impression auditive, mais que cette impression n'existe pas seule : une excitation de la rétine était produite, à travers les paupières, par la lumière du soleil levant. Il est facile, du reste, de démêler dans les images de ce rêve ce qui vient de l'une et de l'autre impression. La scène elle-même était née de l'impression auditive ; l'apparence lumineuse des images, le ton de la scène, si je puis le dire, relevait vraisemblablement de l'impression du sens de la vue.

Jusqu'ici, nous avons vu une impression auditive introduite en substance dans la fantasmagorie du rêve ou bien engendrant, dès qu'elle a été perçue, une série de scènes variées et dans lesquelles elle subit un grossissement plus ou moins considérable, si l'on veut me passer le mot, ou une simple transformation, mais où, pourtant, elle conserve quelque chose de son caractère primitif ; c'est, par exemple, le craquement d'un meuble, qui, comme nous l'avons dit plus haut, sera pris pour un coup de pistolet ; le pétillement du feu, pour des coups de fusils ; le galop d'un cheval, pour le bruit de mâchoires formidables. Il arrive parfois que l'impression auditive qui donne naissance au rêve n'y laisse, si je puis dire, aucune espèce de trace ; aucun bruit n'est entendu dans la scène à laquelle assiste le rêveur, bien qu'il soit évident que l'image visuelle qu'il perçoit a été engendrée par une impression auditive. Le rêve suivant est un exemple de ces sortes de songes. J'étais à la campagne chez un ami. Dans la nuit qui suivit mon arrivée, je rêvais que je me trouvais près d'une pelouse, où se promenaient, gravement et silencieusement, de magnifiques autruches, des poules de dimensions prodigieuses, sortes de *moas* aux formes énormes, presque effrayantes. M'éveillant peu de temps après, il ne me fut pas difficile de trouver la raison de ce rêve ; car j'entendais non loin de moi les cris des coqs, le gloussement des poules de la basse-cour : c'étaient évidemment ces bruits qui avaient suscité les images du songe que je viens de raconter.

Enfin, il est des faits où l'impression auditive ne consiste plus dans un simple bruit, mais dans des paroles, qui, sans entrer dans la scène du rêve, suscitent une série d'images en une relation étroite avec ces paroles : les mots ne semblent

pas être perçus comme mots par la conscience
obscure du rêveur, mais ils se traduisent en
images visuelles ou autres. C'est ainsi que Reil
a raconté qu'une personne rêvait ce qu'on lui
disait à l'oreille pendant son sommeil. C'est
encore un fait du même genre que celui que
M. Maury a consigné dans son ouvrage et où il
rapporte que, pendant qu'il était assoupi, son
frère ayant prononcé ces mots : Prenez une
allumette, il fit aussitôt un rêve dans lequel il
s'imaginait aller, en effet, chercher une allumette.
Il se passsse ici un phénomène semblable à celui
qui a lieu pendant la veille, lorsqu'au récit
d'une scène intéressante, nous nous en repré-
sentons toutes les péripéties. Il y a une transformation de l'image-signe auditive en image
visuelle, dont la première est l'équivalent.

Je ne quitterai pas les rêves engendrés par les
impressions auditives, sans dire un mot des
songes similaires naissant d'un même bruit
perçu en même temps par plusieurs personnes.
Radow a raconté que pendant une nuit fort
orageuse presque tous les hôtes d'une auberge
rêvèrent qu'il était entré des voitures et arrivé
des étrangers dans la maison. Burdach, qui
rapporte ce fait, ajoute qu'étant lui-même dans

une hôtellerie, il rêva, pendant un orage nocturne, qu'il parcourait, au milieu d'une nuit profonde, une route escarpée et bordée de précipices. Son compagnon de voyage fit le même rêve et se figura, en outre, que le postillon avait abandonné ses voyageurs (1). Cette similitude dans les rêves me paraît devoir être expliquée par une préoccupation d'esprit semblable chez les dormeurs. Dans les deux faits que nous venons de citer, l'identité de situation fait comprendre la similitude de la préoccupation intellectuelle. Du reste, cette donnée, la préoccupation de l'esprit, que nous faisons intervenir ici dans la genèse des songes auditifs, nous la retrouverons dans des rêves naissant d'autres impressions sensorielles, de celles du toucher notamment.

Les impressions tactiles sont peut-être les impressions sensorielles qui donnent naissance aux rêves les plus nombreux. On en saisit facilement la raison. Le sens du toucher est répandu sur toute la surface du corps, et les positions diverses, et souvent gênantes, que prend l'homme endormi, deviennent fréquemment l'origine d'im-

(2) Burdach. *Traité de Physiologie.*

pressions plus ou moins douloureuses. Bien souvent encore, des plaies insignifiantes, des douleurs accidentelles, liées à quelque affection légère de la surface cutanée, sont le point de départ d'excitations sensitives. Ces excitations, arrivant au cerveau, vont engendrer des images qui entreront dans la fantasmagorie d'un rêve déjà commencé, ou serviront, si je puis employer cette expression, de premier terme à une série de tableaux qui se succéderont à la manière ordinaire des rêves. Je vais rapporter quelques-uns des rêves qui naissent du sens du toucher, ou dans lesquels ce sens intervient d'une façon tellement évidente qu'il est impossible de méconnaître la part qui revient à l'impression tactile dans la génération des images.

Un de mes amis, qui s'occupait beaucoup alors d'études géographiques, avait passé une partie d'une soirée très chaude à étudier une carte des lacs de l'intérieur de l'Afrique et des sources du Nil, qui venait d'être publiée. S'étant couché, mon ami ne tarda pas à s'endormir. Comme je l'ai dit, la température était très élevée : aussi le dormeur fut-il bientôt absolument couvert de sueur. Pour me servir de son expression, il trouva en s'éveillant la sueur coulant le long de son corps, en une multitude de ruisseaux. Pendant le temps de son sommeil, il fit un rêve, où il lui sembla qu'une carte de géographie immense était étendue sur lui. Il distinguait les teintes bleuâtres des cours d'eau, qui s'accusaient très nettement sur cette carte exactement collée à son corps. J'ai à peine besoin de dire que cette carte et ces cours d'eau n'étaient autre chose que le drap du dormeur et la sueur, qu'il sentait sourdre de tous côtés et qui l'inondait véritablement.

Voici un autre fait, un peu différent du précédent, mais qui ne me paraît pas offrir un moindre intérêt.

Une dame de ma connaissance avait au doigt une légère plaie qui, par suite de l'usage imprudent de la main malade, s'était enflammée. Un pansement avait été fait dans la soirée. En raison de je ne sais quelle préoccupation, d'une conversation tenue la veille, je crois, la personne dont je parle, s'étant couchée, vint à rêver des préparatifs d'une soirée. Elle se voyait occupée à l'ornementation de vases, de corbeilles, jardinières, etc. Cependant, l'heure de la soirée arrivait, et des débris de fleurs et de feuilles étaient épars autour d'elle. Le temps pressait, et un sentiment pénible était éprouvé par la personne endormie : elle craignait de n'avoir pas le temps de faire disparaître ces fleurs brisées, ces feuillages épandus sur le parquet, jetés de tous côtés sur les meubles. Dans son rêve, elle se mit à ramasser vivement toutes ces fleurs et ces feuilles, et, s'éveillant ensuite, elle s'aperçut que ce qu'elle avait si vivement enlevé, c'étaient les bandes de toile dont était entourée sa main malade, bandes qui avaient été mal fixées, s'étaient desserrées et étaient enroulées autour de son bras d'une façon gênante.

Je ferai, dès à présent, remarquer qu'un double élément se rencontre souvent dans la génération des rêves. Si, en effet, dans les songes que je viens de rapporter, l'impression sensorielle entre évidemment comme facteur dans la genèse du rêve, il est une autre donnée dont il est impossible de ne pas tenir compte : la préoccupation actuelle de l'esprit, la direction de la pensée. Dans l'un de ces rêves, l'esprit du dormeur est encore sous l'impression de conceptions scientifiques ; dans l'autre, c'est d'une préoccupation mondaine qu'il s'agit. On peut même dire que c'est la direction de l'esprit du dormeur qui, dans ces deux cas, semble former la base, le thème, si je puis ainsi dire, du rêve, l'impression sensorielle n'intervenant, en quelque sorte, que d'une façon épisodique.

Mais il n'en est pas toujours ainsi, et il demeure souvent manifeste que l'impression des sens a été le point de départ du rêve tout entier.

Un lord, dont Walter Scott a rapporté l'histoire (1), s'imaginait en rêve être saisi par un fantôme qui s'était emparé de son bras, et cherchait à le tirer hors de son lit : ce rêve reconnaissait pour cause ce fait : que le dormeur lui-même serrait dans sa main un de ses bras. Une personne, qui pendant son sommeil ayant été touchée par une souris, rêva d'une bête horriblement velue et d'un aspect effrayant, ne dut évidemment ce rêve qu'à la sensation qu'elle avait éprouvée. Un rêve, enfin, dans lequel je voyais, mêlées à des chaussures d'homme, des bottines de femme extrêmement étroites, fut suscitée chez moi par une pression incommode exercée sur un de mes pieds.

Dans les songes que nous venons de mentionner, le rêve est bien en rapport avec l'impres-

(1) *Démonologie.*

sion sensorielle qui lui donne naissance; mais
il n'y a là qu'un rapport : il n'y a pas de proportion entre l'image visuelle et la sensation
tactile génératrice. Il arrive parfois, cependant,
que l'impression du toucher fait naître une image
visuelle absolument adéquate, si je puis dire, à
l'image tactile perçue par le rêveur. J'ai été
frappé d'un rêve de ce genre que j'ai fait il y a
quelque temps déjà. Je voyais très distinctement
un dé à jouer de dimensions ordinaires : l'image
était vive, bien éclairée et d'une netteté parfaite.
Je m'éveillai bientôt et je m'aperçus, non sans
quelque étonnement, que je tenais entre mes
doigts mon drap plié de telle façon que les
surfaces de ces divers plis me donnaient l'exacte
sensation d'un corps cubique de la dimension
précisément d'un dé à jouer. L'impression tactile perçue avait donc fait naître ici l'image
visuelle du corps qui aurait suscité la sensation
tactile éprouvée par le dormeur.

Le cas que je viens de signaler est assez rare.
Ce que l'on constate généralement entre l'impression génératrice extérieure et l'image du
rêve, c'est un simple rapport qui nous permet
de retrouver dans les images engendrées la
trace évidente de l'impression excitatrice. J'ajou-

terai que ce rapport de l'impression génératrice
du rêve à l'image fantastique se traduit parfois,
dans les scènes du songe, de la façon la plus
singulière. J'en donnerai comme exemple le fait
suivant :

Dans le cours d'un rêve, assez pénible du
reste, je voyais deux piles de pièces d'or placées
l'une près de l'autre et inégales. Par suite
d'une absurde association d'idées que je n'ai pas
notée, il était pour moi de la plus haute importance d'égaliser ces deux piles d'or. Mais quelque effort que je fisse, je ne pouvais y parvenir.
De cette impossibilité naissait en moi un sentiment d'angoisse extrême, et ce sentiment persistant, grandissant même d'instant en instant,
je finis par m'éveiller. Une de mes jambes était
retenue par les plis de la couverture, de telle
façon que les deux pieds étaient à un niveau
différent et qu'il m'était impossible de les amener
l'un près de l'autre. L'effort que je faisais pour
parvenir à les rapprocher avait fait naître dans
l'une des jambes une assez vive douleur, et mon
rêve traduisait de la façon que j'ai dite l'impression physique que je ressentais obscurément
dans mon sommeil.

A ce que j'ai avancé plus haut : que les

impressions sensitives sont souvent le point de
départ des rêves, une objection assez naturelle
se présente. On pourrait dire qu'à bien examiner
ces rêves on voit que la sensation que je regarde
comme la véritable origine du songe peut difficilement être considérée comme telle, étant
ordinairement suivie d'un réveil immédiat, et,
cela, dans les rêves les plus compliqués : on
serait donc simplement autorisé à admettre que
cette sensation n'intervient dans le rêve qu'accidentellement et pour faire naître la catastrophe
finale. J'ai noté plus haut expressément qu'il
peut parfois en être ainsi et que certaines sensations ne suscitent dans le rêve que des épisodes.
Mais cette réserve faite, je crois que l'objection
n'a qu'une valeur très médiocre. Les images du
rêve se succèdent, en effet, avec une rapidité
extrême et c'est cette succession rapide qui fait
souvent croire, comme nous l'avons vu plus
haut, à la longue durée d'un rêve qui s'est tout
entier accompli, avec ses mille et mille péripéties, en quelques secondes à peine.

Le sens de la vue n'étant que très rarement
impressionné pendant le sommeil, on peut penser
que les rêves reconnaissant pour origine une
excitation visuelle sont rares. Ils se rencontrent

néanmoins, et il est des cas où il est impossible de méconnaître que les images du rêve ont été engendrées par une impression du sens de la vue.

J'ai habité, pendant plusieurs années, un appartement exposé au levant. Comme j'ai un amour extrême de la lumière, je défendais qu'on fermât mes rideaux, afin de jouir, aussitôt après mon réveil, de la vue de cette vive et joyeuse clarté que répandent sur tous les objets les rayons du soleil à son lever. Or, à cette époque, il m'est arrivé souvent de faire des rêves où je me trouvais dans des édifices inondés des flots d'une éblouissante lumière. Je noterai qu'en même temps que les images de ces rêves étaient extrêmement lumineuses, toutes les scènes dont ils étaient formés étaient vives, joyeuses, animées. Il ne paraît pas cependant que les songes suscités par les impressions lumineuses venant des rayons solaires soient toujours de nature agréable. Il y a là, vraisemblablement, une question d'intensité de l'impression, et peut-être aussi faut-il faire intervenir la disposition mentale actuelle du dormeur. M. Macario (1), en effet, a

(1) *Ouvrage cité.*

rapporté le fait d'une jeune femme qui, s'étant endormie dans une chambre où pénétraient largement les rayons du soleil, rêva qu'une lumière éblouissante frappait douloureusement ses yeux et qu'elle cherchait à l'éviter, en se cachant dans les coins les plus obscurs de l'appartement et en fermant convulsivement les paupières. Enfin, pour terminer ce que nous avons à dire sur ce point, nous mentionnerons une expérience de M. Maury, qui montre que non seulement l'intensité, mais si je puis dire, la qualité de l'impression lumineuse a une influence marquée sur la nature des images. Nous voyons, en effet, dans cette expérience qu'une lumière entourée d'un papier rouge, qu'on faisait passer devant les yeux du dormeur, provoqua un songe rempli par les scènes d'une violente tempête, par des visions d'orages et d'éclairs.

Les impressions de l'odorat et du goût ne paraissent pas intervenir fréquemment dans la genèse des rêves. Mais il est probable que cela tient simplement à ce que ces deux sens sont rarement excités pendant le sommeil. Nous savons, en effet, que dans les très intéressantes expériences instituées par Prévost, de Genève, dans celles de MM. d'Hervey et Maury, des impressions des sens dont nous nous occupons engendraient manifestement des rêves dans lesquels il était facile de reconnaître l'action du sens influencé. Pour ne citer que quelques-unes des expériences, l'odeur de l'eau de Cologne fit rêver à M. Maury qu'il était dans la boutique d'un parfumeur, puis au Caire dans l'établissement de Jean Farina. Une allumette brûlée fit encore rêver au même auteur que, voyageant sur mer, la sainte-barbe sautait. Mais, il y a plus, et il semble, d'après les observations de M. le marquis d'Hervey, que les mêmes saveurs et les mêmes odeurs peuvent donner naissance à la reproduction de rêves analogues. Du reste, le fait serait général, et s'étendrait aux impressions auditives. Quoi qu'il en soit à cet égard, nous voyons par ce qui vient d'être dit que si dans le sommeil les sens du goût et de l'odorat sont moins fréquemment l'origine de songes que les autres sens, cela tient simplement à ce que, comme nous le disions plus haut, ces sens sont moins souvent l'objet, chez l'homme endormi, d'impressions accidentelles.

Il ne me reste plus qu'à parler des rêves nés sous l'influence de sensations douloureuses internes, sous la dépendance, par conséquent, de la sensibilité générale.

Un assez grand nombre de ces rêves sont constitués par des scènes bizarres, incohérentes, d'un caractère assez souvent pénible et où la sensation douloureuse intervient comme une sorte d'accident épisodique du songe auquel elle a donné naissance. Il n'est personne qui, sous l'influence de la maladie, n'ait fait de ces sortes de rêves et ne les ait rapportés à leur véritable cause. Je ne m'y arrêterais pas plus longtemps, si quelques-uns de ces songes ne présentaient une particularité spéciale et ne méritaient, à ce titre, d'être spécialement examinés : c'est ce que nous allons faire, assez brièvement du reste.

Il arrive parfois que la douleur que ressent le dormeur fait naître un songe où il se voit malade, souffrant dans la partie même d'où part la sensation douloureuse, et l'image perçue offre la représentation plus ou moins exacte, souvent grossie, de la lésion dont il est véritablement atteint. Il n'y a là rien qui puisse surprendre : le dormeur est malade et se sait malade ; la souffrance est vive et il l'a déjà perçue pendant la veille. La particularité suivante est plus curieuse.

Certaines personnes rêvent qu'elles sont gravement malades, se réveillent pourtant bien portantes et, peu de temps après, sont en effet frappées du mal dont elles avaient rêvé qu'elles étaient atteintes. C'est ainsi que Conrard Gesner eut un songe dans lequel il se vit mordu au côté gauche de la poitrine par un serpent, et qu'une lésion grave et profonde ne tarda pas à se montrer dans cette même partie. M. Teste, l'ancien ministre de Louis-Philippe, rêva, trois jours avant sa mort, qu'il avait une attaque d'apoplexie et, trois jours après son rêve, il succomba en effet à cette affection. Galien parle d'un malade qui se vit en rêve portant une jambe de pierre ; quelque temps après, cette même jambe était frappée de paralysie. Une jeune femme aperçoit en songe les objets confus et brouillés, comme à travers un nuage épais, et sa vue est bientôt gravement compromise. Macario, qui cite les faits que je viens de reproduire, rapporte que lui-même rêva qu'il souffrait d'un violent mal de gorge : bien portant à son réveil, il fut atteint quelques heures après d'une amygdalite extrêmement douloureuse.

Ces faits méritent d'être remarqués, parce qu'il semble que l'esprit du dormeur soit mieux informé que l'esprit de l'homme éveillé. Est-ce à dire qu'il s'exerce pendant le sommeil une sorte d'action prophétique ? Ce serait, je crois, bien mal interpréter les phénomènes que de voir dans ces faits quelque chose de surnaturel. Il s'agit simplement ici, tout d'abord, d'une perception des sensations internes qui se fait d'une façon plus nette en l'absence de toute intervention des excitations extérieures. Quant à la notion du futur accident, elle est le résultat, tantôt d'une préoccupation vague préexistante, tantôt d'un travail de cérébration inconsciente, se faisant pendant le sommeil, et dont nous parlerons longuement ailleurs. Si maintenant cette notion se traduit surtout par des scènes, par des images, il faut l'attribuer à la fréquence, à la prédominance de ce mode de manifestation de l'activité cérébrale pendant le sommeil.

CHAPITRE III.

LE RÊVE ET L'ORGANISME.

Il est, nous l'avons dit, un certain nombre de rêves qui sont engendrés dans l'esprit du dormeur par des impressions venant des appareils viscéraux. Ces rêves sont extrêmement curieux à étudier à ce point de vue surtout qu'il existe entre l'organe d'où part l'impression génératrice du rêve et l'image mentale produite une relation souvent très étroite. Les anciens avaient vu quelque chose de ces faits, et nous savons qu'Hippocrate tirait des songes, auxquels sont sujets certains malades, des indications diagnostiques et pronostiques. Si, de nos jours, les médecins ne demandent plus aux rêves des renseignements que les méthodes de la science moderne leur permettent de trouver ailleurs, plus sûrs et plus précis, il n'en est pas moins vrai que nous voyons encore actuellement les pathologistes mentionner les rêves effrayants auxquels sont sujets les malades atteints d'affections organiques du cœur. Ce simple fait suffit à montrer que la relation, le rapport qui existe

entre certains rêves et quelques états organiques,
s'impose, en quelque sorte, à l'esprit des observateurs. Mais quelle est précisément cette relation
et comment doit-elle se comprendre ? C'est ce
que nous allons examiner :

Pour résoudre cette question, nous commen-
cerons par rappeler que, dans l'expression de
toutes les passions, de toutes les émotions, certains appareils organiques entrent particulièrement en jeu : pour nous en tenir à une seule
espèce d'émotion, dans la crainte, le cœur bat, et
lorsque ce sentiment est porté jusqu'à la terreur,
la respiration devient haletante, le frisson se fait
sentir, la peau s'horripile, etc. Cela posé, de
l'observation d'un certain nombre de rêves nous
a paru ressortir la loi suivante : *Lorsque, pendant le sommeil, par une cause quelconque,
un appareil organique, servant à l'expression
d'une passion donnée, est placé dans l'état dynamique où il se trouve ordinairement dans
la manifestation de cette passion, le rêve qui
naîtra dans une telle circonstance sera constitué par des représentations mentales correspondant à cette même passion.*

D'un autre côté, certains besoins, certains
instincts ont leur point de départ et, si je puis

dire, leur lieu d'excitation dans certains appareils fonctionnels, et en même temps que se produit le besoin fonctionnel, l'impulsion instinctive, — ce qui a lieu l'appareil étant dans un état dynamique spécial — apparaissent généralement des représentations mentales, plus ou moins nettement perçues, plus ou moins conscientes, ayant trait à la fonction qui sert à donner satisfaction à ces instincts, à ces besoins organiques. C'est ainsi que la faim fait facilement naître la pensée d'une table bien servie, que la soif fait surgir l'image mentale de boissons rafraîchissantes et agréables au goût, qu'enfin, dans certains états pathologiques amenés par une abstinence prolongée et surtout par la privation de tout aliment potable, des visions de vastes étendues d'eau, de limpides fontaines, de torrents impétueux, ont plus d'une fois tourmenté de leurs perspectives décevantes de pauvres naufragés. Et que sont, en somme, ces hallucinations, sinon l'exagération de ces représentations mentales dont je parlais tout à l'heure? Du reste, les images mentales qu'accompagne la manifestation d'un besoin organique se produisent, ainsi que je disais tout à l'heure, d'une façon en quelque sorte automatique, elles nous viennent sans que nous les commandions, elles surgissent, pour ainsi dire, dans le champ de l'esprit; mais nous n'en avons le plus souvent une perception nette que par un acte d'attention rétrospectif. Cela établi, et nous rappelant que le sommeil est le moment par excellence de la cérébration inconsciente, nous ne nous étonnerons guère de voir un certain nombre de représentations mentales du rêve obéir à la loi suivante : *L'état d'activité, d'excitation, de souffrance même, pendant le sommeil, d'un appareil servant à l'exercice d'une fonction organique, sera fréquemment accompagné d'images mentales ayant trait à l'exercice de cette fonction.*

Je vais rapporter un certain nombre d'observations qui justifient ces lois. Mais, auparavant, je suis tenté de m'excuser de ces faits nombreux que je me vois obligé de consigner ici. Pourtant, en un tel sujet, il est difficile d'en agir autrement. Une loi ne vaut que par les faits sur lesquels elle repose, et plus nombreux sont ces faits, plus grande est la rigueur de la loi.

Cela dit, je parlerai d'abord des rêves suscités par les affections organiques du cœur. Le caractère effrayant de ces rêves a été, ainsi que

4

je l'ai indiqué plus haut, mentionné par tous les anciens pathologistes. De nos jours, un médecin distingué, M. le Dr Saucerotte a recueilli d'intéressantes observations confirmant la remarque anciennement faite et l'étendant en quelque sorte, mais l'explication qu'en a donnée ce savant, qui attribue les rêves pénibles et les hallucinations terrifiantes des malades atteints d'affections organiques du cœur à l'action des battements artériels sur la masse encéphalique, ne me paraît pas acceptable; quoi qu'il en soit, les faits demeurent et, comme ils ont été bien observés, leur valeur ne perd rien d'une explication erronée.

Si des rêves effrayants sont souvent provoqués par une affection organique du cœur, un simple trouble momentané de l'organe central de la circulation, des palpitations nerveuses peuvent donner naissance à des phénomènes du même genre. J'ai souffert pendant longtemps de palpitations nerveuses, qu'aggravait encore l'usage du tabac. Or, il m'est arrivé souvent, à l'époque où j'étais affecté de ce trouble purement dynamique, de rêver que j'étais poursuivi par des ennemis, auxquels je n'échappais qu'à grand'peine et après une série d'aventures terrifiantes. Je m'éveillais ordinairement alors et je me trouvais en proie à un violent battement de cœur, c'est-à-dire que l'état fonctionnel de l'organe circulatoire qu'auraient fait naître des scènes effrayantes, engendrait précisément des représentations mentales offrant le même caractère. Je sais bien qu'on peut avancer que l'image cérébrale du rêve, née d'une circonstance toute fortuite, a pu amener les palpitations dont je viens de parler. L'objection est spécieuse et il est difficile d'y répondre directement. Mais comme nous verrons tout à l'heure des rêves surgir sous l'influence de certains états organiques que le rêve seul ne saurait réaliser, nous pouvons, je pense, légitimement conclure par analogie que, dans le cas présent, c'est bien la palpitation qui a engendré le rêve et non le rêve qui a donné naissance à la palpitation.

Les rêves suscités par certains états des voies respiratoires ont, comme ceux que font naître les troubles de la circulation, un caractère spécial. Il s'agit, en général, de scènes pénibles auxquelles assiste le dormeur et où il court un danger horrible, pressant, que rien ne saurait lui permettre d'éviter. Une personne, d'assez bonne santé, mais sujette à de fréquentes bronchites, n'était jamais atteinte de son affection habituelle sans faire des rêves du genre de celui que je vais raconter : Après quelques heures de sommeil, elle se voyait transportée en quelque endroit sauvage, loin de tout secours. Un sentiment pénible l'envahissait; elle sentait près d'elle la présence d'un horrible danger. Tout à coup apparaissait un cavalier de figure farouche, qui s'élançait à sa poursuite. La fuite était à peu près impossible, et la dormeuse allait être atteinte par son ennemi, quand elle se réveillait, pouvant à peine respirer. Pendant le sommeil, des mucosités s'étaient accumulées dans les bronches de la malade, et une gêne de la respiration, causée par un obstacle tout physique, avait ainsi donné naissance à des représentations mentales de scènes terrifiantes, qui auraient précisément amené l'anxiété respiratoire. L'obstacle écarté, le sommeil redevenant calme, les rêves effrayants disparaissaient.

Tout le monde sait que les digestions difficiles sont accompagnées ordinairement d'un sentiment de pesanteur et que, lorsque l'on s'endort avec cette gêne organique, on se réveille fréquemment, après un sommeil de durée variable, en proie au cauchemar. Le dormeur s'imagine avoir sur la poitrine un poids immense, qui va l'écraser : un ennemi, à figure repoussante, est accroupi sur lui; une bête, de dimensions colossales, le serre à l'étouffer, ou bien encore un mur, qui vient de s'écrouler, l'a enseveli sous ses ruines. On ne voit pas tout d'abord qu'il y ait entre ces images effrayantes et l'appareil de la digestion, qui est ici en jeu, une relation quelconque, et il n'y en a pas d'immédiate en effet. Si pourtant des rêves effrayants se produisent dans ces conditions, cela tient à ce que, dans l'état de réplétion exagérée de l'estomac, cause très fréquente de digestions pénibles, la respiration est ordinairement gênée, de telle sorte que ces rêves rentrent dans la catégorie de ceux que nous venons d'examiner.

Dans les rêves dont il vient d'être question, nous voyons la gêne de l'appareil respiratoire susciter des images en rapport avec un sentiment qui, s'il existait, ferait naître cette gêne, cette difficulté de la respiration. Voici présentement des songes où suivant la loi énoncée en second lieu, la même difficulté dans le jeu de l'appareil dont nous nous occupons donne naissance à des combinaisons d'images où le dormeur, ou même un être à lui étranger, se livrent, dans la scène du rêve, à des actes ayant pour but d'amener le soulagement de la souffrance que ressent la personne endormie.

Un jeune homme, sujet à des accès d'oppression, rêve souvent, lorsque ce malaise survient pendant son sommeil, qu'il vient de faire une longue marche, par une température lourde et étouffante. Dans son rêve, il est haletant, inondé de sueur, et il se dépouille bientôt d'une partie de ses vêtements pour se procurer quelque soulagement. J'ai fait moi-même plusieurs rêves qui me paraissent rentrer dans la catégorie des songes que j'étudie en ce moment. Je demanderai la permission de les rapporter brièvement. Dans un de ces rêves, je me vois soufflant de toutes mes forces sur un coléoptère de dimensions absolument insolites, et c'est avec grand'peine que je parviens à déplacer quelque peu cet animal, posé sur le papier sur lequel je suis occupé à écrire. Je m'éveille à ce moment, et je m'aperçois que je fais, en effet, un effort expiratoire très marqué pour arriver à décoller mes lèvres assez étroitement unies. Une autre fois, je rêve que je suis engagé dans un espace fort resserré : ma poitrine est prise entre deux piliers de pierre et, quelque effort que je fasse, je ne puis sortir de cette étroite prison. M'é-veillant peu de temps après, je constate que ma respiration est embarrassée par suite d'un rhume dont je souffre en ce moment. Dans une autre circonstance, je me vois buvant un verre d'eau, quelques grains de sable, contenus dans le liquide, me semblent pénétrer dans mon larynx. Je suis oppressé ; il me semble que je vais étouffer. Je m'éveille et je m'aperçois que ma respiration est, en effet, gênée par ma courte-pointe, placée exactement sur ma bouche.

Je notais tout à l'heure que ce n'est pas tou-jours la personne qui rêve qui se voit éprouvant la souffrance qu'elle ressent en réalité. Voici un exemple assez curieux de ces sortes de songes : Une personne, ayant de l'asthme depuis plusieurs années, et qui s'était endormie dans un état d'anxiété respiratoire, se voit en rêve dans une rue montueuse, que gravit une lourde voiture : la chaleur est étouffante, les chevaux sont es-soufflés ; ils ont beaucoup de peine à marcher et, bientôt, l'un d'eux s'abat. La respiration du pau-vre animal est haletante ; il est couvert de sueur. Le conducteur fait tous ses efforts pour relever le cheval abattu, et le dormeur vient lui prêter assistance. La personne qui fait ce rêve se réveille : elle est elle-même en pleine transpiration, et souffre d'une extrême oppression.

Nous allons maintenant examiner les rêves dans leur rapport avec l'appareil gastro-intestinal.

Ces rêves se présentent assez fréquemment chez les personnes ayant quelques troubles des voies digestives, de l'embarras gastrique, de la dyspepsie, par exemple. Ils consistent ordinairement en images gustatives, accompagnées de scènes visuelles se rapportant à l'exercice du sens du goût. Une jeune dame, ayant de la dyspepsie et que j'avais priée de s'observer au point de vue qui nous occupe, m'a raconté que lorsqu'elle éprouvait, comme cela se présentait souvent, un peu de malaise du côté de l'estomac, il lui arrivait alors de rêver qu'elle se trouvait dans la boutique d'un pâtissier, où elle voyait une foule d'acheteurs occupés à choisir des gâteaux de diverses sortes. Elle-même ne tardait pas à les imiter, et mangeait à satiété toutes espèces de pâtisseries fortement aromatisées avec de la fleur d'oranger. Au rapport de la personne qui me racontait ce rêve, l'impression gustative, d'abord assez agréable, devenait bientôt extrêmement pénible : c'était une sorte de sensation nauséeuse des plus insupportables.

Il arrive assez souvent que l'image gustative, que nous constatons dans le rêve précédent, fait absolument défaut. Moreau (de la Sarthe) a raconté l'histoire d'une dame qui, affectée d'une névrose gastrique extrêmement grave, ne pouvait s'endormir quelques instants sans rêver qu'elle eût dans l'estomac un jambon ou tout autre aliment, plus ou moins indigeste. Il ne semble pas que cette dame ait jamais éprouvé dans ses rêves aucune impression gustative. M. Maury, qui a rapporté dans son remarquable ouvrage plusieurs rêves ou hallucinations hypnagogiques nés sous l'influence de douleurs de l'estomac, a raconté un songe qu'il a fait alors qu'il souffrait de semblables douleurs. Dans ce rêve, il apercevait une table à demi-abandonnée sur laquelle se voyaient encore les débris d'un repas : aucune impression du sens du goût n'est mentionnée. Enfin, je pourrais citer plusieurs rêves du même genre qui me sont personnels et où l'image gustative manquait également. Je voyais une table garnie de divers mets autour de laquelle étaient assises plusieurs personnes occupées à manger ; je ne prenais pas part à leur repas. Je dois ajouter cependant que ce n'est pas là le cas le plus ordinaire et que lorsqu'une souffrance

de l'estomac amène chez moi dans le rêve la
production d'images du genre de celles dont
nous venons de parler, il est fréquent qu'une
image gustative les accompagne. Mais, comme
dans l'observation que j'ai consignée plus haut,
la sensation est pénible.

Mais ce n'est pas seulement la gêne produite
par une digestion difficile ou la souffrance née
d'une affection de l'estomac qui peuvent faire
naître dans l'esprit du dormeur des images visuelles ou autres, ayant trait à la fonction de
nutrition, la faim produit également des phantasmes du même genre. Le baron de Trenck
raconte dans ses mémoires que mourant presque de faim dans le cachot où il avait été enfermé, après une série d'aventures que je n'ai
pas à rapporter ici, il se trouvait chaque nuit
dans ses rêves devant une table bien servie. Les
mets les plus délicats, les vins les plus fins
réjouissaient sa vue. Assis au milieu des convives, il s'apprêtait à satisfaire à la faim qui le
tourmentait, lorsque le réveil se produisait, l'ar-
rachant à ses agréables illusions et le rappelant
à la triste réalité. Enfin, M. Maury a consigné
dans son livre sur le sommeil et les rêves un
songe du même genre. Le savant psychologue

s'étant endormi, après une diète assez sévère qu'il s'était imposée par raison de santé, ne tarda pas à se voir au milieu d'un somptueux banquet. Il était entouré de nombreux convives, et entendait le bruit confus des assiettes et des fourchettes qui se produit à l'ordinaire pendant un repas animé.

Si les souffrances de l'estomac donnent facilement naissance à des images ayant rapport aux fonctions de nutrition, les troubles de l'intestin agissent exactement de la même façon. Je ne puis citer sur ce point des faits que j'aie personnellement observés ; mais j'emprunterai à des auteurs justement estimés deux observations qui ne laisseront, je pense, dans l'esprit du lecteur aucun doute sur la réalité de l'action exercée par l'intestin souffrant sur les images cérébrales du rêve. Le premier de ces faits appartient à Brandis, qui raconte qu'une femme, ayant rêvé qu'elle prenait de la rhubarbe, éprouva les effets de ce médicament. On pensera peut-être que cette observation n'est point en rapport avec ce que je veux prouver ici ; mais la plus simple réflexion suffit à faire voir qu'il en est pourtant bien réellement ainsi. On peut remarquer en effet, comme Burdach, qui cite cette observation,

le fait lui-même observer, que Brandis a pris
la cause pour l'effet et que c'est le trouble
intestinal qui a certainement fait naître l'image
gustative. Le second fait, non moins probant
que le précédent, a été rapporté par M. Macario
et est susceptible de la même remarque que
celui de Brandis. Il s'agit ici d'une dame qui, à
trois reprises différentes, ayant rêvé qu'elle sentait une forte odeur d'échalottes, se réveilla
chaque fois en proie à d'assez vives coliques.
Si maintenant on objectait que, dans le cas
présent, c'est une saveur qui aurait dû être
perçue, je ferais observer que le fait de la perception d'une odeur n'enlève à l'observation
rien de sa valeur, puisque l'odorat, sans être lié
aussi intimement que le goût aux fonctions de
nutrition, est néanmoins avec ces fonctions dans
un très étroit rapport : on sait, en effet, que
quantité de mets cessent de nous flatter, quand
le sens de l'odorat est momentanément aboli.

Ce serait ici le lieu d'étudier les rêves dans
leur rapport avec le sens génital. Mais je n'abor-
derai point cette étude, bien que le sujet offre
un intérêt tout spécial. Je me contenterai de dire
que ces songes, extrêmement fréquents à l'époque de la puberté, consistent en images volup-

tucuses. J'ajouterai qu'il n'est peut-être pas d'exemples plus frappants que ceux offerts par ces sortes de rêves — et c'est par là qu'ils présentent un intérêt particulier — de l'intime et réciproque rapport existant entre l'état d'un appareil organique et des images mentales données. Mais, comme il serait difficile de traiter un tel sujet tout à la fois avec les développements nécessaires et la réserve convenable, j'ai préféré m'en tenir à une simple mention.

Enfin, il me resterait à passer en revue un certain nombre de faits qui présenteraient quelques particularités curieuses et viendraient à l'appui des lois que j'ai inscrites au commencement de ce chapitre. Mais je crains fatiguer le lecteur par une trop grande multiplicité d'observations et je crois pouvoir m'arrêter ici (1).

(1) Je noterai, cependant, le fait suivant qui montre bien nettement qu'il suffit que l'organisme soit placé dans un état dynamique accompagnant ordinairement la manifestation d'une émotion, et cela *par une cause quelconque*, pour qu'une représentation visuelle, ayant trait à cette émotion, se manifeste dans le rêve. Une nuit que je m'étais couché dans un état de légère souffrance, je rêvai que je me trouvais à Paris un jour de fête publique, au milieu d'une foule nombreuse, avec un jeune enfant qui m'avait été confié. Ayant été distrait un instant, je m'aperçois que

J'ai, en effet, examiné les différentes grandes fonctions organiques dans leurs rapports avec les rêves, et il me semble que les exemples cités suffisent à montrer qu'il existe entre l'état d'un appareil organique et les images cérébrales du rêve un lien extrêmement étroit. Ce lien intime, cette étroite relation, ont été indiqués dans les deux lois énoncées plus haut et qui peuvent se résumer dans la règle suivante : *Pendant le sommeil, tout appareil organique placé dans un état dynamique donné fait naître des images cérébrales corrélatives à cet état.*

Que si on s'étonnait de cette relation de l'état des appareils organiques avec les images mentales du rêve, il faudrait qu'on oubliât l'étroite liaison qui existe entre les idées, les images cérébrales, les divers états de l'esprit et l'organisme tout entier. Cette liaison a surtout été

l'enfant confié à ma garde a disparu. Je suis saisi d'une mortelle frayeur. Anxieux, tremblant, j'ai, comme l'on dit vulgairement, la *chair de poule*. Je m'éveille et suis, en effet, en proie à un frisson très violent, avec la chair de poule que je constatais dans l'anxiété de mon rêve. C'était le début d'un accès fébrile qui avait ainsi donné naissance à l'émotion purement morale et aux images mentales que je viens de noter.

étudiée du moral au physique, mais elle est
réciproque. Du reste, l'action du corps sur
l'esprit, que nous avons constatée pendant le
sommeil, nous la retrouvons pendant la veille,
bien que sous un autre aspect, et nous avons
ainsi une autre manifestation de la relation du
physique au moral plus accessible à l'observation.
C'est, en effet, une remarque absolument vraie,
que si l'on se donne les allures extérieures d'une
passion, on est bien près d'avoir les sentiments,
les idées qui correspondent à cette passion. « De
même que toute émotion de l'âme, dit Dugald
Stewart, produit un effet sensible sur le corps,
de même lorsque nous donnons à notre physionomie une expression forte, accompagnée de
gestes analogues, nous ressentons à quelque
degré l'émotion correspondante à l'expression
artificielle imprimée à nos traits. M. Burke assure
avoir souvent éprouvé que la passion de la colère
s'allumait en lui à mesure qu'il contrefaisait les
signes extérieurs de cette passion, et je ne doute
pas que chez la plupart des individus la même
expérience ne donne le même résultat. On dit
que lorsque Campanella, célèbre philosophe et
grand physionomiste, désirait savoir ce qui se
passait dans l'esprit d'une autre personne, il

contrefaisait de son mieux son attitude et sa physionomie actuelles, en concentrant en même temps son attention sur ses propres émotions (1).» Enfin, je noterai comme une autre preuve de l'influence exercée par la mimique extérieure sur les émotions, sur les images cérébrales, les expériences de Braid, celles d'Azam, dans lesquelles les patients, auxquels on donnait certaines attitudes, éprouvaient des émotions en rapport avec ces attitudes. Ces faits sont nets et ne peuvent laisser de doute à un esprit non prévenu. L'expression extérieure des passions, réalisée artificiellement, donne donc naissance aux images cérébrales engendrées par ces mêmes passions. Mais que sont, en somme, les faits que nous avons étudiés dans le cours de ce chapitre, que sont les lois que nous avons posées, sinon une autre expression de l'action du physique sur le moral? Dans un cas, on a affaire à l'organisme extérieur, dans l'autre, aux appareils viscéraux : voilà toute la différence, et j'imagine qu'il n'y a aucune raison de penser que la relation doive être plus étroite et la réciprocité plus grande

_____

(1) Dugald Stewart. *Éléments de la philosophie de l'esprit humain,* trad. Peisse.

entre les organes extérieurs et l'organe de la
pensée qu'entre les viscères et ce même organe
cérébral, les appareils viscéraux entrant fréquemment en jeu sous l'influence de la passion.
Cette dernière réciprocité paraît avoir échappé
davantage à l'observation, parce qu'elle est de sa
nature plus intime et plus cachée : elle n'en
est pas moins réelle. Cela dit, je n'ai plus à faire
qu'une courte remarque.

Bien que, dans les diverses observations que
j'ai rapportées plus haut, le rapport de l'état
d'excitation de l'appareil organique au rêve soit
très nettement marqué, il ne faudrait pas croire
que cet état ne se pût produire sans que le rêve
se montrât inévitablement. Il y a là une question
de degré, et une certaine intensité dans l'excitation est vraisemblablement nécessaire pour la
production de l'image cérébrale. On aurait tort
également de croire que la spécificité, si je
puis dire, des images, des scènes, s'accusât
toujours avec la netteté que nous constatons
dans les faits que nous avons eu l'occasion
de citer. Outre telle impression partie d'un
point donné de l'organisme, mille excitations
diverses aboutissent au cerveau, qui viennent
ou effacer ou contrarier telle ou telle mani-

festation mentale du rêve : de là probablement l'incohérence si marquée de certains de nos songes, incohérence qu'augmentent encore les associations d'images voisines qui s'entraînent l'une l'autre en quelque sorte, augmentant la confusion des scènes auxquelles assiste le rêveur. Parfois, en présence d'un rêve absolument incohérent, on pourra retrouver le point de départ de ce rêve dans une impression organique : il arrivera, plus souvent peut-être, qu'il sera impossible de constater cette excitation originaire, bien qu'elle existe en réalité, absorbée qu'elle est, en quelque sorte, par le chaos des péripéties du rêve. En tous cas, je voulais prévenir le lecteur contre la tendance qu'il pourrait avoir à accorder aux faits une simplicité que ne comporte pas la réalité.

CHAPITRE IV.

LE RÈVE ET L'ESPRIT.

A côté des rêves dont nous venons de parler, rêves suscités par des impressions extérieures ou nés d'incitations partant des organes internes, il en est d'autres qui paraissent relever de la seule action cérébrale. Une direction voulue, une déduction suivie, logique, caractérise ces rêves où l'action cérébrale paraît à peine différer de ce qu'elle serait pendant la veille. Les rêves pendant lesquels une œuvre d'art a été achevée ou un problème scientifique résolu, une affaire épineuse et difficile démêlée, appartiennent à cette classe où se rangent aussi les songes auxquels on a donné le nom de prophétiques.

Mais avant d'aller plus loin, il est nécessaire de dire un mot de ce qu'on a appelé cérébration inconsciente, automatisme cérébral, action cérébrale réflexe. Il n'est personne ayant l'habitude des travaux intellectuels qui n'ait constaté que le travail du cerveau s'accomplit souvent à notre insu, sans que la volonté intervienne, au moins actuellement. Du reste, les faits qui nous

montrent cette action s'offrent à nous à chaque
instant et nous les avons comme sous la main.
Lorsque les écoliers ont une leçon à apprendre,
nous les voyons l'étudier de préférence le soir,
prétendant avec raison que cette façon d'agir
les aide singulièrement. La leçon qu'ils ont
ainsi apprise, ils la savent le lendemain mieux
et plus sûrement qu'ils ne faisaient la veille.
Les personnes qui ont eu à lutter avec les difficultés que l'on rencontre toujours à s'assimiler
une langue étrangère ont pu faire également la
remarque suivante : si des occupations journalières, des devoirs de situation les ont forcées
d'interrompre pendant quelque temps l'étude de
la langue qu'elles avaient entrepris d'apprendre,
revenant plus tard à cette étude, elles s'aperçoivent, parfois non sans étonnement, qu'elles ont
de l'idiome étranger, momentanément délaissé,
une connaissance plus complète qu'elles n'a-
vaient lorsqu'elles ont cessé de l'étudier. Quelque chose de semblable se constate également
quand il s'agit de travaux plus originaux, de
compositions littéraires ou de problèmes scientifiques. Si quelque difficulté arrête le travail-
leur et que celui-ci cesse de s'occuper du sujet
qu'il étudie, après quelques jours de repos,

l'esprit ayant pendant ce temps fait, si je puis
ainsi parler, tout seul son travail, il franchira
avec la plus grande facilité et comme en se
jouant l'obstacle qui lui avait tout d'abord paru
presque insurmontable. Mais il est un fait qu'il
faut noter, parce qu'il a une certaine importance : c'est que très fréquemment dans les cas
de cérébration inconsciente, une impulsion a
été primitivement donnée, une direction a été
imprimée à la pensée, et que c'est après cette
impulsion, cette direction donnée, que s'est con-
tinuée l'action cérébrale ayant abouti finalement
à un travail plus avancé. Quand le poète écrit :

Je trouve au coin d'un bois le mot qui m'avait fui.

il accuse tout à la fois un travail de cérébration
inconsciente et l'effort antérieur qui lui a donné
naissance. Cela établi, il est facile de comprendre
que le travail mental, résultat d'une impulsion
cérébrale donnée pendant la veille, s'achevant
pendant le sommeil, pourra engendrer des rêves
qui seront, en quelque sorte, l'expression imagée
du problème poursuivi par le dormeur, de la
préoccupation qui l'obsédait.

Si je viens de me servir de ces mots : expression imagée, c'est qu'en effet les songes dont

nous nous occupons en ce moment sont fréquemment accompagnés de représentations visuelles, auditives, etc., aussi nettes, aussi précises que celles que nous avons signalées dans
les deux classes précédentes de rêves. Tantôt,
c'est le dormeur qui se voit et s'entend prononcer un discours où il expose le résultat de ses
recherches; tantôt encore, c'est un personnage
qu'il a autrefois connu, qui vient lui donner
le mot d'une énigme qui l'embarrassait. Souvent encore, le dormeur voit en rêve ce qui
le préoccupait pendant la veille, sans qu'aucune parole soit prononcée : Il assiste alors à
une sorte de pantomime qui lui apprend ce
qu'il voulait connaître. Parfois cependant, il
semble que la pensée ne s'accompagne d'aucune scène visuelle et que la solution du problème cherché se présente pendant le sommeil dans les mêmes conditions que pendant
la veille. J'ai quelques raisons, néanmoins, de
penser que cette circonstance n'est pas la plus
ordinaire. Quoi qu'il en soit à cet égard, nous
allons citer divers faits qui montreront que la
genèse de certains rêves est bien celle que nous
avons indiquée. Dans tous ces faits, en effet,
nous verrons le rêveur habituellement préoccupé

des pensées qui forment la matière de ses songes et, dans quelques-uns même, nous pourrons constater que, pendant la veille qui a précédé immédiatement son sommeil, il s'était livré à un travail opiniâtre ou avait été en proie à une préoccupation extrême, travail et préoccupation ayant trait, précisément, aux sujets sur lesquels rouleront ses rêves.

Les rêves dont je m'occuperai tout d'abord sont ceux dans lesquels le rêveur a résolu pendant son sommeil quelque problème, réalisé quelque œuvre artistique. Ces rêves sont assez nombreux, épars ici et là dans les ouvrages de physiologie, dans les traités spéciaux sur le sommeil ou dans les mémoires biographiques. De ces rêves, je me contenterai, pour quelques-uns, d'une simple mention; j'en rapporterai plus longuement quelques autres.

Condillac raconte que, dans le temps qu'il rédigeait son cours d'étude, s'il se voyait obligé de quitter pour se livrer au sommeil un travail préparé, mais incomplet, il lui est arrivé souvent de trouver à son réveil ce travail complètement achevé dans son esprit. Voltaire rapporte également qu'il rêva une nuit un chant complet de sa *Henriade* autrement qu'il l'avait écrit; ce

qui lui suggère la réflexion suivante : « J'ai dit,
en rêvant, des choses que j'aurais dites à peine
pendant la veille ; j'ai donc eu des pensées réfléchies malgré moi et sans y avoir la moindre part ;
je n'avais ni volonté ni liberté, et je combinais
des idées avec sagacité et même avec quelque
génie. » Ne voit-on pas ici cette action inconsciente du cerveau, ce travail de la pensée dont
je parlais au commencement de ce chapitre,
action et travail qui, quoi qu'en puisse penser le
grand écrivain du dix-huitième siècle, ne sont
que le fait d'une activité antérieurement voulue,
de la direction primitive de la pensée pendant la
veille ? Voltaire avait certainement roulé bien des
fois dans son esprit le poème de la *Henriade*, et
c'est le résultat de quelque plan conçu pendant
la veille, mais incomplet et rejeté, que nous
voyons aboutir au milieu du sommeil à une éclo-
sion finale, à une perfection achevée. Pour en
finir avec les faits que je veux me borner à mentionner, je dirai que Cardan assure avoir com-
posé un de ses ouvrages en rêve ; que le mathéma-
ticien Maignan trouvait en songe des théorèmes
ou les preuves d'autres théorèmes, et qu'enfin,
au rapport de Kruger, ses rêves lui ont parfois
servi à résoudre des problèmes compliqués.

L'illustre physiologiste allemand Burdach a
rapporté que plus d'une fois, pendant le sommeil, certaines vues sur la science qui faisait
l'objet de ses études lui étaient venues, qu'il
aurait difficilement conçues à l'état de veille.
Sans contrôler la valeur scientifique des idées
du célèbre professeur de l'Université de Kœ-
nigsberg, idées qui ne sont plus guère en rapport avec la manière dont se conçoit aujourd'hui
l'étude de la physiologie, je citerai ce que
raconte ce savant à ce sujet. Il suffit, en effet,
que ces vues d'esprit aient mérité d'arrêter
·l'attention de l'illustre savant pour qu'elles présentent un intérêt réel au point de vue qui nous
occupe. « J'ai souvent eu dans mes rêves, dit
Burdach, des idées scientifiques qui me paraissaient tellement importantes qu'elles m'éveil-
laient. Dans bien des cas, elles roulaient sur des
objets dont je m'occupais à la même époque,
mais elles m'étaient entièrement étrangères quant
à leur contenu. Ainsi, pendant que j'écrivais
mon grand traité sur le cerveau, je rêvais que
l'inflexion de la moelle épinière, à l'endroit où
elle se continue avec l'encéphale, désigne l'anta-
gonisme de ces deux organes par le croisement
de leurs axes et par la rencontre de leurs cou-

rants sous un angle qui se rapproche plus de
l'angle droit chez l'homme que chez les animaux,
et qui donne la véritable explication de la station
droite. Le 17 mai 1818, je rêvai d'un plexus
céphalique de la cinquième paire de nerfs cérébraux, correspondant au plexus crural et au
plexus brachial. Le 11 octobre de la même
année, un songe me montra que la forme de la
voûte à trois piliers est déterminée par celle de
la couronne radiante. Mais, quelquefois aussi,
ces idées portaient sur des objets sur lesquels je
n'avais point réfléchi jusqu'alors, et alors, elles
étaient pour la plupart du temps plus hardies
encore. Ainsi par exemple, en 1811, époque à
laquelle je m'en tenais encore aux opinions reçues sur la circulation du sang, et où je m'occupais de choses fort étrangères, je rêvai que le
sang coulait par une force inhérente à lui, que
c'était lui qui mettait le cœur en mouvement, de
sorte que considérer ce dernier comme la cause
de la circulation, c'était à peu près la même
chose qu'attribuer le courant d'un ruisseau au
moulin qu'il fait agir. Parmi ces idées à demi-
vraies, qui me faisaient tant de plaisir en songe,
j'en citerai une encore parce qu'elle est devenue
le germe de vues qui depuis se sont développées

dans mon esprit : Le 17 juin 1822, en faisant la
méridienne, je rêvai que le sommeil, comme
l'allongement des muscles, est un retour sur soi-
même, qui consiste dans la suppression de l'an-
tagonisme. Tout joyeux de la vive lumière que
cette pensée me semblait répandre par une
grande masse de phénomènes vitaux, je m'éveillai, mais aussitôt tout rentra dans l'ombre, parce
que cette vue était trop en dehors de mes idées
du moment (1). »

Dans tous les songes que nous venons de
citer, nous ne voyons pas que le rêve ait été
accompagné de représentations visuelles ou auditives, de ces scènes plus ou moins compliquées, si ordinaires dans les songes. Ce cas est,
je crois, comme je l'ai dit déjà, le plus rare,
et je serais assez tenté de penser que dans plusieurs des faits précédents des images visuelles
ou auditives ont pu exister, que les écrivains qui
nous ont transmis le récit de ces rêves n'ont
point rapportées. Quoi qu'il en soit, voici un
rêve resté célèbre où une scène des plus curieuses et des plus fantastiques accompagne le
travail intellectuel inconscient du rêveur, qui

(1) Burdach. *Traité de physiologie.*

n'est autre que Tartini. Ce célèbre compositeur s'était endormi après avoir essayé en vain de terminer une sonate; cette préoccupation le suivit dans un sommeil. Au moment où, dans un rêve, il se croyait de nouveau livré à son travail et qu'il se désespérait de composer avec si peu de verve et de succès, il voit tout à coup le diable lui apparaître et lui proposer d'achever sa sonate, s'il veut lui abandonner son âme... Entièrement subjugué par cette apparition, il accepte le marché proposé par le diable et l'entend alors très distinctement exécuter sur le violon cette sonate tant désirée avec un charme inexprimable d'exécution. Il se réveille et, dans le transport de son plaisir, court à son bureau et écrit de mémoire le morceau qu'il avait terminé en croyant l'entendre (1).

Comment des images semblables à celles que nous venons de voir dans le songe de Tartini se produisent-elles? par quel mécanisme apparaissent-elles? C'est ce qu'il est impossible de dire, non pas que la question soit insoluble, mais parce que, ordinairement, dans les faits qui ne nous sont pas personnels, certains détails, qui nous

(1) Brierre de Boismont. *Des Hallucinations.*

donneraient la clef de certaines particularités du
rêve, sont omises par le narrateur, qui les regarde comme de peu d'importance. Il est possible que cette image du diable, venant s'associer
au travail mental du grand compositeur, ait sa
raison d'être et son explication dans quelque
pensée ayant traversé l'esprit du musicien,
dans quelque représentation 'artistique, dessin
ou peinture, de l'esprit du mal s'étant offerte à
sa vue. Mais ce point est secondaire dans la question. Ce que nous constaterons une fois de plus,
c'est la manière dont le rêve s'est produit, c'est
la genèse du rêve : la pensée de Tartini avait été
fortement occupée de la composition musicale
à laquelle il se livrait et, comme il arrive bien
souvent dans les œuvres de l'esprit, l'idée n'étant
pas mûre, si je puis dire, aucun effet n'avait été
produit tout d'abord ; mais, pendant et en dépit
du sommeil, le travail commencé s'était achevé
et la mélodie merveilleuse avait comme jailli des
profondeurs du cerveau du musicien. Supprimez
cet effort, cette tension d'esprit antérieure, et le
rêve ne se montrera pas. Cela est si vrai que ce
n'est guère que sur l'objet le plus spécial des
études du rêveur, sur la science ou l'art qu'il
cultive avec passion que nous voyons se produire

ce singulier travail cérébral : Burdach rêve physiologie, Maignan mathématiques, le songe de
Tartini a trait à la musique, etc. Les œuvres de
Bernard de Palissy offrent peut-être un exemple
encore plus frappant de ce qu'ont de spécial les
rêves engendrés par la direction ordinaire et actuelle de l'esprit. Un des traités de Palissy roule,
on le sait, sur l'agriculture et plus particulièrement sur l'ordonnance des jardins. C'est avec un
bonheur infini qu'il énumère tout ce qu'il croit
utile de réunir dans un jardin bien ordonné. Iles,
cours d'eau, grottes, cabinets de verdure, etc.,
sont dans son livre l'objet de descriptions tout à
la fois naïvement ingénieuses et merveilleusement achevées, et ces imaginations occupaient
tellement l'esprit de l'artiste qu'elles se présentaient dans ses rêves en des formes vives et animées. « Bien souvent en dormant, dit l'illustre
céramiste, il me semblait que j'étais après (son
jardin), tellement qu'il m'advint que la semaine
passée, que comme i etais en mon lict endormy,
il me semblait que mon iardin estait desia fait en
la mesme forme que ie t'ay dit ci-dessus et que
je commencais desia à manger des fruicts, et me
recreer en i celui (1). » Puis vient la description

_____

(1) Bernard de Palissy. *OEuvres.*

des diverses plantes, arbustes, légumes et fruits qu'il admire en ce jardin et dont il dépeint les formes variées avec des expressions qui les dessinent en quelque sorte avec leur physionomie, leurs allures propres, comme il les reproduisait dans ces chefs-d'œuvre merveilleux que nous revoyons toujours avec admiration.

C'est encore dans cette classe de rêves que rentrent ces sortes de songes dans lesquels un personnage vient exposer au dormeur les raisons qu'il a d'accomplir ou de s'interdire telle ou telle action, l'encourager, le réconforter. Dans ces cas intervient ordinairement un élément moral : c'est aux idées les plus élevées que le personnage du songe fait appel, et son langage est en harmonie avec la grandeur des idées exprimées. Mais il est bien évident que ces idées, ces raisons, le dormeur les a plus d'une fois agitées pendant la veille et qu'elles ne font, si je puis dire, que lui revenir à nouveau, plus fortes, plus convaincantes, sous la figure du rêve. Les songes suivants de Benvenuto Cellini et de Christophe Colomb me paraissent véritablement typiques à cet égard.

Jeté dans un horrible cachot par la vengeance de ses ennemis, Benvenuto, manquant de tout, épuisé par la maladie, passait son temps à lire la bible et y prenait tant de plaisir que, comme il le dit, s'il l'avait pu, il n'aurait fait autre chose. C'était toute sa consolation dans ce lieu de misère. « J'étais si désespéré, continue-t-il, lorsque l'obscurité venait interrompre mes lectures, que je me serais tué, si j'avais eu des armes. » Enfin, cette idée d'en finir avec la vie devenant chaque jour plus obsédante et plus âpre, Cellini fit une tentative de suicide, qui heureusement n'aboutit pas. La nuit suivante, il vit en songe un jeune homme d'une beauté merveilleuse qui lui dit, en ayant l'air de le gronder : Tu sais qui t'a donné la vie et tu veux la quitter avant le temps. « Il me semble, poursuit Benvenuto, que je lui répondis que je reconnaissais tous les bienfaits de Dieu. Pourquoi donc, reprit-il, veux-tu les détruire ? Laisse-toi conduire et ne perds pas l'espérance en sa divine bonté. Je vis alors, ajoute Cellini, que l'ange m'avait dit la vérité, et ayant jeté les yeux sur des morceaux de brique que j'aiguisai en les frottant l'une contre l'autre, et avec un peu de rouille que je tirai des ferrures de ma porte avec mes dents et dont je fis une espèce d'encre, j'écrivis sur les bords d'une des pages de ma bible, au moment où la lumière m'apparut, le dialogue suivant entre mon corps et mon âme :

LE CORPS :

Pourquoi veux-tu te séparer de moi ?
O mon âme! le ciel m'a-t-il joint avec toi
    Pour me quitter, s'il t'en prenait l'envie ?
Ne pars point, sa rigueur semble s'être adoucie.

L'AME :

Puisque le ciel m'en impose la loi
    Je serai ta compagne encore ;
Oui, des jours plus heureux vont se lever, je crois,
    Et déjà j'en ai vu l'aurore (1). »

Si j'ai cité avec le rêve la composition de Cellini, c'est qu'elle montre bien l'état dans lequel se trouvait son esprit. L'idée du suicide lui est venue assurément bien des fois et il a cherché les raisons qui pouvaient la combattre. Le discours de l'ange n'est évidemment que le résultat de ses réflexions et l'expression de sa croyance; son dialogue entre le corps et l'âme résume sous une autre forme ces mêmes réflexions, cette même croyance.

Le songe de Colomb n'est pas moins intéressant et tout aussi caractéristique :

Pendant son quatrième voyage, Colomb tomba malade. Abattu, brisé par la fatigue, sa constitu-

---

(1) Lamartine. — *Benvenuto Cellini.*

tion déjà minée par l'âge et ses longs travaux, il passait ses jours dans de mortelles inquiétudes. Le désespoir s'était emparé de lui et son esprit était affligé par les plus tristes pensées. Dans cet état d'anxiété, de désespérance, qu'aggravait encore la maladie, il fit un rêve par lequel il se sentit réconforté. Dans ce rêve, qu'il a retracé dans une lettre adressée à Leurs Majestés catholiques, il entendit une voix qui lui reprochait la faiblesse de sa foi, lui montrant que Dieu avait toujours pris soin de lui; qu'il avait fait retentir merveilleusement son nom par toute la terre; que les Indes, cette terre si riche, lui avaient été données comme siennes et que des barrières de l'Océan, fermées par des chaînes si fortes, les clefs lui avaient été remises. La voix continuait en lui montrant que son âge n'était point un obstacle à la réussite de ses projets; que ses afflictions lui venaient du monde et non de Dieu, qui tient tout ce qu'il promet et au delà. « Celui qui m'avait parlé, continue Colomb, quel qu'il fût, termina par ces mots : Ne crains rien, prends confiance, toutes ces tribulations sont écrites sur le marbre et ce n'est pas sans raison (1). »

(1) Washington Irwing. *Histoire de Christophe Colomb.*

Quelques personnes ont pensé que ce rêve n'était qu'une fiction ingénieuse inventée par Colomb, pour donner une leçon indirecte à ses souverains; mais, Washington Irwing, qui a rapporté tout au long le songe du grand navigateur, repousse absolument une semblable supposition, contre laquelle proteste le caractère de Colomb, et montre qu'il est infiniment plus naturel de croire que les paroles que celui-ci a entendues pendant son sommeil étaient des vérités profondément gravées dans son esprit et qui l'obsédaient étant éveillé.

Voici maintenant une sorte de songes ne tenant en rien aux préoccupations artistiques ou morales, mais qui se rapprochent des rêves que nous venons d'étudier par la similitude ou mieux l'identité de leur genèse : je veux parler des songes ayant trait à quelque événement d'une haute importance pour le dormeur, et qu'on voit survenir alors que celui-ci s'est longtemps et fortement occupé de cet événement. Ces rêves sont généralement constitués par des séries d'images qui font assister le dormeur à des scènes lui donnant le mot d'une énigme que, pendant la veille, il avait inutilement cherché. Ici encore, on le voit, il s'agit d'une action automatique du cerveau se produisant à la suite d'une action antérieure de la volonté; c'est encore un mouvement continué et arrivant à sa conclusion finale, alors que la volonté, première excitatrice de ce mouvement, a depuis longtemps cessé son action.

Un de mes amis, dit Abercrombie, employé dans une des principales banques de Glascow en qualité de caissier, était à son bureau, lorsqu'un individu se présenta, réclamant le paiement d'une somme de six livres. Il y avait plusieurs personnes avant lui qui attendaient leur tour; mais il était si impatient, si bruyant et surtout si insupportable par son bégaiement, qu'un des assistants pria le caissier de le payer pour qu'on en fût débarrassé. Celui-ci fit droit à la demande, avec un geste d'impatience et sans prendre note de cette affaire. A la fin de l'année, qui eut lieu huit ou neuf mois après, la balance des livres ne put être établie : il s'y trouvait toujours une erreur de six livres. Mon ami passa inutilement plusieurs nuits et plusieurs jours à chercher ce déficit; vaincu par la fatigue, il revint chez lui, se mit au lit et rêva qu'il était à son bureau, que le bègue se présentait, et bientôt tous les détails de cette affaire se retracèrent fidèlement à son esprit. Il se réveille la pensée pleine de son rêve, et avec l'espérance qu'il allait découvrir ce qu'il cherchait si inutilement. Après avoir examiné ses livres, il reconnut, en effet, que cette somme n'avait point été portée sur son journal et qu'elle répondait exactement à l'erreur (1).

On voit que, dans le rêve que nous venons de citer, ce qui est découvert au dormeur était, en somme, connu de lui, mais que la volonté est demeurée longtemps impuissante à réveiller le souvenir enseveli dans les profondeurs de la mémoire. Cependant, la préoccupation ayant été vive, l'esprit étant longtemps demeuré fortement tendu, si je puis ainsi dire, dans la même direction, il a dû arriver que, dans cet effort de la pensée, dans ce travail qui paraît tout d'abord improductif, les cellules cérébrales où s'était conservée la série d'images ayant trait au fait, objet des recherches du dormeur, ces cellules, dis-je, sont entrées en action et ont finalement apporté au sensorium une perception nette du fait inutilement cherché pendant la veille.

Nous allons enfin nous occuper d'un genre de

(1) Brierre de Boismont. *Ouvrage cité.*

rêves naissant, comme les précédents, de la préoccupation actuelle de l'esprit et qui ont toujours eu le privilège d'exciter au plus haut point la curiosité, en raison du caractère prophétique qu'ils paraissent présenter. Dans cette question, comme dans toutes celles où intervient le merveilleux, à quelque degré qu'il se montre, nous voyons, en général, ceux qui se sont occupés de ces problèmes se partager, suivant la nature de leur esprit, en deux camps différents. Les uns, avec plus ou moins de réticences, admettent la merveillosité ; les autres, la nient absolument, rejetant comme mal observés les faits entachés de merveilleux. Il nous semble que les uns et les autres sont dans l'erreur. Que si, dans une étude ayant trait aux sciences naturelles, des faits sont constatés, sans que nous puissions douter ou de la véracité ou de la sagacité de l'observateur, ces faits, nous devons les admettre, nous gardant pourtant de recourir pour leur explication à des hypothèses qui seraient en désaccord avec les données réelles de la science. Et c'est parce que nous sommes persuadé de la nécessité qui s'impose d'une manière absolue dans la science de ne jamais supprimer les faits que, dans le cas qui nous occupe, nous n'omettrons pas de mentionner certains rêves, pour délicate que soit leur explication. Cela dit, nous allons examiner d'abord les songes qui, tout en présentant un caractère de prévision évident, renferment, pour ainsi dire, en eux-mêmes la raison de cette prévision.

Les rêves qui annoncent au dormeur un événement quelconque et que l'événement justifie sont, en somme, assez rares et, à tout prendre, la simple loi des coïncidences pourrait suffire à les expliquer. C'est, en effet, par milliards que s'offrent à l'esprit des hommes les images des songes, et il n'est pas étonnant que sur les combinaisons extrêmement variées que comportent un si grand nombre d'images, un certain nombre de ces images se montrent en concordance avec les scènes de la vie réelle. Ce que nous venons de dire suffirait déjà à ôter aux songes dont nous nous occupons ici une grande partie de leur caractère merveilleux. Mais ce que nous allons ajouter, touchant les circonstances où se produisent la plupart du temps ces sortes de songes, leur ôtera véritablement toute merveillosité et les fera rentrer dans la classe des rêves nés uniquement de la préoccupation d'esprit. Si, en effet, nous examinons d'un peu près les songes auxquels on a attribué un caractère prophétique, nous voyons, d'une part, que ceux qui ont fait de tels rêves étaient, au moment où se sont montrés ces rêves, sous l'empire d'un sentiment profond de crainte ou d'espoir. D'un autre côté, nous constatons également que les faits qui ont été révélés, les événements qui ont été annoncés dans ces songes, auraient pu être prévus par les dormeurs, en raison de la connaissance qu'ils avaient de certaines circonstances ou particularités, ayant trait à l'événement qui s'est en effet accompli.

Je me rappelle un assez triste fait qui m'a été raconté il y a quelques années, et qui est resté gravé dans mon esprit comme un des exemples les plus frappants de ce qu'il y a de simple, de naturel dans la genèse de certains rêves que l'événement vient confirmer. Voici ce fait dont les diverses particularités sont bien présentes à ma mémoire.

Une dame, habitant la Cochinchine, devait quitter Saïgon et s'embarquer sur une canonnière de l'Etat, qui faisait alors le service entre la capitale de notre colonie et les divers postes de l'intérieur. Toute la nuit qui précéda l'embarquement, la personne dont je parle ici ne fit que rêver naufrages et incendies : ces rêves étaient interrompus par des cris, des réveils en sursaut; puis, le sommeil revenu, des visions de navires sautant, s'abîmant dans les eaux, de naufragés cherchant à échapper à la mort s'offraient à nouveau. Malgré ces rêves, le départ eut lieu; mais le voyage fut des plus malheureux : la chaudière de la canonnière où s'était embarquée la voyageuse éclata et cette dame, horriblement brûlée, mourut bientôt dans d'atroces souffrances.

Certes, le fait est net, le rêve ne laisse rien à désirer quant à son caractère prophétique, puisque, malheureusement, l'événement confirme pleinement la catastrophe annoncée. Qu'en conclure? faut-il recourir au surnaturel? est-il nécessaire d'invoquer ici la loi des coïncidences? Cela nous paraît absolument inutile, l'explication du fait que je viens de raconter étant, en somme, extrêmement simple et le lecteur sera assurément de mon avis, quand j'aurai dit que tout le monde savait dans la colonie que les chaudières des canonnières étaient en très mauvais état, notion qui, justifiant parfaitement les craintes de la personne qui périt si malheureusement, fut évidemment l'origine du rêve dont nous l'avons vue poursuivie pendant son sommeil.

J'usqu'ici, nous avons touché de la main, en quelque sorte, la raison du rêve. Mais dans les faits que je vais citer maintenant, cette raison nous échappe ou, au moins, n'apparaît pas nettement. Supprimerons-nous ces faits et ceux du même genre ? Nullement ; mais nous essaierons d'en donner une explication plausible, nous gardant bien, comme nous le disions plus haut, de toute hypothèse risquée, nous en tenant aux limites permises par une induction légitime. Voici un exemple du genre de rêves auxquels je fais allusion ici :

Un pasteur, du nom d'Ulrici, avait un ami, comme lui ministre de l'Évangile, et qui demeurait dans son voisinage. Celui-ci l'entretint un jour de ses craintes de mort prochaine, bien qu'il fût en parfaite santé. Incrédulité de la part d'Ulrici ; paroles de dissuasion. A quelques jours de là, il a un rêve, dans lequel il voit son ami emporté par un cheval fougueux, tombant et se brisant la tête contre un arbre, sur un chemin à lui connu. Sa femme l'éveille tout en larmes. Il ne peut de toute la journée se remettre de son émotion, et reste très persuadé que son ami est mort. Sa femme se moque de lui, tout en cherchant à le distraire. Elle l'ac-

compagne à la promenade. Avant de partir, on
dit à la servante le chemin que l'on prend,
parce que Ulrici est persuadé qu'on viendra le
quérir du village voisin. Il retournait sur ses pas,
lorsqu'il voit sa servante venir à sa rencontre ;
elle lui dit qu'il était demandé dans ce village
pour un baptême. Il sut bientôt la véritable raison : son ami était mort à cinq heures du soir,
comme Ulrici l'avait rêvé à six heures du matin (1). Autre fait bien connu : Une nuit, la
princesse de Conty vit en songe un appartement
de son palais prêt à s'écrouler, et ses enfants,
qui y couchaient, sur le point d'être ensevelis
sous les ruines. L'image affreuse qui était pré-
sentée à son imagination remua son cœur et
tout son sang. Elle frémit ; et, dans sa frayeur,
elle s'éveilla en sursaut, et appela quelques
femmes qui dormaient dans sa garde-robe. Elles
vinrent au bruit recevoir les ordres de leur maîtresse. Elle leur dit sa vision, et qu'elle voulait
absolument qu'on lui apportât ses enfants. Ses
femmes lui résistèrent en citant l'ancien pro-
verbe : que tous songes sont mensonges. La
princesse commanda qu'on alla les quérir. La

(1) Moritz, cité par Tissot.

gouvernante et les nourrices firent semblant d'obéir ; puis revinrent sur leurs pas dire que les jeunes princes dormaient tranquillement, et que ce serait un meurtre de troubler leur repos. La princesse, voyant leur obstination, et peut-être leur tromperie, demanda fièrement sa robe de chambre. Il n'y eut plus moyen de reculer ; on fut chercher les jeunes princes, qui furent à peine dans la chambre de leur mère que leur appartement fut abîmé (1).

Quelle explication donner ici ? Nous ne voyons point, en effet, la circonstance qui pourrait expliquer la genèse de ces rêves, en concordance si parfaite avec la réalité. Cependant, chacun de ces songes est raconté d'une façon circonstanciée et il y a lieu de penser que si quelque particularité de nature à éclairer sur la naissance du rêve avait été connue de celui qui le rapporte, elle eût été consignée dans son récit. Il me semble pourtant qu'une explication rationnelle est possible, en rapportant les rêves du genre de ceux dont nous nous occupons ici à cet autre phénomène curieux de la vie intellectuelle qu'on appelle le pressentiment.

(1) Voir pour de semblables rêves : Suétone, *Vie d'Auguste*. — Cicéron, *de Divinatione*. — Valère-Maxime, etc.

On a souvent nié le pressentiment. Il est cependant difficile de ne pas admettre certains
faits, dont la sincérité et l'intelligence de l'observateur sont des garants certains. Voici rapidement présentés quelques-uns de ces faits : Un
jeune docteur venant un jour de faire visite à ses
parents, fit la rencontre de deux officiers. Il
convint avec eux de prendre la poste. Quand il
fallut monter en voiture, notre docteur fut
comme arrêté par une puissance surnaturelle (1).
Les deux officiers ayant remarqué une altération
dans ses traits, lui en demandent la cause : il la
dit. Ils lui offrent de l'aider, mais il refuse, disant
qu'il ne pourrait se décider à partir. A peine
étaient-ils en route que l'obstacle cessa de se
faire sentir. Le jeune docteur saisit donc la première occasion pour continuer son voyage. En
arrivant sur les bords de l'Elbe, il aperçoit un
rassemblement; on lui raconte que les deux officiers avaient été noyés dans le fleuve où la voiture et les chevaux étaient tombés (2). Un jour

(1) Il est évident que cet arrêt surnaturel n'est autre
chose que le résultat de l'émotion, causée par la prévision
d'un malheur, qui paralyse en quelque sorte le voyageur
dont il est ici question,

(2) Tissot. — *Ouvrage cité.*

que l'abbé de Montmorin était entré à l'église
Saint-Louis et s'y était agenouillé, il ne tarda pas
à se sentir pressé de changer de place. Il résista
tout d'abord, mais cette sollicitation intérieure
devenant plus pressante, il finit par y céder et
alla s'agenouiller du côté opposé de l'église. A
peine y était-il qu'une pierre se détacha de la
voûte et tomba justement à l'endroit qu'il venait
de quitter. Une personne de ma connaissance,
étant en visite dans une campagne assez éloignée
de celle qu'elle habitait, eut l'idée que sa sœur,
qu'elle avait quittée parfaitement bien portante,
était en danger sérieux. Elle revint aussitôt et, à
peine était-elle arrivée, qu'on vint lui dire que sa
sœur avait été prise d'un abondant crachement
de sang, qui avait mis sa vie en danger. On sait
que Swedenborg éloigné de Stockholm eut l'intuition de l'incendie de cette ville. Enfin, je
connais moi-même un fait fort approchant de
celui-ci : Mon père, sorti depuis plusieurs heures,
rentrait vers la fin du jour, quand l'idée lui vint
nette, précise, obsédante que le feu avait pris
à la maison qu'il habitait ; il hâte le pas et rencontre bientôt une personne qui lui apprend
qu'en effet le feu s'était déclaré chez lui une
demi-heure auparavant.

Que penser de ces choses? Faut-il invoquer la
loi des coïncidences? Dans certains cas, assurément; mais il ne saurait toujours en être ainsi
et les faits ne demeurent pas néanmoins sans
explication possible. Il ne répugne, en effet,
en rien à la rigueur scientifique d'admettre que
certains jugements reposant sur des notions in-
sciemment acquises *se forment, s'élaborent dans
les profondeurs de la trame cérébrale, dont la
conclusion seule arrive au sensorium*, et ces
jugements tout faits dont nous ne voyons ni les
prémices, ni l'enchaînement, dont nous ne percevons que le résultat final, nous apparaissent
comme des intuitions et ont une apparence en
quelque sorte surnaturelle. Puis, enfin, n'avons-
nous pas journellement sous les yeux des faits
semblables, qui nous frappent moins précisément parce qu'ils sont plus communs? Qui, à la
vue d'une personne, n'a jugé, de prime abord,
que cette personne lui serait favorable ou funeste? Qui, dans une circonstance délicate, n'a
agi autrement que l'extérieure logique des
choses ne lui indiquait de le faire, et ne s'est
applaudi de sa décision? Qui n'a entendu parler
du tact médical, du sens médical, de l'intuition
de l'homme de guerre dans les opérations mili-

taires, du sens politique? Et que sont ces choses, sinon le résultat de jugements inconscients, mais préparés par une longue habitude mentale de problèmes à résoudre? Et, chose curieuse! à celui qui forme de tels jugements, demandez en quoi ils consistent, il ne saura vous répondre. Je ne voudrais, certes, m'avancer dans cette voie qu'avec prudence, mais il me paraît que l'activité inconsciente du cerveau peut assez souvent être invoquée dans les cas dont nous nous occupons ici et que le pressentiment n'est autre chose que *le résultat d'un jugement inconsciemment élaboré et reposant sur des données que nous avons acquises d'une façon également inconsciente.* Il est évident pour nous que les personnes qui ont éprouvé les pressentiments que j'ai mentionnés tout à l'heure avaient recueilli sur les choses, sur les circonstances des faits, des notions dont elles n'avaient point été frappées, mais qui, élaborées par le travail inconscient de l'esprit, se formulaient en cette intuition subite qui les frappait comme la vive clarté d'une évidente vérité. Et, cela étant admis, il est facile de voir que les rêves prophétiques dont nous venons de parler en dernier lieu ne sont que des jugements inconscients dont la conclusion se présente dans le sommeil et avec l'appareil ordinaire des opérations men-tales du sommeil : les images du rêve.

CHAPITRE V.

SUR L'HALLUCINATION VISUELLE. — PREUVE PHYSIO-
LOGIQUE DE LA NATURE DE CETTE HALLUCINATION.

Le rêve et l'hallucination ont constamment
excité la curiosité de ceux qu'intéressent, à un
degré quelconque, les études psychologiques.
Philosophes et aliénistes ont cherché à pénétrer
la nature et le mécanisme de ces phénomènes,
et nombre de travaux ont été publiés sur le rêve
et l'hallucination. Cette dernière, principalement, si fréquente dans la folie, a été l'objet de
nombreux traités remplis d'observations con-
sciencieusement et patiemment recueillies, mine
riche et précieuse où l'on n'a qu'à puiser. Dans
cette étude, nous userons de ces richesses, tout
en nous en servant pourtant de préférence,
chaque fois que l'occasion s'en présentera, des
faits tirés de notre personnelle expérience. Mais,
avant d'aller plus loin, il nous paraît nécessaire
de définir l'hallucination, ce que nous ferons en
écartant toute idée théorique, toute préoccupation métaphysique. Nous dirons donc, simplement, que l'hallucination consiste en une per-

ception sensorielle sans objet extérieur qui la fasse naître.

Tous les sens sont susceptibles d'hallucinations, mais non à un même degré. Les hallucinations les plus fréquentes sont les hallucinations de l'ouïe, puis celles de la vue; viennent ensuite les hallucinations de la sensibilité générale; les hallucinations du goût et de l'odorat se rencontrent moins souvent.

Nous nous occuperons tout d'abord des hallucinations de la vue, les plus intéressantes, les plus curieuses de toutes.

Il n'est pas besoin d'un examen bien approfondi de l'hallucination visuelle pour se convaincre que les images perçues par un halluciné sont différentes suivant la constitution mentale antérieure, si je puis ainsi dire, de celui qui les éprouve; que les circonstances particulières dans lesquelles la folie s'est développée peuvent encore avoir une influence marquée sur la nature des images hallucinatoires; qu'enfin, ces images varient avec le genre de délire dont est atteint l'halluciné.

Examinons ces différents cas.

Il n'est pas rare de constater, dans les divers délires, que quelques-unes, au moins, des hallu-

cinations des malades portent le cachet tout
spécial de la profession qu'exerçaient ces malades, des occupations qui leur étaient habituelles. J'ai encore présent à l'esprit un épileptique à qui j'ai donné des soins, et qui, à la suite
de crises assez rares mais violentes, était atteint
de délire maniaque avec hallucinations de la vue.
Ces hallucinations lui représentaient, ordinairement, des triangles, des carrés, des losanges,
toutes espèces de figures géométriques. Or, ce
malade était charpentier, et il avait souvent
l'occasion de se servir de ces figures. J'ai eu
également l'occasion de soigner un paralysé
général, qui avait fait, pendant la plus grande
partie de sa vie, le commerce des cuirs. Ce malade, comme il arrive souvent chez les paralysés,
éprouvait, de temps à autre, de l'agitation et des
hallucinations et, très fréquemment, ces hallucinations consistaient en des peaux de vaches, que
le malade apercevait autour de son lit en quantités considérables.

Dans son livre sur l'alcoolisme, Magnan a noté
cette fréquence du rapport des hallucinations
avec la profession. Il en a cité quelques exemples que je demanderai la permission de rappeler
ici. Un malade, marchand des quatre-saisons,

dit M. Magnan, apercevait à terre, autour de lui, des choux-fleurs, de l'oseille, des radis, qu'il s'efforçait de ne pas écraser sous ses pieds; un conducteur de bestiaux voyait et appelait ses bœufs et ses moutons; un gaveur de pigeons, aux halles, croyait tenir un pigeon entre ses doigts et s'évertuait à lui faire avaler du grain. Le médecin de Sainte-Anne fait également mention d'une marchande de vin qui répondait à ses clients, les engageait à attendre et se préparait à les servir; d'un menuisier qui voyait retomber sur sa tête et sur son dos des planches qu'il essayait de charger sur une voiture. Enfin, une fille publique, toujours au rapport du même auteur, s'imaginait assister à des scènes lubriques qui rappelaient son triste métier (1).

Ces faits sont intéressants. Ils prouvent bien que l'hallucination est fréquemment en rapport avec les habitudes des malades, ce qui, du reste, ne nous étonnera pas quand nous aurons étudié le mécanisme et la nature intime de l'hallucination. Mais ce qui, peut-être, ferait mieux voir encore l'étroite liaison de l'hallucination avec des habitudes journalières des malades, c'est la

(1) Magnan. *De l'Alcoolisme.*

différence qu'on observe entre les hallucinations des gens d'intelligence ordinaire et celles dont peuvent être affectés des hommes se livrant à l'étude des sciences ou des lettres. Il est impossible, en effet, de n'être pas frappé du contraste existant entre le caractère vulgaire des images que viennent d'accuser les hallucinés de l'Asile Sainte-Anne et les tableaux changeants et grandioses que nous allons voir se dérouler devant les yeux d'un malade d'une rare intelligence, dont **M.** Falret a rapporté l'observation.

Un homme d'un âge mûr, d'une grande richesse d'imagination et d'un esprit très distingué, dit l'éminent aliéniste, s'imagina, pendant les grandes chaleurs de l'été, et au milieu d'une belle journée, assister à la formation du monde. Placé au sommet d'une tour élevée, il croyait dominer sur toute la nature et contempler toutes les puissances qui travaillaient à la création du monde. Dans son imagination, la création s'opérait d'une manière assez conforme à celle qui est racontée dans les Écritures, mais il s'y mêlait des fables assez semblables à celles qui remplissent les livres orientaux et certains contes des *Mille et une Nuits.* Par exemple, au sommet de la tour sur laquelle il était placé, habitaient des génies et des fées qui en partaient pour aller vivifier la nature et être, dans les différents mondes, les ministres du Très-Haut. Il voyait aussi, auprès de lui, comme deux œufs énormes, qui, placés au sommet de la tour, étaient, pour ainsi dire, chauffés et couvés par l'ardeur du soleil, et qui, venant à éclore, donnaient nais-sance à l'homme et à la femme, mais à un homme et à une femme forts supérieurs à ceux que nous voyons et qui ressemblaient plutôt aux habitants du ciel, tels qu'on se les figure, brillants de jeunesse et d'immortalité, portant des ailes et prêts à s'élancer dans les airs. En même temps, il se voyait environné de quadrupèdes et d'oiseaux au-dessus des dimensions ordinaires, et dont les formes et les couleurs lui causaient de la surprise et, parfois aussi, de la frayeur, quand ces animaux étaient des lions, des tigres ou des bêtes féroces de cette espèce. Il vit aussi le Père éternel qui lui apparaissait sous la forme d'un vieillard vénérable, plein de force et de vie, siégeant à une des extrémités de la tour, sur un trône éclatant, et recevant autour de lui les anges et les génies auxquels il communiquait ses ordres. Quand ils étaient partis, le Père éter-nel restait dans une solitude absolue, environné

d'une lumière éclatante et voisin des astres. Il
tenait à la main un grand livre où étaient écrites
les destinées et ne ressemblait pas mal à la belle
figure du Père éternel dans le tableau de la
Création, de Raphaël, ou au Dieu de tous les
mondes tels que le représente l'auteur de la
Henriade. Quant aux ministres de ses volontés,
les génies, les anges et les fées, ils lui semblaient
aller et venir du sommet de la tour dans les
différentes parties de l'univers, comme pour y
porter la lumière et la vie. Il les voyait ou s'élancer de la tour dans les airs et planer dans un ciel
bleu au milieu des astres et des étoiles, ou revenir se poser légèrement près de la place où ils se
trouvaient. Les formes sous lesquelles ils lui
apparaissaient étaient celles que leur prête d'ordinaire la poésie, elles étaient variées : c'était
tantôt la forme humaine, tantôt celle de superbes
oiseaux ou d'autres formes singulières; ils parlaient et étaient doués d'une intelligence supérieure. Quelle était leur langue? C'est ce dont le
malade n'avait aucun souvenir. Mais il se rappelle très distinctement qu'il vivait au milieu de
ce monde imaginaire, couché sur cette tour
élevée, suspendu avec elle au milieu des airs,
bercé par le souffle embaumé des vents et éclairé

d'une lumière éclatante qui lui permettait d'observer le cours des astres et le passage de quelques-uns d'entre eux assez près de la place qu'il
occupait (1).

On le voit, l'hallucination varie suivant la vie
antérieure, les occupations habituelles, la culture
intellectuelle des hallucinés.

On constate assez souvent aussi que l'hallucination est intimement liée à la cause qui l'a produite. Tout le monde connaît l'histoire du préci-
pice de Pascal. Voici encore quelques exemples
de l'étroite relation qui existe souvent entre
l'hallucination et la cause qui lui a donné naissance.

Un jeune garçon ayant éprouvé une très
grande frayeur de l'invasion prussienne, était
devenu épileptique et avait dû être interné dans
un asile public, à la suite d'un accès de manie
consécutif à des attaques répétées. A l'époque
où cet enfant fut séquestré, ses crises se produisaient à des époques indéterminées. Bientôt, ces
crises prirent un caractère intermittent; puis,
l'attaque manqua et fut remplacée par des hallucinations terrifiantes. Tout à coup, le jeune

(1) Falret. *Des maladies mentales et des Asiles d'aliénés.*

malade voyait une foule de soldats prussiens qui l'entouraient avec des gestes menaçants. Ce pauvre enfant, en proie à une folle terreur, s'enfuyait et se mettait à courir autour de la cour de sa division en poussant des cris. J'ai actuellement dans mon service, à l'Asile de Bron, un malade qui, pendant un voyage en Angleterre, devint aliéné à la suite de la frayeur que lui fit éprouver un danger qu'il avait couru. Alors qu'il traversait je ne sais plus quelle rue de Londres, par un temps de brouillards épais, il avait failli être écrasé par une machine à vapeur. Or, dans les hallucinations auxquelles il est encore assez souvent en proie, ce malade voit toujours la lanterne de la machine qui a failli passer sur lui. Enfin, il y a quelques années, j'ai eu l'occasion d'observer, dans un asile public, une jeune fille dont les hallucinations présentaient, avec la cause qui les avait fait naître, une relation qu'on ne pouvait non plus méconnaître. Cette jeune fille avait perdu la raison à la suite d'une tentative d'assassinat, et, dans les hallucinations qui l'affligeaient, la pauvre malade voyait toujours le poing et le bras de l'individu qui avait voulu la tuer. Nous verrons, plus tard, ce qu'il advint de cette hallucination.

Je pourrais multiplier les exemples, mais les faits que je viens de citer me paraissent suffisants pour établir que l'hallucination est fréquemment avec la cause en une étroite relation.

Une question, maintenant, se pose tout naturellement, celle-ci : l'hallucination varie-t-elle avec chaque genre de délire, ou, en d'autres termes, y a-t-il des hallucinations spécifiques à tel ou tel délire? Oui, dans de certaines limites. Il est certain, par exemple, que, dans le délire religieux, les hallucinations qui s'offrent à la vue du malade lui font fréquemment voir Dieu, la sainte Vierge, les anges, etc. Ces images sont, ordinairement, conformes aux types adoptés par les peintres et les sculpteurs, aux descriptions contenues dans les ouvrages de piété. Un malade, que j'ai soigné, il y a quelques années, et qui présentait, dans son délire, une teinte religieuse très prononcée, voyait souvent la Vierge sous l'aspect d'une belle femme à la démarche majestueuse, au regard doux et bienveillant. Dans le cas où c'est l'image de Dieu qui s'offre à l'aliéné, celui-ci l'aperçoit, parfois, sous la forme d'un beau vieillard au visage sévère; mais, plus souvent, peut-être, l'image que le malade prend pour l'Être divin consiste dans une éclatante lumière. De cette lumière sortent, ordinairement, non pas des voix, mais des inspirations.

Dans les délires de possession, dans ceux où les malades croient qu'on leur a jeté un sort, les aliénés aperçoivent, fréquemment, dans leurs hallucinations, le démon sous des formes diverses. Le plus généralement c'est un petit homme noir, une femme laide, vieille et décrépite, une bête de forme effrayante, un bouc, etc. En somme, ici, comme tout à l'heure, l'image de l'hallucination répond à l'idée que le malade se forme de la personnalité qui fait l'objet de son délire. L'image des saints personnages est noble et majestueuse ; celle de l'esprit des ténèbres est laide, plus ou moins difforme.

L'image diabolique n'a pourtant pas toujours une forme hideuse et repoussante. Ce fait se produit quand aux hallucinations de la vue se joignent, dans le délire démoniaque, des hallucinations génitales, et, cela, chez les femmes principalement. Dans ce cas, il arrive que le démon revêt, parfois, une forme attrayante. Brierre de Boismont, dans son ouvrage sur les hallucinations, ouvrage si rempli de faits intéressants, rapporte, en effet, plusieurs observations où le démon n'a rien de sa laideur accoutumée. Voici un court passage d'une de ces observations qui a trait au sujet qui nous occupe. « A Nantes était une malheureuse femme que tourmentait un démon plein d'effronterie ; ce diable lui avait apparu sous la forme d'un démon de la plus belle figure. Cachant au dedans de lui-même ses projets criminels et employant un langage caressant, il était parvenu, par ruse, à rendre l'âme de cette femme favorable à son amour pour elle. Quand une fois il eut obtenu son consentement à ses desseins, étendant les bras, il mit les pieds de l'infortunée dans l'une de ses mains, lui mit l'autre sur la tête et se la fiança, pour ainsi dire, par ces signes d'alliance intime. Elle avait pour mari un brave chevalier qui ignorait complètement cet exécrable commerce. Cet impur adultère, toujours invisible, abusait donc d'elle dans le lit même où couchait son époux, et l'épuisait par son incroyable libertinage, etc.... » (1).

Aujourd'hui que les idées de possession, surtout de possession dans la forme singulière et merveilleuse qui était si commune au moyen âge sont plus rares, le genre d'images hallucina-

(1) Brierre de Boismont. *Des Hallucinations.*

toires que nous venons de décrire est également bien moins fréquent, alors même qu'il existe avec des hallucinations visuelles, des hallucinations génitales. Il y a plus, et je dirai qu'actuellement, dans ces cas, l'image de l'incube est assez souvent hideuse et repoussante. J'ajouterai qu'en même temps que cette image est laide, la sensation génitale éprouvée par l'hallucinée, loin d'être voluptueuse, est généralement pénible. Enfin, alors même que l'image de l'incube est attrayante, il n'est pas rare que la sensation génitale soit de nature presque douloureuse et redoutée par les malades. J'observais encore dernièrement, à Bron, un cas de ce genre.

Un délire, aujourd'hui des plus communs, et où les hallucinations sont extrêmement nombreuses et fréquentes, est le délire de persécution. Dans ce délire, les hallucinations visuelles, bien qu'elles soient loin d'être aussi constantes que les hallucinations de l'ouïe, ne sont pas absolument rares. Dans les cas où on les rencontre, ces hallucinations offrent toujours un caractère effrayant et retracent des scènes en rapport avec le délire de l'aliéné; c'est, en quelque sorte, la réalisation imagée de ses craintes. Dans une circonstance encore bien présente à mon esprit, un aliéné persécuté voyait continuellement des gendarmes qui venaient pour le chercher. Il apercevait leurs chapeaux à la hauteur de l'appui des croisées d'un salon où il se tenait ordinairement. Des hallucinations de l'ouïe accompagnaient le trouble sensoriel visuel. Un autre malade, affecté du même genre de délire, voyait partout des agents de police qui l'épiaient pour l'arrêter et l'emmener en prison.

Si ces sortes de visions sont fréquentes dans le délire de persécution, elles ne sont point uniques ; d'autres viennent s'y joindre, surtout quand le délire dure depuis un certain temps. On rencontre nombre de persécutés qui prétendent voir des serpents, des lézards, divers autres animaux, mais d'aspect toujours effrayant. J'ajouterai que les persécutés dont je m'occupe ici, en raison même de leur délire, donnent, de leurs visions, une explication particulière. Il semble qu'ils se rendent bien compte du caractère fantastique de ce qu'ils aperçoivent et vous les entendez dire fréquemment que ce sont leurs ennemis, qui, par des moyens magiques, *leur font apparaître* ces représentations effrayantes.

Enfin, il est encore un délire dans lequel les
figures d'animaux bizarres et effrayants se montrent très souvent : c'est le délire alcoolique.
Une particularité, cependant, semble distinguer
ces représentations visuelles des précédentes :
c'est la mobilité extrême des images qui se succèdent avec une rapidité singulière et qui peut
les faire comparer aux images incessamment
variables d'un caléïdoscope. Mais je n'insisterai
pas sur ce point, qui me paraît tenir, non pas
tant à la nature qu'à l'acuité du délire, car c'est
dans les délires alcooliques aigus que l'on constate surtout cette extrême mobilité des images.

Une autre particularité du délire alcoolique
est celle-ci : quand ce délire est récent, on sait
qu'il se présente souvent sous la forme maniaque et guérit assez facilement. Mais après un
certain nombre de rechutes, la maladie s'orga-
nise en quelques sorte, le délire se systématise
et l'affection ne tarde pas à devenir incurable.
Cette systématisation du délire des alcooliques
est assez intéressante à étudier ; aussi, ai-je
essayé d'en saisir le mécanisme, si l'on veut
bien me passer cette expression, mécanisme
que j'ai exposé, du reste, dans mon rapport
sur le service médical de l'Asile de Bron pour

1879, et qui, à mon avis, serait le suivant :

Le maniaque alcoolique est vivement excité, en proie à des impulsions, à des hallucinations de toutes sortes : il crie, chante, se livre à des actes de violence ; on l'interne dans un asile. Là, sous l'influence du traitement, plus simplement, peut-être, par le simple fait de l'élimination de l'alcool absorbé, les accidents s'amendent et l'aliéné est rendu à la liberté. Reprenant ses habitudes d'ivrognerie, il redevient malade ; on le fait interner de nouveau ; il guérit pour retomber encore et être une fois de plus séquestré, et toujours ainsi. Ces séquestrations, l'alcoolique les redoute extrêmement, et il ne tarde pas à prendre en haine ses parents, qui d'ordinaire les provoquent. Ce sont dès lors ses ennemis, et tout ce qu'il va souffrir par le fait de son intoxication, c'est à eux qu'il le rapportera. Ses hallucinations, ses terreurs, les phénomènes maladifs, intéressant la sensibilité générale, qu'il éprouve continuellement, ce n'est pas l'alcool qui en est la cause, — l'alcool est le dernier agent qu'il songerait à incriminer, — mais tous ces troubles sont simplement le résultat de quelque atroce machination de ses parents qui le poursuivent et le persécutent. Aussi, rend-il

compte de ses hallucinations dans le même langage dont nous venons de voir se servir les
persécutés. Il ne dit pas qu'il voit des serpents,
des fantômes, il dit qu'*on lui fait voir* des spectres, des serpents, des bêtes de toutes sortes.
Tel est, fréquemment, le caractère de la folie
des alcooliques plusieurs fois récidivistes et la
genèse de ce délire.

Je ne serais pas complet sur ce point particulier de l'histoire de l'hallucination, dont je
m'occupe en ce moment, à savoir : le caractère
de l'hallucination dans les délires tristes, si je ne
mentionnais les images de cadavres, d'instruments de tortures, de personnages aux traits
effrayants qui s'offrent aux yeux de l'aliéné
atteint de lypémanie stupide. Je dois cependant ajouter que, dans ce délire, les illusions
terrifiantes sont plus fréquentes encore que les
hallucinations.

Les hallucinations varient donc avec la nature
du délire et sont avec lui dans un assez étroit
rapport; elles prennent sa teinte, en quelque
sorte. J'ajouterai que la forme délirante imprime
aussi son cachet au trouble sensoriel. Variable et
fugace dans les délires généraux, dans les délires
maniaques surtout, on la voit beaucoup plus

stable, beaucoup plus tenace dans les délires limités, systématisés.

Nous allons examiner une série de questions très intéressantes dans l'histoire des hallucinations; je veux parler de la façon dont naissent les images, des transformations qu'elles subissent, de la manière dont elles disparaissent, de l'aspect qu'elles offrent aux yeux de l'halluciné.

Si l'on s'en rapporte au récit des fous hallucinés qui ont recouvré la raison ou au témoignage des hommes qui, à l'état physiologique, ont éprouvé des hallucinations, on voit que souvent l'image apparaît subitement dans le champ visuel ; elle surgit, semble-t-il : c'est l'expression qui me paraît le mieux rendre l'impression rapportée par les hallucinés. Du reste, cette façon dont se produit l'image sensorielle n'a rien qui doive surprendre. Il semble qu'il y ait, dans la soudaineté avec laquelle se montre cette image, un fait essentiellement inhérent au dynamisme cérébral. Nous retrouvons dans la physiologie normale un fait analogue. Si, cherchant un mot qui vous fuit, vous avez, après d'inutiles efforts, abandonné cette recherche, il ne sera pas rare de voir apparaître le mot rebelle, subitement, au milieu de pensées tout à fait différentes. Le fait est bien connu et d'observation vulgaire. Mais ce que l'on ne remarque pas assez, c'est que, dans le cas dont je viens de parler, il s'agit aussi d'une image d'un genre particulier, il est vrai, mais, en somme, d'une image. Toute la différence consiste en ceci : que le phénomène ici est normal, et que l'image-signe ne s'objective pas.

En décrivant, comme je viens de le faire, la façon dont surgit l'hallucination dans le champ visuel, je n'ai entendu parler que de la manière dont apparaît l'image quand la maladie est constituée. Est-ce ainsi qu'elle se montre au début de l'affection ? C'est ce qu'il n'est pas sans intérêt d'examiner.

Si on s'en rapporte, ici encore, au témoignage des aliénés, il paraît que bien souvent l'hallucination est en quelque sorte constituée d'emblée ; mais le fait n'est pas constant, et il est des cas où ce n'est que par des troubles élémentaires successifs que l'hallucination s'établit. J'ai eu l'occasion de voir une malade, chez laquelle, sans aucun doute, les choses se sont ainsi passées. Cette dame était devenue aliénée à la suite de chagrins de toutes sortes. Elle commença, tout d'abord, par se méprendre sur les couleurs qui s'offraient à sa vue. Lui montrait-on une étoffe d'une blancheur immaculée, elle la voyait complètement grise ; un canapé recouvert de velours vert lui paraissait d'une couleur toute différente, etc. Puis bientôt, la maladie marchant, apparurent dans le champ visuel des objets fantastiques à contours définis.

Mais, nous le savons, l'hallucination est un phénomène essentiellement mobile, et les images qui la constituent ne demeurent que bien rarement constamment les mêmes. Il importe donc d'examiner comment elles se remplacent. Il arrive assez souvent que la transformation de l'hallucination se fait par succession d'images. Au bout d'un temps très variable, suivant les différents genres de délires, une image se substitue à une autre : la première a disparu, une autre l'a remplacée. Voilà, dans bien des cas, ce que l'on peut constater. Mais parfois, aussi, il est possible de saisir un mode particulier de remplacement des fantômes hallucinatoires et qui consiste en une véritable métamorphose des images.

Dans le livre de Magnan, dont j'ai déjà parlé, cet aliéniste distingué rapporte l'observation d'une malade qui voyait sur le mur des toiles d'araignée, des cordages, des filets avec des mailles qui se rétrécissaient et s'allongeaient ; au milieu de ces mailles, de ces filets, se montraient des boules noires qui se renflaient, diminuaient, prenaient la forme de rats, de chats, passaient à travers les filets, sautaient sur le lit et disparaissaient (1).

Voici un autre exemple de ce genre de transformation des images hallucinatoires qu'il m'a été donné de constater, et tout intéressant que soit le fait consigné par Magnan, le cas dont je vais m'occuper me parait plus curieux encore.

Le sujet de l'observation est cette malade dont j'ai parlé plus haut, devenue aliénée à la suite d'une tentative d'assassinat. Si l'on s'en souvient, cette jeune fille voyait continuellement le poing et le bras de l'individu qui avait tenté de la tuer. Or, le temps s'écoulant, la maladie suivant son cours, l'hallucination subit une transformation curieuse. L'image que voyait cette jeune fille se modifia ainsi : deux yeux apparurent sur le poing de l'assassin, son bras s'allongea démesurément, et, finalement, l'image hallucinatoire se changea en un serpent.

Sans se transformer quant aux contours, il

---

(1) *De l'Alcoolisme,* p. 56.

arrive que l'image hallucinatoire grandit d'une façon démesurée ; mais, dans ces cas, ce n'est pas après un certain temps que cette transformation s'opère ; l'halluciné la voit se faire en peu d'instants, ce qui n'est pas sans lui causer une terreur que le lecteur comprendra. Parmi les faits de ce genre, il en est un cité par M. Baillarger, d'après Beyle, qui devait avoir pour le malheureux patient quelque chose de particulièrement horrible. Il s'agit d'un malade qui, dans son hallucination, voyait une araignée de taille ordinaire. Bientôt, cependant, cet animal grossissait, grossissait toujours et finissait par atteindre de telles dimensions qu'il remplissait toute la chambre de l'halluciné qui s'enfuyait épouvanté.

Nous venons d'exposer comment les images hallucinatoires naissent, se succèdent et se transforment ; voyons maintenant comment elles disparaissent.

Cette disparition ne se fait pas suivant un mode uniforme. Tantôt l'image semble s'enfuir devant l'halluciné qui la poursuit, et, celui-ci, à un certain point de sa course, voit le spectre hallucinatoire se dérober subitement, comme s'il s'évanouissait ; d'autres fois, l'image, après avoir persisté pendant un certain temps, devient moins visible, s'affaiblit et finit par disparaître.

Il ne s'agit, ici, que de la disparition d'une image donnée et non de la cessation définitive du phénomène. Mais, dans la disparition définitive du trouble hallucinatoire, on trouve également le double mode que nous venons de signaler dans la disparition des images. Parfois, en effet, le malade cesse tout à coup d'apercevoir les fantômes qui l'effrayaient ; plus souvent, le nombre et la vivacité de ces images vont en diminuant, en s'affaiblissant chaque jour, et le malade est définitivement débarrassé des spectres qui l'obsédaient. J'ajouterai que c'est dans les délires très aigus que l'on constate particulièrement le mode de disparition subite des images.

Quant à l'aspect des images hallucinatoires, il ne paraît pas qu'il soit identique pour tous les hallucinés. Les uns voient des personnages à contours nets, précis, arrêtés; les couleurs des vêtements de ces fantômes ont la vivacité qu'offrirait la réalité, et les traits du visage du spectre sont exactement ceux que présenterait une personne vivante. D'autres hallucinés, au contraire, n'aperçoivent les images que comme à travers un brouillard, une gaze légère. Il est encore à remarquer que la représentation hallucinatoire se dessine généralement à une certaine distance du malade.

Je mentionnerai enfin qu'il est des cas où il semble que certaines circonstances extérieures, un milieu particulier, soient nécessaires à la production de l'hallucination. Il n'y a là du reste rien que ne puisse admettre la plus exacte rigueur scientifique ; je n'insisterai pas néanmoins sur ce point, n'ayant sous la main que des faits qui ne me paraissent pas avoir un caractère suffisant d'authenticité. Telles sont les circonstances les plus ordinaires qui accompagnent les hallucinations de la vue dans la folie.

Il nous reste maintenant à rechercher la nature de l'hallucination visuelle, en quoi elle consiste physiologiquement.

Mais, avant d'aborder cette intéressante question, je dirai un mot d'un genre d'hallucination existant fréquemment dans un état de santé intellectuelle parfaite chez un certain nombre de personnes, et auquel on a donné le nom d'hallucinations hypnagogiques. Müller a étudié sur lui-même ce genre d'hallucinations, qui, comme il le remarque, est infiniment plus fréquent qu'on ne le croirait tout d'abord. Burdach a aussi signalé cette espèce de trouble sensoriel, et le physiologiste allemand, dans son traité si plein de faits et de vues, cite plusieurs observations intéressantes à ce sujet, entre autres celles de Gruthuisen, dont nous aurons bientôt à nous occuper. Enfin, de nos jours, MM. Baillarger et Maury ont repris la question, en l'examinant chacun à un point de vue différent ; c'est M. Maury qui a donné le nom d'hypnagogiques à ces hallucinations qui se produisent dans cet état intermédiaire à la veille et au sommeil que tout le monde connaît.

Dans ce genre d'hallucinations, les images sont généralement nettes, mais n'ont pas toujours la vivacité, l'éclat des objets réels, ni les couleurs, souvent si vives, presque égales à la réalité que revêtent certaines hallucinations de la folie. Les images hallucinatoires hypnagogiques consistent, parfois, en divers objets : arbres, rivières, meubles, etc., bien plus souvent, cependant, en des personnages présentant des figures rarement vives ou belles, mais plutôt ternes, aux traits vieillis. Elles se montrent tout à coup, involontairement, et disparaissent en s'affaiblissant progressivement, mais dans un espace de temps assez court, pour être remplacées par d'autres jusqu'à l'invasion définitive du sommeil ou jusqu'au réveil complet. Tantôt elles reproduisent des figures, des personnages vus pendant

a veille : ce cas est assez rare. Le plus souvent,
l s'agit de physionomies que celui qui éprouve
'hallucination ne se rappelle avoir jamais rencontrées, et qui se succèdent comme dans une
véritable fantasmagorie, sans que la volonté y
soit pour rien. C'est avant le sommeil ou près
du réveil que se montre l'hallucination hypnagogique : les hallucinations précédant le sommeil sont cependant les plus fréquentes. Tel
est, résumé en quelques lignes, le phénomène
physiologique curieux qu'il était nécessaire de
faire connaître au lecteur, pour l'intelligence
des faits que nous allons présentement étudier.

L'hallucination a plus d'une fois été considérée,
par les auteurs qui ont étudié ce phénomène,
comme une sensation suivant une route inverse
de celle que parcourent habituellement les sensations, c'est-à dire se propageant de l'intérieur
à l'extérieur. Cette opinion est celle du Dr Buchez ;
elle était partagée par notre célèbre aliéniste
Morel, qui cite, dans son traité si connu et si
remarquable sur les maladies mentales, le passage suivant de l'éminent philosophe : « Puisque
l'on admet, dit Buchez, qu'une impression sen-
suelle va du sens à l'appareil de transmission, de

celui-ci au cerveau, pourquoi n'admettrait-on
pas qu'une idée-sensation pût faire le trajet inverse, influer sur la moelle allongée, par celle-ci
s'attaquer à l'appareil de transmission, et, par ce
dernier, au sens lui-même, c'est-à-dire prendre,
en définitive, la vigueur et le siège d'une sensation extérieure ? » Substituons au mot idée-
sensation le mot image, et nous pourrons dire
que ce mécanisme de l'hallucination offre un
très grand degré de vraisemblance et que ce
degré de vraisemblance est encore augmenté si
l'on réfléchit à cette circonstance que les images
hallucinatoires sont en un rapport très étroit
avec les habitudes des malades ; qu'elles sont
liées, en somme, d'une façon absolument intime
à leurs acquisitions antérieures. On pensera,
néanmoins, et avec raison, qu'il est chaque jour
plus difficile, dans l'état actuel de la science, de
se contenter, en une question quelconque, d'une
probabilité, d'une vraisemblance. Il s'agit donc
de donner une preuve expérimentale de ce retour
des impressions sensorielles, de cette route en
sens inverse des images qui constitue le mécanisme de l'hallucination ; c'est ce que nous allons
essayer de faire en montrant que la rétine est
placée à la suite de l'hallucination dans le même

état physiologique où elle se trouve précisément après une impression visuelle venue du monde extérieur.

Mais, pour arriver à la preuve que nous voulons fournir ici, il est nécessaire que nous disions quelques mots de ce que l'on nomme images accidentelles.

Les images accidentelles sont très connues des physiciens et des physiologistes. Il semble qu'elles le soient moins des manigraphes, puisque, dans un ouvrage justement apprécié cependant en médecine mentale, on trouve des faits appartenant au phénomène purement physiologique des images accidentelles, donnés pour des hallucinations. Quoi qu'il en soit, voici en quoi consiste ce phénomène : si on place un corps noir de forme quelconque, un carré de papier noir par exemple, sur une feuille de papier blanc, que l'on regarde fixément ce carré pendant 30 ou 40 secondes, puis, que l'on tourne vivement les yeux vers une surface blanche, un écran blanc, je suppose, on verra une image du carré considéré se détachant en un blanc très clair sur l'écran qui aura pris une teinte grisâtre. L'image paraîtra plus grande que l'objet, si l'écran que l'on emploie est plus éloigné de l'observateur que cet objet, plus petite dans le cas contraire. Lorsque au carré noir on substitue un carré de papier de couleur quelconque, on apercevra, en procédant comme il a été dit plus haut, une image de même forme et de la couleur complémentaire de celle du carré employé. Si ce carré est rouge, l'image perçue sera verte ; si jaune, elle sera violette ; si bleu, elle sera jaune orange. Ce sont les images ainsi perçues qui ont reçu le nom d'images accidentelles.

Les premières observations sur les couleurs accidentelles ont été faites par Jurin ; Scherffer, Buffon, Béguelin, Æpinus les ont ensuite étudiées. De nos jours, plusieurs savants. Plateau et Helmholtz entre autres, ont repris cette étude, et ce dernier physiologiste a tiré de la théorie de Young sur les couleurs une explication du phénomène qui nous occupe, qu'on ne saurait se refuser à trouver extrêmement ingénieuse, mais à laquelle on a fait, cependant, une assez sérieuse objection. Cela nous importe peu, cependant, puisque le fait lui-même est constant, et qu'il nous montre que *des modifications rétiniennes ayant été imprimées à l'organe visuel par une sensation lumineuse donnée, les perceptions subséquentes se font dans de certaines conditions déterminées.*

Chaque fois que nous verrons ces conditions réalisées, nous pourrons donc légitimement conclure qu'une modification réelle, matérielle a été imprimée à la rétine. Or, c'est là précisément ce que l'on peut constater lorsque l'on vient à ouvrir les yeux, dans des conditions favorables, après une hallucination hypnagogique. Cela ressort très nettement de faits cités par Gruthuisen. Ce physiologiste, qui s'est livré à une étude très approfondie de l'hallucination et du rêve, a rapporté, en effet, des cas où, suivant les lois de l'optique physiologique que j'ai exposées tout à l'heure, une image fantastique très brillante laissait à sa place une figure de même forme, mais obscure; où, encore, à la suite d'une hallucination hypnagogique représentant du spath fluor violet sur des charbons ardents, une tache jaune sur fond bleu était nettement perçue; c'est-à-dire en d'autres termes, que dans les observations consignées par le savant allemand, à une hallucination succédait précisément l'image accidentelle qui aurait suivi la perception réelle.

Tels sont les faits. La conclusion est facile. La voici en quelques mots :

Une hallucination de la vue et une perception visuelle externe donnent naissance, dans des conditions déterminées, à des perceptions visuelles consécutives identiques. L'identité d'effet ne saurait répondre qu'à l'identité de cause et nous sommes naturellement amenés à conclure que : *dans l'hallucination visuelle, depuis la couche corticale* — aboutissant ultime des impressions recueillies par le sens de la vue et, du reste, par tous les sens, lieu de conservation des images antérieurement acquises et qui forment les éléments des fantômes hallucinatoires — *jusqu'à la rétine, l'appareil tout entier est mis dans l'état même où il se trouve dans le cas d'une perception réelle.*

On voit ainsi quelle étroite liaison existe entre la perception vraie et l'hallucination, puisque dans les deux cas l'appareil nerveux est placé dans le même état dynamique. C'est, j'imagine, cette identité d'état de l'appareil sensoriel dans la sensation et l'hallucination, que soupçonnait M. Taine, quand il définissait la perception externe une *hallucination vraie.* Pour nous, quelque cas que nous fassions de l'éminent écrivain, nous nous garderons bien de nous servir d'une telle expression qui ne fait que marquer, et d'une façon inexacte, l'étroite liaison des deux phénomènes ; mais ce que nous pourrons dire avec la plus rigoureuse exactitude c'est que l'hallucination visuelle — et ce qui est vrai de l'hallucination visuelle l'est également, on n'en saurait guère douter, des autres hallucinations — c'est que, dis-je, l'hallucination de la vue est réellement, pour l'halluciné, *une sensation vraie*. Enfin, nous ferons remarquer — et c'est par là que nous finirons — qu'il ressort, avec évidence, de tout ce qui précède, que l'hallucination visuelle est toujours — au moins quand elle consiste en des images définies — un phénomène cérébro-sensoriel.

CHAPITRE VI.

LES INVISIBLES ET LES VOIX. — UNE MANIÈRE NOUVELLE D'ENVISAGER LES HALLUCINATIONS PSYCHIQUES ET L'INCOHÉRENCE MANIAQUE.

Parmi les troubles des sens qui se rencontrent dans la folie, il n'en est assurément pas qui s'offrent plus fréquemment à l'observation que l'hallucination de l'ouïe, et la persistance singulière de ce phénomène sensoriel dans certaines formes délirantes en rend l'étude particulièrement facile, les hallucinés eux-mêmes, certains d'entre eux tout au moins, venant, si je puis dire, au-devant de l'observateur. On comprend qu'en faisant cette remarque, j'ai particulièrement en vue les aliénés persécutés qu'on entend si souvent se plaindre des *voix* qui les injurient, des *invisibles* qui les poursuivent.

Nous ne nous bornerons pourtant pas dans cette étude à l'examen de ces sortes de malades ; mais on devine qu'ils nous offriront des traits nombreux dans le tableau que nous nous proposons d'esquisser ici. Quoi qu'il en soit, et sans nous attarder davantage au préambule d'une introduction, nous allons aborder l'exposition des faits, interprétant ces faits quand il sera nécessaire, cherchant enfin à découvrir, par une rigoureuse analyse, la nature intime des phénomènes dont nous entreprenons l'étude.

De l'observation des aliénés atteints d'hallucination de l'ouïe, il ressort d'une façon évidente que cette hallucination est très variable, variable quant à la nature de la sensation maladive, variable quant à son intensité.

Pour ce qui est de la nature de la sensation perçue, tantôt ce sont de simples bruits, tantôt des voix plus ou moins distinctes, plus ou moins nombreuses. Parfois ces voix sont fortes, parfaitement nettes et semblent venir d'un endroit rapproché (généralement des murs, des plafonds, des planchers, des plaques de cheminée, etc...); parfois, au contraire, ces voix affaiblies paraissent sortir de lieux plus éloignés, par exemple des caves de l'établissement où se trouve l'aliéné: un malade de Bron entend ses ennemis parler dans les greniers, dans les plafonds ; une aliénée de Dijon se plaignait continuellement de brigands qu'elle appelait de je ne sais plus quel nom, et qui, placés dans les caves des Chartreux, l'injuriaient incessamment. Une dame enfin, à laquelle j'ai longtemps donné des soins, entendait des agents qui l'avertissaient du passage des trains du chemin de fer : la voix de ces agents lui paraissait venir de souterrains dans lesquels elle croyait qu'ils circulaient, précédant et surveillant les trains.

Mais on serait sujet à se tromper sur l'intensité des sons que l'aliéné croit percevoir si l'on n'examinait les faits que superficiellement. Souvent, en effet, des malades vous disent que des personnes leur parlent, qui habitent à plusieurs kilomètres de l'endroit où ils sont internés, qu'ils savent et reconnaissent se trouver véritablement à cette distance. On pourrait penser alors que ces malades perçoivent une voix extrêmement affaiblie, en rapport avec la distance où ils supposent que se trouvent leurs interlocuteurs ; cela arrive parfois, mais ce n'est pas le cas le plus ordinaire, et si l'on interroge avec soin ces hallucinés, on reconnaît facilement que la voix se fait ordinairement entendre à la distance que j'ai notée tout à l'heure ; mais ici, comme dans nombre de circonstances, l'aliéné fait un raisonnement faux qu'on le voit parfois étayer de suppositions plus ou moins ingénieuses : entendant parler des personnes à lui connues, qu'il sait parfaitement être à une distance considérable et hors de la portée ordinaire de la voix, il n'hésite pas à dire que ces personnes se servent de moyens magiques, qu'elles ont un porte-voix qui leur permet de diriger les sons à des distances considérables. Voilà ce que l'observation attentive des aliénés nous apprend.

Les paroles prononcées par les voix dans les hallucinations sont de nature variable. Pour les persécutés, par exemple, ce sont généralement des discours pénibles : ils entendent dire qu'on les coupera, qu'on les brûlera, qu'on les disséquera, etc... Les femmes sont souvent poursuivies par des propos obscènes, parfois par des propositions déshonnêtes. Souvent encore les malades s'imaginent qu'ils ont entendu les plaintes, les gémissements de personnes qui leur sont chères : d'un mari, d'une femme, d'une fille. Une dame atteinte de délire de persécution était persuadée que son mari, mort depuis longtemps, était dans l'établissement où elle se trouvait elle-même ; souvent elle l'entendait ; elle percevait aussi très nettement la voix de ses filles, qu'elle s'imaginait être journellement soumises aux plus odieux traitements.

Les hallucinés affectés d'idées mystiques en-

tendront la voix des anges, la parole divine, etc.;
les lypémaniaques plongés dans la stupeur se
tiennent parfois immobiles, refusant de manger,
pour obéir aux voix qui les menacent d'un châ-
timent terrible, dans le cas où ils viendraient à
marcher ou à manger. Je m'arrête ici. On voit
suffisamment, par ce que je viens de dire, que
pour les hallucinations de l'ouïe, comme il
arrive, du reste, pour celles de la vue, la nature
des hallucinations est en une étroite liaison avec
le genre de délire dont est atteint l'halluciné.

Je dois signaler également le rapport assez
fréquent de l'hallucination auditive avec la cause
qui a amené la maladie mentale. J'ai vu, en effet,
plusieurs jeunes hommes, que l'invasion prussienne avait rendus aliénés, dont les hallucinations auditives consistaient en des coups de fusil
qu'ils entendaient à chaque instant, et M. Baillarger, dans son mémoire si remarquable sur les
hallucinations, a rapporté le fait d'une femme
qui, devenue aliénée après avoir vu son mari
frappé d'une balle dans une émeute, entendait des
détonations d'armes à feu, le bruit du verre brisé
par les balles. Je n'insisterai pas sur ces faits
qu'il suffisait de mentionner.

Il n'est pas rare de rencontrer des faits dans

lesquels on constate qu'en même temps qu'une hallucination de l'ouïe est perçue, se produit une hallucination visuelle. L'halluciné voit et entend tout à la fois ; les deux sens se réunissent pour le tromper. Ce cas est cependant moins fréquent qu'on ne serait tenté de le croire. Il est plus ordinaire, surtout dans certains délires, que l'hallucination auditive soit isolée. Le malade entend une voix ; cependant, il ne voit rien, ce dont il s'étonne, s'effraie ou s'irrite. C'est en raison de cette circonstance de la production isolée de l'hallucination auditive, que le malade désigne souvent les êtres auxquels il attribue les paroles, les injures qu'il entend, sous le nom d'*invisibles*. L'aliéné ne doute guère de la réalité de l'existence des personnages dont il entend la voix ; mais il s'imagine qu'en vertu d'une puissance toute particulière, ils se dissimulent, se dérobent à sa vue pour le tourmenter. C'est, en général, à quelque pouvoir magique que l'halluciné attribue la possibilité qu'ont ses ennemis de se faire entendre sans être aperçus, et il est curieux de noter les expressions dont il se sert pour rendre sa pensée. On l'entend dire qu'il est poursuivi par le système du porte-voix, de la boule, de la balance, de la timbale, par le magnétisme, par l'électricité, etc. Ses ennemis appartiennent eux-mêmes le plus souvent à des sociétés auxquelles l'aliéné attribue une puissance occulte et presque illimitée ; ils sont jésuites, francs-maçons ; ils font partie de la police, d'une bande, etc... J'ajouterai que c'est surtout les aliénés chroniques à idées de persécution, dont le délire est complètement et depuis longtemps systématisé, qui se servent de ces expressions.

Mais si l'existence simultanée des hallucinations auditive et visuelle n'est pas très commune, il est assez ordinaire de rencontrer des aliénés qui en même temps qu'ils entendent des voix éprouvent des hallucinations de la sensibilité générale. Ces malades se plaignent tout à la fois des menaces et des injures que leurs ennemis leur font entendre et des douleurs atroces qu'ils leur font ressentir, en les coupant, en les brûlant, en les électrisant, etc.

J'ai dit plus haut que les voix entendues par les aliénés étaient plus ou moins nombreuses. Tantôt, en effet, le malade parle avec une seule voix qui lui répond ; il en résulte une véritable conversation roulant sur des sujets en rapport avec le délire des malades. Tantôt, au contraire, comme il est fréquent de le constater dans l'état maniaque, les voix sont nombreuses, les discours non suivis : ce sont souvent des injures adressées aux malades par des personnages imaginaires contre lesquels ils s'irritent et qu'ils apostrophent avec une extrême vivacité. A propos de ces voix multiples, Esquirol a rapporté un fait extrêmement intéressant et qui montre bien la nature essentiellement personnelle, si je puis me servir de cette expression, du phénomène. Le sujet de l'observation de l'illustre médecin de Charenton était un préfet d'une ville d'Allemagne, qui devint aliéné en 1812, à la suite d'une insurrection ayant éclaté après le départ de l'armée française. Ce malade, qui connaissait plusieurs langues, entendait des voix s'adressant à lui dans ces diverses langues ; mais ce qui fait l'intérêt de cette observation et ce qui montre bien que le phénomène hallucinatoire résulte d'une sorte de régression d'images antérieurement acquises, c'est que la voix qui parlait en russe s'exprimait moins nettement que les autres, et que c'était, en effet, le russe que, parmi les langues qu'il savait, le malade connaissait le plus imparfaitement.

L'hallucination auditive se produit-elle d'emblée ? C'est ce qui arrive le plus ordinairement, mais il n'en n'est pas toujours ainsi. De même que l'hallucination visuelle débute parfois, ainsi que je l'ai montré au chapitre précédent, par des troubles plus élémentaires, une perception fausse des couleurs, par exemple, de même il arrive que certains malades, qui auront plus tard des hallucinations de l'ouïe beaucoup plus compliquées, perçoivent tout d'abord de simples bruits. C'est pendant quelque temps le seul trouble sensoriel que l'on rencontre chez eux. Puis, des voix se font entendre, uniquement au commencement du sommeil et au réveil ; enfin, l'hallucination s'établit pendant le jour.

Enfin, nous noterons, en finissant, que l'hallucination auditive disparaît moins souvent d'emblée que l'hallucination visuelle. Cette disparition se fait le plus ordinairement progressivement ; les voix deviennent moins fréquentes, moins distinctes, vont en s'affaiblissant, puis cessent de se faire entendre. C'est au moins là, semble-t-il, le cas le plus ordinaire.

Tels sont les caractères principaux que présente habituellement l'hallucination auditive cérébro-sensorielle. Nous allons présentement nous occuper d'un phénomène connu aussi sous le nom d'hallucination, mais qui pourtant, à notre avis, est essentiellement différent du précédent.

Dans les faits que nous avons mentionnés jusqu'à présent, nous avons pu constater qu'un son plus ou moins net, plus ou moins distinct, était perçu par l'halluciné : toujours l'halluciné *entendait*. Nous allons actuellement avoir affaire à des malades ayant conscience d'une voix qui leur parle, mais ne percevant néanmoins aucun son. Certains d'entre les aliénés qui éprouvent ce genre d'impression prétendent que ces voix partent de leur estomac, de leur tête, etc.; dans tous les cas, je le répète, aucun son n'est perçu. Un de nos plus éminents aliénistes, M. Baillarger, dans son ouvrage sur les hallucinations, a nettement vu qu'il y avait ici quelque chose d'essentiellement différent de l'hallucination auditive sensorielle; il en a fait ce qu'il a appelé l'*hallucination phsychique*. Cette dénomination a été généralement adoptée et on la trouve dans tous les traités classiques du jour. Il y a peu de temps, cependant, un physiologiste d'une grande finesse d'esprit, M. Édouard Fournié, a repris la question et a avancé que le phénomène appelé par M. Bail-

larger *hallucination psychique* n'était autre
chose qu'une hallucination de la *fonction langage* (1). Il y a dans cette manière de voir un
progrès réel, et M. Fournié me paraît très près
de la vérité quand il invoque à propos du phénomène dont nous nous occupons en ce moment la *fonction langage*. Ce n'est pas que
M. Baillarger, avec sa rare sagacité d'esprit,
n'ait aperçu que cette fonction langage devait
être pour quelque chose dans l'hallucination
psychique, puisqu'il parle, quelque part dans
son livre, d'une sorte de ventriloquie qu'on
remarque chez certains malades affectés de ce
genre d'hallucinations. Quoi qu'il en soit, je ne
saurais être de l'avis des deux éminents écrivains, bien qu'il me semble que tous deux aient
approché de la vérité à la toucher. A mon sens,
il n'y a dans ces phénomènes ni hallucination
psychique ni hallucination de la fonction langage. Admettre ces hallucinations, ce serait
oublier la nature, la définition même de l'hallucination, en perdre de vue la plus simple
notion. Qu'est-ce, en effet, qu'une hallucination ? une sensation qui parcourt le nerf senso-

(1) Édouard Fournié. *Physiologie du système nerveux
cérébro-spinal.*

rial en sens inverse des impressions normales?
Est-ce que cela peut être le cas du phénomène
dont il est ici question? Pas le moins du monde,
et, pour s'en convaincre, la moindre réflexion
suffit. De quoi s'agit-il donc? d'une impulsion,
de l'impulsion de cette fonction que M. Fournié
a, selon nous, si bien dénommée la *fonction
langage.*

Ici quelques explications sont nécessaires.

La substance grise des circonvolutions est
vraisemblablement le lieu des images du monde
extérieur perçues par les sens. Cependant, quand
on examine les opérations de l'esprit, on voit que
l'homme ne se contente pas de ces images, mais
qu'à chaque image correspond un signe qui la
représente exactement. Ce n'est pas tout, et les
aspects divers de ces images, les rapports de
ces images entre elles et de leurs aspects différents sont également représentés par des
signes. Ce sont ces signes qui sont l'instrument
de la pensée, et le lieu de ces images-signes est
également la substance corticale (1). Mais une

(1) Pour ce qui est de la région précise de la surface
corticale où sont localisées les images-signes et celles dont
nous parlons plus haut, c'est une question que je n'abor-
derai pas. J'ai, du reste, tout lieu de supposer que le lec-

observation plus attentive, une analyse plus intime des phénomènes nous fait bientôt voir qu'à ces signes, véritables images convention- nelles, correspondent exactement des mouve- ments multiples, variés, mais précis comme eux, mouvements exécutés par une série de muscles. Ces muscles, en se mouvant, frappent l'air d'une certaine façon, et une série d'ondula- tions en un exact rapport avec les mouvements des muscles, avec les signes auxquels corres- pondent ces mouvements, va imprimer à la membrane du tympan une succession d'ébranle- ments d'une nature déterminée, et qui, en se propageant au nerf acoustique, va finalement aboutir au sens perceptif; de telle sorte que, entre le signe cérébral et le mouvement des muscles, entre ce mouvement et les ondula- tions de l'air, entre ces ondulations et le mouve- ment du tympan, des fibres de Corti et du nerf auditif, il y a une chaîne non interrompue. Ces mouvements s'engendrent les uns les autres

—

teur est au courant des opinions qui règnent aujourd'hui sur ce point dans la science, et il me suffira de faire obser- ver que rien de ce que j'avance ici ne contredit les idées le plus généralement acceptées sur les localisations céré- brales.

et sont les uns avec les autres dans un exact rapport. C'est cette chaîne, c'est ce cycle de mouvements qui constitue le langage humain.

Mais dans ce cycle, nous avons seulement ici deux choses à considérer : les signes qui constituent, si je puis ainsi dire, la matière de la pensée et la série des mouvements musculaires qui sont liés à ces signes. C'est là véritablement, en effet, le langage envisagé au point de vue de celui qui l'émet. L'autre partie du cycle, aussi importante du reste, intéresse surtout le récepteur, si je puis dire ; nous n'avons donc pas à nous en occuper au point de vue où nous nous plaçons ici, celui de la fonction langage. Cela dit, poursuivons notre analyse.

Les personnes qui ont quelque peu l'habitude de s'observer n'ont pas manqué de remarquer combien intimement sont liées la pensée et l'expression. Fréquemment, en effet, quand nous lisons, bien qu'aucun son ne sorte de notre bouche, nous formulons comme intérieurement les mots, et cela d'une façon involontaire, souvent même inconsciente. Je ferai remarquer encore qu'il n'est pas absolument rare d'être poursuivi par certains mots, par certains airs musicaux. La persistance de ces mots, de ces airs, qui parfois restent dans notre esprit, mais que souvent nous prononçons ou que nous chantons sans nous en apercevoir et quelquefois comme malgré nous, arrive en quelques circonstances à un point qui tient de l'obsession.

Les deux ordres de faits que nous venons d'indiquer sont physiologiques. Le premier nous montre l'étroite union de la pensée et de l'expression, du signe perçu par l'entendement et de l'action musculaire qui le transmet au dehors. Le second nous fait voir combien certains effets pathologiques sont près de l'acte purement physiologique. Ces airs qui nous poursuivent, ces mots qui nous passent dans l'esprit, nous parvenons à l'état physiologique à les chasser. Exagérons cependant cette action, cette persistance des mots à revenir à l'esprit, et à se compléter, si je puis ainsi dire, par ces mouvements musculaires qui sont si près de la pensée non formulée ; exagérons ces choses, et nous aurons alors ce fait pathologique que nous étudions en ce moment sous le nom d'*impulsion de la fonction langage.*

Étudions donc cette impulsion, et, dans cette étude, ne sortons pas de la rigoureuse observation des faits.

On rencontre assez fréquemment des malades qui se plaignent qu'il leur passe des mots dans la tête, et quand on leur dit, assez banalement du reste, de chasser ces mots, ils vous répondent qu'ils ne le peuvent pas et que ces mots leur viennent malgré eux. Je pourrais citer de nombreuses observations justifiant ce que j'avance ici; je pense que cela est inutile et qu'une simple énonciation du fait suffit. Quoi qu'il en soit, je ferai remarquer que ce qui différencie ici le phénomène pathologique du même phénomène de la vie physiologique, c'est que, dans ce dernier cas, un effort puissant de la volonté peut rompre l'impulsion, tandis que, lorsqu'il s'agit d'un fait pathologique, cette modification, par l'intervention de la volonté, est absolument impossible. Si quelque chose parvenait à faire diversion à l'impulsion maladive, ce serait quelque spectacle inattendu pendant lequel la production des mots, des airs, des voix silencieuses, cesserait pour reparaître ensuite, et c'est ce qu'on observe, en effet. Tel est le cas le plus simple de l'impulsion de la fonction langage. Poursuivons.

Je viens de noter tout à l'heure que les malades, pour rendre compte de ce qu'ils éprouvent, disent souvent qu'il leur passe des mots

dans la tête. Mais ils emploient parfois d'autres
expressions, qui toutes, du reste, montrent bien
qu'il ne s'agit pas, dans le phénomène dont ils
parlent, de sensations auditives. C'est ce que
M. Baillarger a très bien fait ressortir dans son
remarquable ouvrage ; c'est là, aussi, ce qui l'a
conduit à établir une classe particulière d'hallucinations, qu'il a nommées hallucinations psychiques et que nous étudions en ce moment comme
une des manifestations de l'impulsion de la fonction langage. Voici, du reste, les diverses expressions dont les malades se servent pour
exprimer ce qu'ils éprouvent : *Il leur semble*,
disent-ils, qu'ils entendent parler ; ils prétendent
qu'ils conversent d'âme à âme ; qu'ils compren-
nent le langage de la pensée ; qu'ils entendent
la pensée sans bruit. On leur communique une
pensée ; on suscite en eux des idées. Certains
affirment qu'ils ont un sixième sens : le sens de
la pensée. On les entend dire encore qu'on leur
parle par intuition, par le magnétisme ; c'est,
suivant quelques autres, le langage des esprits,
un langage sans paroles, une voix intérieure,
une inspiration, etc.

Voyons, maintenant, à quoi les malades attribuent ce langage sans paroles, ces voix sans bruit.

Dans les cas les plus simples où les aliénés ont l'involontaire perception de paroles, de mots silencieux, il ne paraît pas qu'ils attribuent ces mots à quelques personnages, ou, du moins, ils ne le disent pas, car le fait est difficile à élucider. Mais il est des cas où ces paroles, ces mots sont prêtés à des êtres de personnalité diverse, agissant tantôt par eux-mêmes, tantôt par des agents physiques ou plus ou moins surnaturels : ce sera, par exemple, le diable qui parlera dans la tête d'un possédé ; un persécuté se plaindra qu'on lui fait passer des mots par la physique, par l'électricité, le magnétisme, la magie, etc... Alors se produit chez le malade une sorte de dédoublement de la personnalité dont je pourrais citer plusieurs exemples ; je me contenterai d'un seul. Un malade très intelligent, que j'ai soigné dans un pensionnat d'asile public, était en proie à un délire de persécution des mieux caractérisés. Il s'imaginait que ses ennemis avaient formé un complot contre lui, qu'ils voulaient le déshonorer, lui et sa famille, qu'on le tourmentait à l'aide d'électricité, etc. Ce malade avait de nombreuses hallucinations de l'ouïe : il entendait continuellement s'ouvrir et se fermer des clapets bouchant les ouvertures de conduits invisibles, par lesquels on entendait tout ce qu'il disait; mais, outre ces hallucinations de l'ouïe, M. X... éprouvait aussi l'impulsion de la fonction langage dans celle de ses formes à laquelle M. Baillarger a donné le nom d'hallucination psychique. Comme déjà, à l'époque où je donnais des soins à ce malade, j'étudiais la question que je traite en ce moment, j'ai plusieurs fois interrogé M. X..., que j'ai dit très intelligent, sur ce qu'il éprouvait, et voici, entre autres, une de ses réponses : Voyez, me disait-il, quelle chose singulière, et qui assurément ne peut être produite qu'à l'aide des moyens que fournissent les sciences physiques, aujourd'hui si avancées ; voyez je n'ai qu'à dire un vers, celui-ci par exemple :

Rien n'est beau que le vrai, le vrai seul est aimable,

immédiatement quelque chose prononce en moi : *Boileau ;* un autre vers :

On ne peut contenter tout le monde et son père.

quelque chose dit en moi: *La Fontaine ;* et ce ne sont pas des sons, mais des mots qui me passent par la tête.

Jusqu'à présent, dans les faits que nous venons d'examiner, la fonction langage n'est pas intéressée dans toute son étendue : les muscles n'agissent pas. Nous allons voir un commencement de cette action dans la très intéressante observation qui suit et que j'emprunte à M. Baillarger.

« Certains aliénés, dit cet auteur, en même temps qu'ils entendent parler à l'épigastre, prononcent eux-mêmes des mots la bouche fermée, et comme le font les ventriloques. Les sons, le plus souvent, sont si faibles que le malade seul les perçoit. C'est ce qui a lieu chez une femme actuellement dans mon service, à l'hospice de la Salpêtrière. Cette femme, âgée de quarante-cinq ans environ, a été horriblement défigurée à la suite d'une gangrène qui lui a fait perdre toute la lèvre supérieure. Elle a vainement cherché dans les secours de la chirurgie les moyens de remédier à sa difformité. Le chagrin qu'elle a éprouvé de cet accident paraît avoir beaucoup contribué au dérangement de son esprit. Elle a d'ailleurs une telle crainte qu'on ne s'aperçoive de l'absence de sa lèvre qu'elle tient constamment un mouchoir sur sa bouche, et elle apporte à cela une telle attention que les personnes qui l'entourent depuis plus d'un an ignoreraient complètement son malheur si elles ne l'avaient connu à l'avance. Le délire est principalement caractérisé par des hallucinations de l'ouïe ; la malade croit avoir autour d'elle, derrière son cou, dans sa gorge, dans sa poitrine, des personnes qui ne cessent de lui parler. Souvent, si on se tient près de son lit et qu'on ne fixe plus son attention, on entend bientôt un bruit très faible qui se fait dans sa gorge et dans sa poitrine ; si on s'approche un peu d'elle et si on écoute, on distingue des mots, des phrases même ; or, ces mots, ces phrases, l'hallucinée prétend que ce sont ses interlocuteurs invisibles qui les prononcent, et c'est en réalité ce qu'elle entend. Pendant qu'elle parle ainsi intérieurement, la bouche est fermée, de sorte qu'il y a bien réellement ici un commencement de ventriloquie ; on peut, du reste, mieux s'assurer de ce phénomène en priant cette femme d'adresser une question à ses interlocuteurs invisibles. On entend alors la réponse qui se fait dans sa gorge sans qu'elle ait conscience que c'est elle qui la fait (1). »

Si nous continuons cette étude, nous allons avoir affaire maintenant, non plus à ce qu'on a

(1) Baillarger, *Des Hallucinations*.

coutume d'appeler hallucination, mais à des
actes pathologiques qu'on a l'habitude de ranger
sous des rubriques toutes différentes, bien que,
selon nous, il s'agisse ici et là de manifestations
essentiellement similaires. Expliquons notre pensée.

Voici un aliéné qui se croit possédé, qui
injurie, qui blasphème, etc... Qu'est-ce là ?
Interrogez ce malade, et vous verrez que lui
aussi vous dira que les mots lui montent à la tête ;
mais ici nous avons un fait nouveau : ces mots
qui viennent irrésistiblement à l'esprit de l'aliéné,
il les *prononce* et ces paroles portent la teinte
de sa préoccupation délirante. Une demoiselle
atteinte de folie hystérique, que j'ai eue longtemps sous les yeux, tout à coup, sans que rien
pût faire prévoir ce qui allait se produire,
prononçait deux ou trois paroles malséantes,
sinon grossières, et cela malgré elle, quoi
qu'elle en eût et bien qu'elle convînt parfaitement que ces paroles étaient complètement
déplacées. Qu'est ce qu'une telle manifestation
maladive, sinon un fait d'impulsion de la fonction
langage ? Une autre jeune fille, atteinte de manie
hystérique rémittente, présentait dans son délire
une conception prédominante : elle s'imaginait

qu'elle devait rétablir la monarchie en France. Après un certain temps de calme, on la voyait quitter le salon, où elle s'occupait à divers travaux d'aiguille, et prédire le retour du comte de Chambord. Elle se servait, pour cela, d'une phrase, toujours la même, et qu'elle répétait cent fois de suite. Quand la malade était redevenue calme et qu'on l'interrogeait, elle répondait que les mots lui venaient à la bouche malgré elle et qu'il lui était impossible de s'arrêter, quelque effort qu'elle y pût faire. Pourrait-on voir dans ce fait autre chose qu'une manifestation de l'impulsion de la fonction langage ? Qu'était-ce encore que cette foule de prophétisants que mentionne l'histoire de la folie, sinon des malades atteints de l'impulsion maladive dont nous nous occupons en ce moment ?

Dans les faits que nous venons d'examiner, l'impulsion de la fonction langage s'exerce dans toute son intégrité, mais non dans toute son intensité. Qu'on veuille bien faire un pas en avant, exagérer l'exercice de la fonction, la porter à une limite extrême, sinon la plus extrême, nous aurons la loquacité intarissable et incohérente de la manie. Qui a vu des maniaques, sait que la parole ne tarit pas sur leurs lèvres, que les

mots, les chants, les cris, se succèdent sans fin,
se croisent, j'oserais presque dire se heurtent, se
confondent, et cela, jusqu'à ce que le malade soit
arrivé, par le fait de ses chants et de ses cris, à la
fatigue la plus grande, presque à l'épuisement.
Qu'est-ce là, sinon l'exagération de l'impulsion
de la fonction langage ? Et si l'on ne croyait pas
que ce fût ici d'une véritable impulsion qu'il
s'agît, je dirais au lecteur que dix fois j'ai interrogé des maniaques aigus dans les quelques
moments de répit, que, de temps à autre, leur
laisse la maladie, et que j'ai pu ainsi me convaincre de la nature impulsive irrésistible de ces
cris, de ces chants. Ces réponses, je pourrais
les reproduire en grand nombre ; j'en citerai
une seule. Un jour, que je traversais le jardin
d'un pensionnat d'asile, je fus abordé par une
malade, jeune femme, en plein accès de manie.
La pauvre aliénée paraissait brisée par la fatigue,
énervée ; elle était tout en sueur ; elle venait de
passer toute la matinée à chanter, à crier, à
vociférer. Hélas ! me dit-elle, je suis brisée, j'ai
crié toute la matinée ; je n'en puis plus ! —
Pourquoi donc criez vous ainsi? cela vous fait
mal.— Hélas, c'est plus fort moi; *ça me vient, il
faut que je crie.* Je vais vite manger, parce qu'il

faudra que je recommence. — Voilà les faits :
qui douterait? Si pourtant le lecteur était disposé
à faire quelques réserves, j'imagine qu'il aban-
donnera vite quelque chose de sa circonspection,
s'il veut bien se retracer la vivacité, l'abondance, l'exubérance des gestes du maniaque :
or, qu'est-ce que le geste, sinon un langage plus
grossier, une manifestation expressive plus énergique ; s'il veut bien se rappeler encore que c'est
dans les affections où l'on voit prédominer les impulsions comme dans l'hystérie, l'épilepsie, qu'on
voit aussi s'accuser dans les délires l'incohérence maniaque, c'est-à-dire cette forme où le
langage est essentiellement exubérant, exubérant
au point que les mots se succèdent sans enchaînement et sans suite. De telle sorte que nous
sommes amenés ici tout naturellement à considérer l'incohérence maniaque comme le résultat de la manifestation extrême de l'impulsion
de la fonction langage ; car l'incohérence n'est
pas un trouble véritablement élémentaire de la
folie ; elle est un résultat, un effet, aussi bien
dans la manie, où elle se produit par suite de la
succession rapide des mots, des paroles, que
dans la démence où elle résulte d'un tout autre
mécanisme et tient à la faiblesse des facultés.

En effet, comme je l'écrivais ailleurs : « Dans la démence, les facultés sont trop faibles pour que l'aliéné puisse enchaîner ses discours, agencer ses phrases d'une façon même imparfaite. Au moindre obstacle, le dément déraille, si l'on veut bien me passer cette expression ; un mot, une simple assonance, suffisent pour le jeter d'une série d'idées dans une autre tout opposée. Tandis que chez le maniaque, l'incohérence tient à l'abondance des idées et des images qui se présentent à son esprit ; chez le dément, c'est la faiblesse de l'esprit qui fait que l'idée s'éteint faute de la vigueur nécessaire pour parcourir toutes ses phases et est remplacée par une autre que la première a accidentellement suscitée, et qui, elle non plus, n'accomplira pas son entière évolution. Si nous voulions rendre, en quelque sorte matériellement, ce qui se passe chez le dément, nous pourrions dire qu'il semble que chez lui le moindre ébranlement suffise pour communiquer un mouvement qui se propage dans les directions les plus diverses, mais qui, extrêmement faible, est modifié au moindre obstacle (1). »

(1) *L'Imagination dans la folie.* Annales médico-psychologiques.

Tel est l'ensemble des faits que nous nous proposions d'examiner ici. Si le lecteur a bien voulu nous suivre, il a pu se convaincre que le phénomène hallucinatoire auditif, tel qu'il est généralement compris, comporte, en somme, deux ordres de faits essentiellement différents : d'un côté, nous constatons une véritable régression de sensations auditives antérieurement acquises : c'est l'hallucination dans le vrai sens du mot ; de l'autre, nous nous trouvons en face d'une véritable impulsion irrésistible, et c'est une partie des faits qui sont la conséquence de cette impulsion que l'on comprend habituellement sous le nom d'hallucinations psychiques. Enfin, j'espère être parvenu à porter dans l'esprit du lecteur attentif cette conviction que l'incohérence maniaque est la plus haute expression de l'impulsion maladive que nous venons d'étudier.

Mais de ce que nous venons de dire touchant la différence qu'il convient d'établir entre l'hallucination auditive proprement dite et l'hallucination psychique, devons-nous conclure que, entre ces deux phénomènes, il n'y a aucune espèce de lien ? Assurément non. Il suffit, en effet, de s'observer un peu soi-même pour se convaincre

combien la sensation auditive est voisine, absolu -
ment proche, si je puis dire, de la production
de la parole, et même, si j'osais risquer cette
expression, de la parole non articulée. La raison
de la connexité de ces phénomènes, je pourrais
la rechercher ici : je ne le ferai pas, cette recherche devant nécessairement nous entraîner
à des considérations que nous interdisent les
limites que nous nous sommes tracées dans la
présente étude.

CHAPITRE VII.

HALLUCINATIONS DE LA SENSIBILITÉ DE L'ODORAT ET DU GOUT. — INCUBES, SUCCUBES ET VAMPIRES.

Après les hallucinations de la vue et de l'ouïe, les troubles sensoriaux que l'on rencontre le plus fréquemment sont ceux du toucher et de la sensibilité générale. Ces phantasmes ne sont pas toujours faciles à distinguer des illusions du même genre; cependant, une étude un peu attentive permet d'éviter de confondre ces deux phénomènes.

Les hallucinations dont nous nous occupons en ce moment peuvent se rencontrer dans un grand nombre de formes délirantes ; mais c'est dans le délire de persécution qu'elles s'offrent le plus souvent, soit qu'elles puissent être considérées comme la conséquence de ce délire, soit, ainsi qu'il arrive assez fréquemment encore, qu'existant primitivement, elles finissent par l'engendrer. Comme toutes les sensations hallucinatoires, elles font naître dans l'esprit du malade la conviction d'une perception réelle : ce sont des coups qu'il reçoit, des pressions de main, des attouchements qu'il subit. Une jeune fille, que j'ai eu l'occasion d'observer à l'asile de Dôle, sentait fréquemment la nuit une main qui venait saisir la sienne. Elle se montrait extrêmement effrayée de cette sensation, s'imaginait que sa sœur, morte depuis longtemps, l'appelait à elle, et cette idée s'emparant chaque jour davantage de son esprit, elle entendit bientôt la voix de la morte. Un malade du même asile percevait souvent aussi la sensation d'une main se promenant sur toutes les régions de son corps. Une pensionnaire de l'asile de Dijon éprouvait également la même impression, et les jours où ces sensations avaient une plus grande vivacité, cette aliénée se répandait en injures contre ses ennemis imaginaires. Enfin, j'ai eu l'occasion, il n'y a pas bien longtemps encore, d'observer, à Lyon, une dame qui sentait également une main se poser sur son dos et se plaignait vivement de cette insolence.

Je ferai remarquer, avant d'aller plus loin, pour cette hallucination comme pour celle de la vue, que l'on retrouve parfois dans le phantasme la trace, si je puis dire, de la cause qui l'a fait naître. Une dame, dont M. Baillarger a rapporté l'histoire, veillant près de sa mère âgée et atteinte d'une maladie très grave, la vit tout à coup mourir dans ses bras avant qu'elle eût pu appeler personne. La main froide de la mourante s'était placée sur l'épaule nue de sa fille et y resta attachée pendant quelques instants après la mort. L'impression de cette main glacée avait été si forte que pendant trois mois elle s'est renouvelée chez cette dame spontanément chaque soir (1).

Si les sensations du genre de celles dont nous venons de nous occuper sont très fréquentes chez les aliénés, il n'est pas rare non plus d'entendre ces sortes de malades se plaindre qu'on leur lance des poudres, de l'arsenic, du vitriol, etc. M. Baillarger, dans l'ouvrage que je viens de citer, a mentionné le fait d'un individu qui, après le procès de Mme Lafarge, s'était imaginé que sa femme voulait l'empoisonner. Ce malade accusait sa malheureuse compagne de jeter sur son lit des poudres qui l'entretenaient toute la nuit dans une horrible agitation, et prenait la précaution d'enfermer chaque nuit ses draps dans une armoire dont il gardait soigneusement la clef. J'ai eu quelque temps dans mon service de l'asile de Bron un aliéné ayant exactement les mêmes sensations maladives. Ce pauvre ma-

(1) Baillarger. *Des Hallucinations.*

lade, atteint d'un délire de persécution très actif, se plaignait qu'on répandit sur son lit des poudres arsenicales : ces poudres, il les respirait, il les voyait, il les sentait autour de son corps et on le surprenait parfois à se relever la nuit pour secouer ses couvertures, afin de se débarrasser de l'importune sensation qu'il éprouvait.

Une impression hallucinatoire tactile également fréquente, plus fréquente peut-être que celle que nous venons de signaler, est la sensation d'animaux se promenant sur le corps des hallucinés. Ce sont les alcooliques principalement qui offrent ce délire sensoriel. Tantôt, ces malades sentent et voient des animaux ramper sur leur peau; tantôt encore, ils aperçoivent leur corps rongé par les vers : ils s'efforcent, au milieu de la plus vive anxiété, de les détacher et de les jeter à terre (1). Une malade, dont parle M. Magnan, sentait une bête froide et mouillée se traîner sur ses cuisses; un autre aliéné écrasait une grosse araignée noire qui se glissait entre sa peau et son pantalon (2).

Les sensations d'étreinte pénible, de coups, de

(1) Magnan. *De l'Alcoolisme.*
(2) Magnan. *Ibid.*

frottements, de piqûre, de brûlure, se rencontrent encore très souvent dans la folie. Magnan parle d'alcooliques qui, se croyant entourés par des fils de fer qui les enlacent, les serrent, les oppressent, passent leur temps à dérouler ces cercles métalliques sans cesse renaissants. D'autres malades ont la sensation de balles qui frapperaient toutes les parties de leur corps. Un persécuté, que j'ai chaque jour sous les yeux, est toutes les nuits atteint de balles que lui tire à l'aide d'un revolver l'enfant d'une femme qui le tourmente depuis plusieurs années. Un autre aliéné, que j'ai eu longtemps dans mon service, se plaignait souvent d'être raclé, raboté, électrisé, brûlé, et les termes dont il se servait pour traduire ces impressions ne permettaient pas de douter qu'il ne ressentît les plus atroces souffrances.

Une impression tactile pénible, qu'accusent certains aliénés, est l'impression d'un liquide, de l'eau, du sang, etc. Cazauvielh a rapporté l'histoire d'une femme atteinte de mélancolie avec tendance au suicide, qui, retombée malade après une notable amélioration, se trouvait, aussitôt qu'elle voulait s'endormir, plongée dans l'eau jusqu'aux aisselles. Baillarger a noté plusieurs faits du même

genre et j'ai eu moi-même l'occasion d'observer
à l'asile de Bron un persécuté qui, assiégé
d'hallucinations et d'illusions de presque tous
les sens, s'imaginait que ses ennemis le trans-
perçaient avec des poignards, des baïonnettes,
sentait son sang couler le long de son corps.
Comme cela arrive assez fréquemment, une hallucination visuelle accompagnait les coups de
couteau ou de baïonnette que ce malade croyait
ressentir; mais, chose singulière! tandis que cet
aliéné éprouvait une vive douleur dans telle ou
telle région du corps, c'était loin de lui, à une
distance de plusieurs mètres, qu'il voyait passer
les poignards, les baïonnettes, instruments de
son supplice.

Mais il est des sensations plus délicates, plus
fines, si je puis dire, qu'éprouvent encore les
hallucinés : ce sont des sensations de frôlement,
d'effleurement, de contacts extrêmement légers.
Certains malades croient alors qu'une chauve-
souris les a touchés de ses ailes ; d'autres traduisent cette sensation en disant que *quelque
chose, un souffle, un esprit* a passé sur leur visage. C'est une impression de ce genre qu'éprouva
Ravaillac qui, comme on le sait, était halluciné,
quand « après être sorti de sa prison d'Angou-

lême, un samedi après Noël, faisant sa médita-
tion ordinaire dans son lit, les mains jointes et
les pieds croisés, il sentit quelque chose lui
passer sur la figure et sur la bouche sans pouvoir en discerner la nature. »

Ces hallucinations tactiles légères donnent
parfois lieu de la part des malades à des inter-
prétations singulières. Une dame, dont je parlerai encore ailleurs, était continuellement en
proie à de fausses sensations intéressant la sensibilité : on la coupait, on la déchirait ; elle
sentait des mains qui se livraient sur elle aux
attouchements les plus indiscrets. Mais il était
certaines impressions extrêmement délicates
qu'elle ressentait le long de ses jambes et qu'il
était impossible qu'elle attribuât même au toucher le plus finement exercé. Pour expliquer la
sensation qu'elle éprouvait, elle prétendait que
ses ennemis braquaient sur elle des lorgnettes
qui leur permettaient de voir les parties de son
corps cachées par ses vêtements, et que les impressions qu'elle ressentait n'étaient autre chose
que les regards des misérables se servant des
lorgnettes magiques dont je viens de parler.
Aussi, cette malade ne manquait-elle jamais,
quand elle s'asseyait, de regarder s'il ne se trou-

vait pas quelque ennemi caché sous sa chaise, et avait-elle soin de serrer le plus étroitement possible sa robe autour de ses jambes.

Une sensation que l'on rencontre encore chez les aliénés, principalement les aliénés persécutés, et qui a donné lieu à la légende *des vampires*, dont on retrouve encore la trace en certains pays, est la sensation de succion. C'est le mamelon qui est généralement le siège de cette impression, et le malade s'imagine que ses ennemis, des fantômes, le diable, viennent sucer son sang; outre que la fausse sensation est pénible pour le malade, l'idée que son sang lui est enlevé, que sa vie va s'épuisant, pour ainsi dire, tous les jours par les maléfices de ses ennemis, jette ordinairement l'aliéné en proie à cette hallucination dans le plus profond désespoir. Comme toutes les hallucinations, du reste, celle ci peut se présenter à l'état épidémique et c'est ce qui a lieu précisément dans les pays où règne la superstition du *vampirisme*, dont je parlais tout à l'heure. Rare aujourd'hui, la croyance aux vampires a été jadis extrêmement répandue: c'était ordinairement une personne morte récemment que l'halluciné accusait de venir le tourmenter, et le fait étant accepté par

tous, le nombre des malheureux visités par le
vampire augmentait bientôt. On sait comment on
procédait pour débarrasser les victimes du fantôme qui les obsédait : Le vampire était déterré
en présence des magistrats et le bourreau lui
enfonçait un pieu au milieu du corps ; parfois,
il lui tranchait la tête. Cette exécution, calmant
les imaginations, faisait disparaître pour quelque
temps les hallucinations, qu'on voyait, du reste,
inévitablement renaître, quand un nouveau vampire était découvert, ce qui ne tardait pas à
arriver.

Comme je viens de le dire, la fausse sensation de succion n'est pas absolument rare chez
les aliénés, mais ce n'est pas un vampire que ces
malades accusent de ces sensations si pénibles.
Ils attribuent les douleurs qu'ils ressentent à
leurs ennemis agissant de loin sur eux par des
moyens magiques, parfois encore aux personnes
de leur entourage, et, dans ce dernier cas,
il arrive souvent que de même que l'individu
en proie à l'hallucination du vampire voyait
accroupi sur lui le spectre de l'être auquel il
attribuait ses souffrances, de même aussi les
aliénés dont je parle ont une hallucination visuelle accompagnant la fausse sensation tactile.

J'ai connu à l'asile de Dijon une pauvre persécutée qui ressentait extrêmement vivement cette fausse sensation : elle attribuait ses souffrances aux religieuses qui la soignaient et les voyaient se livrer sur elle à d'horribles pratiques.

Il est encore d'autres perceptions sensorielles délirantes qu'on peut rapprocher de la précédente et qui me paraissent véritablement constituer avec l'hallucination dont je viens de m'occuper ce qu'on pourrait appeler le *vampirisme chez les aliénés*. En effet, les personnes en proie à l'hallucination du vampire ne s'imaginaient pas seulement que cet être sorti du tombeau venait sucer leur sang; mais elles croyaient encore qu'il leur arrachait le cœur, qu'il leur rongeait les entrailles. Or, ces fausses sensations, nous les retrouvons très fréquemment chez les aliénés et les exemples de ce que j'avance ici se présentent en ce moment en foule à mon esprit. La malade de Dijon dont je parlais tout à l'heure, outre qu'elle croyait qu'on suçait son sang, s'imaginait qu'on lui rongeait le ventre, qu'on lui arrachait le cœur, et ses sensations étaient tellement vives et douloureuses qu'elle pleurait, sanglotait et poussait des cris de frayeur et de désespoir. C'était parfois les personnes qui l'entouraient, quelquefois encore un nommé *Bauzé*, qui lui infligeaient, suivant elle, toutes ces tortures. Une dame, que je voyais il y a peu de temps encore, éprouve les sensations de ce genre les plus douloureuses : des mains invisibles, mais qu'elle sent parfaitement, posent sur son cœur une sorte de ventouse ; on lui ouvre le ventre pour en extraire divers organes, pour en arracher les intestins : c'est au moyen du magnétisme ou de l'électricité que les prétendus ennemis de cette pauvre femme exercent sur elle ces atrocités. Un malade, que j'ai eu longtemps dans mon service à l'asile de Bron, avait les mêmes hallucinations : il croyait qu'un chien lui mangeait le foie, les poumons, le cœur. Un autre aliéné du même asile se plaint continuellement qu'on lui soustrait les organes les plus importants, le cœur, l'estomac, la rate, etc. Et chose curieuse et qui mérite d'être notée : quand le délire est devenu moins actif, quand les hallucinations ont disparu entièrement, ou mieux, ont été remplacées par des troubles sensoriaux différents, on voit les malades qui ont éprouvé les aberrations dont nous venons de parler affirmer qu'ils n'ont plus ni cœur, ni poumons, ni estomac : le délire sensoriel a laissé à sa suite une conception erronée qui subsiste dans l'état le plus chronique, dans la démence même. J'ai encore présent à l'esprit le fait d'une malade de l'asile de Blois, qui, après avoir été longtemps tourmentée par des hallucinations viscérales, hallucinations qui avaient fini par disparaître, affirmait qu'elle était dépourvue de toute espèce d'organes internes : c'était un ancien médecin de la maison où elle était internée qui les lui avait pris et les avait avalés. Elle ne savait comment elle pouvait vivre après les horribles sévices qu'elle avait subis.

Mais laissons ces faits et abordons une autre et non moins curieuse manifestation des troubles hallucinatoires de la sensibilité.

La démonomanie a souvent revêtu au moyen âge une forme particulière et qui impliquait, chez ceux qui en étaient atteints, des hallcinations de la sensibilité générale : je veux parler de cette espèce de folie qu'on a nommée lycanthropie, et dans laquelle on voyait les malheureux aliénés se croire, de par la puissance du diable, transformés en loups, et prendre, autant que cela était possible, les allures et les mœurs de ces animaux. Avant d'aller plus loin, je dois faire observer que ce mot de lycanthropie, dont on se sert pour désigner les faits dont nous nous occupons en ce moment, a une signification trop particulière et trop restreinte. En effet, si en France, par exemple, le prétendu possédé croyait à peu près constamment avoir revêtu la forme du loup, nous verrons que les sorcières écossaises se changeaient le plus ordinairement en *lièvres, corneilles, chats, etc.;* la métamorphose des compagnons d'Ulysse en pourceaux, hallucination due probablement à des boissons ou onctions vénéneuses, est un phénomène de l'ordre de ceux que nous étudions ici, et le fait, cité par saint Augustin (1) d'après Varron, de femmes se changeant en cavales, par l'usage de certains poisons, rentre également dans la même catégorie de fausses impressions sensorielles venant étayer et corroborer un délire psychique d'une nature spéciale : de sorte que le mot zoomorphisme serait mieux approprié que celui de lycanthropie, qui n'est qu'un cas particulier de ce phénomène, à la désignation de ces aberrations délirantes. Peut être même conviendrait-il pour comprendre tous les faits de même ordre

(1) *Cité de Dieu.*

recourir à une locution de signification encore plus étendue et indiquant la croyance chez l'halluciné à un changement quel qu'il soit dans sa personnalité : le mot métamorphisme par exemple. Nous verrons plus loin des exemples justifiant la présente remarque.

Quoi qu'il en soit à cet égard, et pour en revenir au sujet qui nous occupe, nous dirons que le commencement du dix-septième siècle vit éclater en France une véritable épidémie de lycanthropie. Les malheureux atteints de cette affection s'imaginaient que, grâce au pouvoir du diable, ils pouvaient prendre la forme de loups, et, quand ils étaient ainsi métamorphosés, commettre une foule d'actes horribles, dont ils s'accusaient, du reste, devant les juges. Un de ces hommes fut mis en jugement à Besançon. Il déclara qu'il était le serviteur ou le piqueur du seigneur de la forêt, ainsi qu'il nommait son maître, qu'on jugea être le diable. Par la puissance de Satan, il se transformait en loup et prenait le caractère de cet animal. Dans ses courses, il était, disait-il, accompagné d'un loup de plus grande taille, qui aurait été le diable lui-même. Ces loups attaquaient les troupeaux et égorgeaient les chiens qui les gardaient. Si l'un des deux compagnons ne voyait pas l'autre, il hurlait à la façon des loups pour inviter son camarade à venir partager son butin, et, si celui-ci n'arrivait pas, il prenait soin d'enterrer sa proie.

Que si l'on pensait que cette croyance des lycanthropes, qu'ils sont transformés en loups, n'impliquait pas l'existence de sensations anormales, amenant chez le malade la croyance à sa transformation en bête, nous dirions qu'il a pu exister, en effet, des circonstances où il n'y avait chez les malheureux atteints de cette vésanie qu'un délire purement psychique, suscité en partie par des impulsions maladives qui les portaient à des actes de férocité en rapport avec le caractère et les mœurs des loups; mais nous ne croyons pas que ce fût là le cas le plus ordinaire, et l'observation suivante, rapportée par de Vier, montre bien qu'une hallucination sensorielle devait entrer, comme élément essentiel, dans l'appareil délirant des lycanthropes. Il y avait à Padoue, en 1541, un homme qui se croyait changé en loup et qui courait la campagne, attaquant et mettant à mort tous ceux qu'il rencontrait. Après bien des difficultés, on parvint à s'emparer de lui. Il dit en confidence à ceux qui l'arrêtèrent : Je suis vraiment un loup, et si ma peau ne paraît pas être celle d'un loup, c'est parce qu'elle est retournée et que les poils sont en dedans. Pour s'assurer du fait, on coupa ce malheureux aux différentes parties du corps ; on lui emporta les bras et les jambes. Alors ne trouvant pas ce que l'on cherchait, et croyant à son innocence, on le remit à un chirurgien, qui, malgré ses soins, ne put l'empêcher de succomber aux suites des atroces blessures qu'on lui avait faites.

J'ai dit plus haut que ce n'était pas seulement la forme de loups que croyaient revêtir les malheureux accusés de commerce avec le diable. Dans un grand procès de sorcières, qui eut lieu en Ecosse en avril 1662, on voit une femme, nommée Isobel, déclarer que les métamorphoses n'étaient pas rares parmi les sorcières écossaises, et qu'elles prenaient, suivant les circonstances, la forme de corneilles, chats, lièvres et autres animaux. Isobel, elle-même, eut une mauvaise aventure sous la forme d'un lièvre. Sous ce déguisement favori, elle avait été envoyée par le diable à Auldcarne, pour porter un message à ses voisines. Mais elle eut le malheur de rencontrer, sous la forme qu'elle avait prise, des chiens qui la poursuivirent, et auxquels elle n'échappa qu'à grand'peine. « De tels accidents, dit Isobel, n'étaient pas rares ; les sorcières étaient quelquefois mordues par les chiens et elles conservaient les marques de leurs morsures après avoir repris la forme humaine. »

Il est enfin une métamorphose que croient subir les jeunes filles de l'Abyssinie et qui me paraît devoir être rapprochée des précédentes. Elle se rencontre fréquemment, et est regardée par les habitants du pays comme un fait de possession diabolique. Une jeune fille, parfaitement bien portante, est prise de l'idée qu'elle est changée en hyène, et elle se met aussitôt à pousser des cris et des hurlements semblables à ceux que pousse ordinairement cet animal. En même temps, la pauvre créature se met à courir avec une rapidité telle « que pour la rejoindre il faut quelquefois monter les chevaux les plus rapides. » Tout à l'heure faible et chétive, elle a acquis, tout à coup, une vigueur qui demandera pour la maîtriser les efforts de plusieurs hommes robustes, « le pouls est élevé, la face animée, le regard hébété, tout le corps tremblant d'excitation. Elle se balance en arrière et en avant, rejette la tête à droite et à gauche, serrant fortement ce qu'elle a saisi, n'entendant, ne connaissant personne. Tout à coup, elle échappe par un mouvement brusque à ceux qui la tiennent, elle repart avec une frénésie sauvage, court de nouveau çà et là dans toutes les directions, en imitant le cri de l'animal immonde dont elle croit avoir pris la forme. » (1)

Existe-t-il dans les deux derniers exemples que nous venons de citer un simple délire psychique ou doit-on croire chez les patients, dans l'un et l'autre cas, à un trouble hallucinatoire de la sensibilité générale ? La seconde supposition nous paraît très vraisemblable, d'autant plus vraisemblable que chez les aliénés que nous voyons en proie aujourd'hui à ces idées de métamorphoses, nous trouvons toujours ce concept délirant étayé d'hallucinations de la sensibilité générale, s'il n'est engendré par elles. J'ai encore dans mon service un malade ayant été longtemps persuadé qu'il était un loup, et qui assurément ne devait cette idée délirante qu'à des troubles hallucinatoires de la sensibilité. Enfin, un jeune homme, que j'ai observé long-

(1) Extrait du *Journal* du D\u02b3 Blanc, par Vivien de Saint-Martin.

temps, s'imaginait que ses jambes avaient été transformées en pattes d'oiseau. Ici encore, il s'agissait d'une hallucination de la sensibilité, que venait corroborer, du reste, une image visuelle. Ce pauvre aliéné, que faisaient souffrir des hallucinations de presque tous les sens, sentait ses jambes absolument raides et dures; de plus, il les voyait sous la forme étrange qu'il nous accusait.

Certains aliénés éprouvent des hallucinations de la sensibilité générale qui leur font croire, non pas qu'ils sont changés en tel ou tel animal, mais qu'ils sont transformés en un autre individu ou, pour me servir d'une expression dont ils usent fréquemment, *qu'un autre s'est mis en eux*. Généralement, ces malades se sentent grandir ou grossir, et c'est cette fausse perception sensorielle qui donne lieu chez eux à une erreur de la personnalité. Un aliéné, sur l'état mental duquel j'ai fait un rapport médico-légal, éprouvait cette hallucination. Ce malheureux avait été autrefois interné à l'Antiquaille pour un délire de persécution avec hallucinations. S'étant évadé, il était resté dans son pays où il avait vécu plusieurs années sans se livrer à aucun acte dangereux, bien que toujours poursuivi par des

hallucinations et en proie à des idées de persécution. Demeurant chez une femme mariée et
mère de plusieurs petits enfants, il occupait une
chambre située au-dessus de celle de ses hôtes.
Là, de son lit, il croyait voir des individus as-
sassinés tomber, traversant le plafond ; une
planche bizarrement taillée lui procurait l'illusion d'une jambe coupée ; il entendait les cris
des victimes ; il se sentait lui-même traversé de
coups de poignards. S'imaginant que c'étaient
son hôte et sa femme qui commettaient ces atrocités, éprouvant en même temps des impulsions
morbides irrésistibles, il tua un jour, à coups de
hache, son hôtesse et ses pauvres petits enfants.
Mis en observation à l'asile de Bron et interrogé
sur les meurtres qu'il avait commis, il nous dit
que ce n'était pas lui qui avait tué la femme et
les enfants qui étaient tombés sous ses coups,
mais les hommes grands qui *se mettaient en lui*.
Il se sentait grandir et grossir, quand ces
hommes, pour me servir de son expression,
entraient en lui, et c'étaient eux qui avaient tué
son hôtesse et ses enfants. Avant l'époque où il
avait commis ce meurtre qui l'avait fait interner, un jour qu'il se sentait grand, l'homme
qui était en lui avait pris par la jambe un des

enfants et l'avait fait tourner plusieurs fois
autour de sa tête. Cet aliéné, complètement incurable et déjà en démence, éprouve encore, de
temps à autre, ces aberrations de la sensibilité
qui lui font croire à un changement complet
dans sa personnalité.

Pour terminer ce que j'ai à dire sur le sujet
qui nous occupe en ce moment, j'ajouterai que,
parfois, ce n'est qu'une partie de son corps
que l'aliéné sent diversement transformée et au
pouvoir d'une autre personne. Je citerai comme
exemple de ce que j'avance ici une dame que
j'ai eu l'occasion d'examiner dans une des maisons de santé de Lyon, et qui se prétend sans
cesse tourmentée par des personnes substituant
leur gorge à la sienne.

Un certain nombre d'aliénés éprouvent des
sensations extrêmement bizarres, sensations
qu'on ne peut rapporter qu'à un trouble de la
sensibilité générale et qui consistent en ce fait
que les malades se sentent devenir d'une excessive légèreté, qu'ils croient s'enlever en l'air et
se disent parfois emportés à travers l'espace avec
une vitesse prodigieuse. Ces sensations sont, du
reste, fréquentes dans le sommeil et se rencontrent également pendant la veille en dehors

de la folie, ainsi que nous le verrons plus loin.
Mais alors, celui qui les éprouve se rend parfaitement compte du phénomène, tandis qu'il en est
tout autrement pour les aliénés, ceux-ci s'imaginant et annonçant qu'ils s'élèvent véritablement
dans les airs, qu'ils parcourent des étendues
de pays considérables, qu'ils montent au ciel,
etc. Une malade, dont M. Baillarger a rapporté
l'histoire, éprouvait très nettement une hallucination de ce genre. Elle prétendait s'élever à
travers les airs et voyageait, comme elle le
disait, dans *le temps.* Cabanis dit avoir connu
des vaporeux qui se trouvaient si légers qu'ils
craignaient d'être emportés par le moindre vent.
La persuasion des sorciers qu'ils étaient emportés avec une rapidité plus ou moins grande à
travers l'espace tenait évidemment à une hallucination de la sensibilité générale, hallucination
provoquée par les onctions dont usaient, on le
sait, ces grossiers adeptes de l'art magique.
Aussi, voyons-nous ces malheureux affirmer la
réalité de leurs courses nocturnes, et prêter
ainsi des armes redoutables à leurs accusateurs.
Dans cette hallucination, comme dans toutes les
hallucinations, du reste, la sensation est *bien
réelle,* quoiqu'elle n'ait pas d'objet extérieur, et

c'est pourquoi les malades qui l'éprouvent sont toujours très affirmatifs dans leurs récits : tel est le cas précisément d'un aliéné que j'ai en ce moment sous les yeux, et qu'on ne saurait convaincre qu'il ne voyage pas, quand il lui plaît, dans les plus hautes régions de l'air. C'est à l'aide d'un parachute que ce malade prétend faire ses excursions aériennes, pendant lesquelles il jouit avec un bonheur infini du spectacle continuellement changeant des différentes contrées qui passent sous ses yeux, des villes, des fleuves, des montagnes qui fuient devant lui, des météores qu'il traverse. Sauf l'intention philosophique et la perfection du style, les récits de cet halluciné rappellent le *voyage dans les nuages* de Lucien. Du reste, bien qu'il s'agisse ici d'un esprit non cultivé, les spectacles auxquels il assiste sont décrits par notre malade dans des termes assez heureux, et ses visions — car, évidemment, l'hallucination visuelle accompagne celle de la sensibilité générale — présentent parfois un caractère grandiose : ce sont des montagnes de glace d'une hauteur prodigieuse, hérissées de pics et d'aiguilles, des nuages aux formes fantastiques, des palais aériens formés par les vapeurs de l'atmosphère, et qui, sous l'influence des rayons du soleil, offrent les couleurs les plus riches, les nuances les plus tendres, les teintes les plus merveilleuses. Il serait facile de s'étendre sur ce genre de troubles sensoriels, car ces phantasmes ne sont pas très rares et les annales de la sorcellerie en sont particulièrement remplies; mais il me paraît que ce que j'en ai dit peut en donner une idée assez exacte pour qu'il soit inutile d'insister davantage.

Outre cette sensation de légèreté qu'accusent certains aliénés et qui leur fait croire qu'ils s'élèvent dans les airs, on rencontre encore chez quelques hallucinés de fausses perceptions sensorielles de resserrement ou de dilatation qui les persuadent qu'ils grossissent, grandissent ou rapetissent à volonté. Un aliéné de Bron, atteint de mégalomanie, éprouve souvent cette fausse sensation : de taille assez petite, il grandit quand il lui plaît. Un paralysé du même asile croyait avoir, tantôt des bras et un corps immense, tantôt des membres ridiculement petits. Dans le premier cas, c'était le malade qui prenait lui-même, pour me servir de ses expressions, ses grands bras; dans le second, il était réduit par ses ennemis à un état de maigreur ridicule. On raconte que Mme Guyon, la mystique amie de Fénelon, s'imaginait parfois être gonflée par la grâce au point d'être obligée de se faire délacer. Par contre, lorsqu'elle communiquait à quelque personne étrangère cette même grâce qui était en elle, il lui semblait que le volume de son corps diminuait. Enfin, il n'est pas rare de voir les persécutés éprouver des hallucinations du genre de celles dont nous nous occupons en ce moment : on les entend dire que leur corps et leur tête grossissent ou diminuent, et c'est naturellement aux maléfices de leurs ennemis qu'ils attribuent le changement qu'ils croient s'être produit dans leur personne.

Nous voyons donc, une fois de plus, avec quelle constance la teinte du délire imprime aux troubles des sens une direction, si je puis dire, en rapport avec la conception délirante fondamentale. Le mégalomane grandit à volonté, l'hallucinée mystique se sent dilatée par la pénétration de la grâce, le persécuté devient difforme par le fait de la méchanceté de ses ennemis. Chez le même malade, la dépression ou l'excitation amène, avec des conceptions délirantes différentes, de fausses perceptions diverses et

adéquates au délire : le paralysé dont j'ai
parlé plus haut n'avait ses grands bras que
dans ses périodes délirantes de satisfaction ;
avec les idées dépressives, la perception de
membres absolument exigus apparaissait aussitôt.

Il est encore des hallucinations extrèmement
fréquentes dans la folie et qui se placent tout
naturellement près de celles de la sensibilité
générale : je veux parler des hallucinations du
sens génital. Ces hallucinations sont assez fréquemment accompagnées d'un spectre visuel
et presque constamment tactile, — homme ou
femme — dont l'aliéné subit les embrassements,
entend parfois les propos déshonnêtes. C'est là
l'incube et *le succube* du moyen âge, dont il
est si souvent question dans les procès des
sorciers à cette époque. Moins fréquente aujourd'hui, cette hallucination se présente néanmoins assez souvent encore. Elle existe dans
les deux sexes. On la dit plus fréquente chez
les femmes ; ce que je puis affirmer, c'est que je
l'ai rencontrée chez les hommes un très grand
nombre de fois. Comme je l'ai dit, à propos de
l'hallucination de la vue, tantôt le spectre hallucinatoire est de forme agréable : c'est un mari,

un amant, une femme aimée et, dans ces cas,
la sensation éprouvée par l'halluciné est voluptueuse. Plus souvent, peut-être, l'hallucination
visuelle est repoussante : il s'agit du démon,
de quelque être difforme, d'une vieille femme à
l'aspect hideux dont les embrassements sont
pour l'aliéné un objet d'horreur; d'images dé-
goûtantes qui poursuivent le malade et qui
l'obsèdent. Dans ces cas, l'hallucination génitale
consiste en une impression douloureuse, à tout
le moins, pénible ou désagréable. Il n'est pas
d'aliéniste qui n'ait entendu les plaintes des
malades affectés de cette sorte d'hallucination.
J'ai en ce moment, dans mon service à l'asile
de Bron, plusieurs malades qui éprouvent de
telles fausses sensations, et c'est journellement
que je suis obligé d'écouter leurs doléances.
J'ajouterai qu'un de ces aliénés, tourmenté par
une femme, dont il sent le contact et les impurs
embrassements, ne voit pas la femme qui le
poursuit; mais il éprouve la sensation tactile
très nette d'un corps qui l'enlace, et il entend
très distinctement la voix de la lubrique créature.

C'est ordinairement dans les délires de persécution que se rencontrent les hallucinations

du sens génital à forme douloureuse ou simplement désagréable. Les fausses sensations de nature voluptueuse avec spectre hallucinatoire d'aspect agréable m'ont paru surtout exister dans certaines formes maniaques. J'ai encore présente à la mémoire une jeune fille atteinte de manie hystérique, qui était devenue aliénée à la suite d'une inclination contrariée. Chaque nuit, cette jeune malade était visitée par l'objet de ses affections : elle le voyait, l'entendait, lui parlait, et les discours tenus par l'hallucinée ne permettaient pas d'avoir le moindre doute sur la nature des fausses perceptions qu'elle éprouvait.

Je ne terminerai pas ce paragraphe sans parler d'une hallucination relativement assez fréquente chez les femmes aliénées et qui me paraît mériter au moins une mention. Quelques malades éprouvent parfois de telles sensations, qu'elles s'imaginent mettre au monde un plus ou moins grand nombre d'enfants. C'est ordinairement la nuit que se produit cette hallucination, et l'on voit la pauvre aliénée, le jour venu, chercher ses prétendus nouveau-nés et, ne les trouvant pas, se plaindre amèrement qu'on les a tués, coupés, brûlés, étranglés, noyés. J'ai connu une pauvre malade qui éprouvait si souvent cette fausse sen-

sation qu'elle l'attendait en quelque sorte : persuadée qu'elle était qu'elle allait mettre au monde
une dizaine de minuscules créatures, elle préparait des robes, bonnets, brassières, qui auraient
pu servir à habiller des poupées de la grandeur
et de la grosseur du doigt.

Hallucinations de l'odorat et du goût. —
Les hallucinations de l'odorat et du goût sont
moins fréquentes que celles que nous venons
d'examiner. J'ajouterai qu'il est quelquefois
difficile de les distinguer des illusions des mêmes
sens.

Comme toutes les fausses sensations, les hallucinations de l'odorat et du goût peuvent être
de nature agréable ou pénible; ce dernier cas
est cependant de beaucoup le plus fréquent, ce
qui tient évidemment à ce que les délires tristes
prédominent singulièrement dans la folie et que
les sensations erronées portent toujours la
marque du délire dont est atteint l'halluciné.
Cela est si vrai que le théomane visionnaire per-
cevra souvent une odeur embaumée en même
temps qu'il apercevra l'image de la Vierge ou du
Christ, qu'il sentira même parfois dans sa bouche
le goût d'un breuvage céleste imaginaire, quand

sa vision s'envolera vers le ciel; tandis que l'aliéné atteint de démonomanie croira respirer dans une atmosphère empestée où prédominera l'odeur du soufre ou sera poursuivi par la répugnante et pénétrante senteur du bouc, dont, suivant la croyance populaire, le démon revêt si souvent la forme. Mais il n'y a pas que les démonomanes qui soient sujets à ces perceptions gustatives et odorantes pénibles, les persécutés ont fréquemment des hallucinations du goût et de l'odorat qui leur font croire qu'ils respirent des odeurs infectes, que leur bouche est remplie de liquides dégoûtants. Parfois, ces malades dénoncent ces sensations sans accuser personne de leurs tourments, mais c'est là le cas le plus rare. Ordinairement, ce sont leurs ennemis, ceux qui les tourmentent habituellement, qui leur font parvenir ces odeurs repoussantes, ces amertumes, ces acidités, *ces goûts*, absolument nauséabonds, et, comme il arrive assez souvent que ces malades n'ont pas d'hallucinations visuelles, c'est à l'aide de l'électricité, de la physique, d'une machine, que leurs persécuteurs produisent en eux, et à distance, ces sensations. Lorsqu'une image hallucinatoire visuelle ou tactile coexiste avec la fausse perception gustative et odorante —

et le cas n'est pas non plus très rare — c'est à la
personne qu'il aperçoit ou dont il sent le contact
que l'halluciné attribue la fausse sensation du
goût et de l'odorat : c'est cette personne qui lui
versera, par exemple, dans la bouche du sang,
du pus, qui lui fera respirer son haleine empoi-
sonnée, etc. J'ai en ce moment dans mon service
deux malades qui se plaignent continuellement
de semblables sensations : l'un est tourmenté
par une femme de son pays, l'autre par un employé de la maison : le premier de ces malades
éprouve en même temps que ces fausses sensations odorantes et gustatives une hallucination tactile ; le second un phantasme visuel.

Si j'ai associé dans une même étude les troubles sensoriaux du goût et de l'odorat, ce n'est
pas que ces troubles ne puissent exister séparément. Il est des cas assez nombreux, où manifestement, un de ces sens est seul atteint. Mais
il est si ordinaire de voir les phantasmes du goût
et de l'odorat aller de pair et se corroborer, en
quelque sorte, que j'ai cru pouvoir les confondre
dans une même description. Que si l'on réfléchit, du reste, combien fréquemment les sensations physiologiques du goût sont complétées
et agrandies par celles de l'odorat, combien

communément les deux sens entrent simultanément en jeu sous l'influence des mêmes exci-
tants, on ne s'étonnera pas de voir les hallucinations odorantes et gustatives coexister dans un
très grand nombre de cas.

J'ai dit, plus haut, qu'il était quelquefois
difficile de distinguer les hallucinations du goût
et de l'odorat des illusions du même sens. Dans
les faits que nous avons mentionnés, la confusion n'est pas possible : il y a bien réellement
hallucination. Il n'en est pas de même lorsque
la fausse sensation coexiste avec une perception
réelle. C'est le cas, par exemple, des malades
persécutés qui s'imaginent qu'on mêle du poi-
son à leurs aliments ; des hypocondriaques qui
prétendent que leur sueur a une odeur de
cadavre, etc. Y a-t-il là illusion simple? Le
corps mis en suspicion, perçu avec ses qualités
habituelles, est-il simplement métamorphosé, si
je puis dire, par l'esprit prévenu du malade,
ou bien s'agit-il d'une impression se transformant et donnant naissance à une hallucination
véritable? Cela est assez difficile à décider et,
s'il est des cas qu'on peut, après un attentif
examen, faire rentrer de préférence, dans l'une
ou l'autre de ces deux catégories, il en est

d'autres vis-à-vis desquels, si exacte soit l'analyse à laquelle on les soumette, on demeure absolument incertain.

————————

CHAPITRE VIII.

HALLUCINATIONS PHYSIOLOGIQUES.

L'hallucination, même isolée, est-elle un signe d'aliénation mentale? Est-elle même toujours un phénomène pathologique dans le sens rigoureux du mot? Telle est la double question que nous allons examiner ici. Quoi qu'en aient pu penser quelques médecins de mérite distingué, il n'est pas douteux pour nous que l'hallucination ne puisse se présenter sans aliénation, et nombre d'hommes de génie ont été, pensons-nous, très indiscrètement et très faussement soupçonnés de folie. Il y a quelques années surtout, c'était comme une mode de considérer comme aliénés les plus nobles esprits, pour peu qu'ils eussent éprouvé quelque phénomène hallucinatoire, et on peut se demander si la théorie du génie considéré comme une névrose, théorie brillamment produite par un ingénieux esprit, n'est pas née de ce courant. Quoi qu'il en soit, je pense qu'on ne saurait trop protester contre cette tendance à voir des fous dans les hommes qui ont par la puissance de leurs facultés le plus honoré l'espèce humaine, eussent-ils éprouvé des hallucinations. Un aliéniste plein de sagacité, M. Brierre de Boismont, a plus pertinemment apprécié ces faits, et un chapitre presque entier de son ouvrage proteste contre une telle manière de voir. On me permettra de rappeler que, dans son traité du vertige nerveux, mon père s'élevait, lui aussi, contre la tendance dont nous venons de parler, quand il écrivait ces lignes : « Quelques aliénistes n'ont pas manqué de découvrir un petit grain de folie dans l'auteur des *Lettres provinciales* et des *Pensées.* Platon, Numa, Pythagore et beaucoup d'autres avaient déjà subi l'avanie de ce diagnostic historique. Socrate vient aussi d'y passer. Vraiment, c'est à dégoûter du génie (1). » Oui, en vérité, ce serait à dégoûter du génie. Mais les faits, étudiés et présentés dans leur vérité, permettent d'innocenter absolument, au point de vue pathologique, nombre d'hommes, non pas seulement de génie, mais même de talent, qui ont éprouvé des hallucinations. Une forte contention d'esprit, une pensée active,

----

(1) Max Simon. *Du vertige nerveux, Mémoires de l'Académie de médecine.*

suffisent évidemment pour que, chez certaines
organisations, les conceptions de l'esprit s'ob-
jectivent, s'extériorisent, si l'on veut me passer
ce mot. Et il semble qu'il n'y ait là, en somme,
en plus d'un cas, comme nous le verrons par
quelques-uns des exemples que nous allons
citer, que le dernier degré et comme la suprême manifestation de l'activité intellectuelle.
Lorsque Balzac, décrivant la bataille d'Austerlitz, entendait les cris des blessés, les coups
de canon, la fusillade; quand Flaubert, retra-
çant l'empoisonnement de Mme Bovary, sentait
dans sa bouche le goût de l'arsenic (1) et deux
fois de suite éprouvait des vomissements, il ne
s'agissait, dans ces deux cas, que d'une intensité d'impression assez vive pour s'objectiver.
Lorsque Gœthe faisait apparaître dans le champ
visuel des images allant se transformant et se
modifiant sans cesse, c'était la volonté du savant
qui donnait aux productions de son imagination
la vivacité d'une perception réelle. Voici, du
reste, ce que le célèbre poète raconte à ce

---

(1) Je ferai remarquer que les solutions arsenicales sont
généralement insipides, ce qui, du reste, n'ôte rien au fait
de sa valeur.

sujet : « Lorsque je fermais les yeux et qu'en
baissant la tête je me figurais voir une fleur dans
le milieu de mon organe visuel, cette fleur ne
conservait pas un seul instant sa forme première : elle se décomposait aussitôt et de son
intérieur naissaient d'autres fleurs à pétales
colorés ou parfois verts; ce n'étaient pas des
fleurs naturelles, mais des figures fantastiques,
régulières cependant comme les rosaces des
sculpteurs. Il m'était impossible de fixer cette
création, mais elle durait tant que je voulais,
sans croître ni diminuer. De même, lorsque je
me figurais un disque chargé de couleurs
variées, je voyais continuellement naître du
centre vers la périphérie des formes nouvelles
comparables à celles que fait apercevoir un
kaléidoscope. » J'ai eu l'occasion, en 1828, dit
Muller, de m'entretenir avec Gœthe sur ce sujet,
qui avait un égal intérêt pour nous deux. Sachant
que, quand j'étais tranquillement étendu dans
mon lit, les yeux fermés, sans cependant dormir,
j'apercevais fréquemment des figures que je
pouvais très bien observer, il était fort curieux
d'apprendre ce que j'éprouvais alors. Je lui dis
que ma volonté n'avait aucune influence ni sur
la production ni sur la métamorphose de ces

figures, et que je ne distinguais jamais rien de symétrique, rien qui eût le caractère de la végétation. Gœthe, au contraire, pouvait établir à volonté le thème, qui se transformait ensuite d'une façon involontaire, mais toujours en obéissant aux lois de l'harmonie et de la symétrie (1). Enfin, nous nous trouvons en présence d'un fait du même genre, dans le cas de l'aliéniste allemand, Brosius de Bendorf qui raconte avoir produit à volonté sa propre image. Cette image posa devant lui pendant quelques secondes, mais s'évanouit immédiatement quand il essaya de reporter sa pensée sur son existence personnelle (2).

Dans deux de ces faits, la volonté intervient bien évidemment. C'est elle qui suscite, qui engendre, en quelque sorte, l'image hallucinatoire. Plus souvent, ce sont des préoccupations intellectuelles ou morales qui donnent naissance au phénomène. Une dame, que j'ai connue fort âgée, avait été dans sa jeunesse une des plus belles personnes de la cour de Louis XVI. Élevée dans les principes les plus sévères, elle se reprochait parfois d'aimer sa

(1) Muller. *Manuel de physiologie.*
(2) *Annales médico-psychologiques.*

beauté, de se regarder avec complaisance, pensant que la mort devait un jour anéantir à jamais cette beauté dont elle se trouvait vaine. Un jour qu'elle avait fait ces réflexions et que cependant elle avait cédé au désir de se regarder dans son miroir, elle aperçut dans la glace à la place de sa figure une tête de mort, telle que ses méditations la lui avaient souvent représentée comme devant remplacer un jour ce visage gracieux dont elle était si fière.

Que si maintenant nous voulons recourir aux faits historiques, nous trouverons facilement des exemples d'hallucinations nées des préoccupations du moment chez ceux qui les ont éprouvées et coexistant avec l'absolue intégrité de l'esprit. Je demanderai la permission d'en citer quelques-uns.

L'apparition la plus célèbre dans l'antiquité est peut-être celle qui se montra à Brutus et que Plutarque a racontée. Je ne la reproduirai pas ici dans ses particularités, car elle est connue de tous. Je ferai simplement remarquer qu'en même temps que cette apparition se montrait au général, celui-ci entendait la voix du fantôme lui disant qu'il était son mauvais génie et qu'ils se reverraient à Philippes.

En examinant cette vision, on voit facilement qu'elle est le résultat des réflexions que Brutus était porté à faire sur sa situation et l'état de ses affaires. Le meurtre de César, loin de servir la république, avait engendré la guerre civile et il paraissait probable, dès cette époque, que la liberté, que Brutus et ses amis voulaient sauver, devait périr précisément par le moyen qu'ils avaient choisi pour la préserver. Il est assez naturel de penser que Brutus ait vu dans ces événements le cachet d'une fatalité adverse. Cette conviction s'identifia bientôt dans son esprit avec l'idée d'un mauvais génie qui le poursuivait et qui finit par s'objectiver. Quant à l'endroit indiqué par le spectre comme devant être le lieu où devait s'abîmer définitivement la fortune de Brutus et se consommer la perte du parti de la république, si l'on réfléchit que, comme tous les patriciens de cette époque, Brutus avait fait une étude sérieuse de la guerre, on ne s'étonnera pas de trouver dans la bouche du fantôme engendré par l'esprit du général l'indication du lieu que les connais-sances stratégiques de celui-ci lui avaient évi-demment désigné comme devant être le point de rencontre, en quelque sorte nécessaire, des

deux armées. Pour ce qui est de l'intégrité de
la raison de Brutus, elle ne saurait être mise
en doute ; car rien dans sa conduite n'indique
qu'il ait été influencé, à quelque degré, par
le spectre qui lui était apparu.

L'histoire romaine nous offre encore un cas
tout semblable à celui que nous venons de rapporter : c'est l'apparition qui se montra à l'empereur Julien, la veille de sa mort. Julien, dans
la guerre de Perse, ne paraît pas avoir fait preuve
de ses talents accoutumés. Il s'avança en pays
ennemi sans ménagements, se laissa tromper par
des déserteurs et hésita sur le chemin qu'il avait
à prendre. Il se vit bientôt manquant de vivres
et, harcelé par la cavalerie ennemie, obligé de
commencer la retraite. Près de succomber avec
son armée, il donnait encore à la contemplation
et à l'étude les heures les plus silencieuses de la
nuit. Dans une de ces heures solitaires, comme
il lisait ou écrivait sous sa tente, le génie de
l'empire, qu'il avait déjà vu à Lutèce avant d'être
salué Auguste, se montra à lui : il était pâle, dé-
figuré et s'éloigna tristement en couvrant d'un
voile sa tête et sa corne d'abondance. Julien
mourut dans le combat du lendemain (1).

(1) Châteaubriand. *Etudes historiques.*

Il n'est pas malaisé de concevoir la raison de l'hallucination éprouvée par Julien. Si l'on veut bien se rappeler le rôle rempli par celui-ci, la tâche qu'il s'était imposée de restaurer les institutions du paganisme qui tombaient de tous côtés, on comprendra facilement qu'il ait pressenti que l'œuvre qu'il avait entreprise allait périr avec lui. Quant à la forme sous laquelle se personnifie et s'objective cette idée, c'est celle du génie de l'empire, tel qu'il était ordinairement représenté sur les monnaies du temps.

On connaît la vie héroïque et tourmentée de l'illustre Colomb. Assailli par mille difficultés, en butte aux soupçons, au dénigrement, aux calomnies de ses ennemis, jamais la foi dans son œuvre ne l'abandonne entièrement. Parfois, cependant, la tristesse envahit son âme, mais, comme nous l'avons déjà dit ailleurs, ces défaillances sont de courte durée. La hauteur de ses espérances, la grandeur de ses vues, son inébranlable foi dans la Providence le soutiennent, le réconfortent. Il est même arrivé à ce grand homme que ces pensées tout intimes, dont il tirait aux heures sombres sa force et son courage, se sont manifestées sous une forme sensible, comme il résulte du fait suivant, que nous

trouvons consigné dans l'histoire de sa vie par
Washington Irwing. Pendant le troisième voyage
de Colomb, dit l'historien américain, peu de temps
après que la conspiration de Guevara et de Mo-
xica eut été découverte et châtiée, Colomb, malade, se laissa aller pendant quelque temps au
plus grand découragement. Au milieu de ses
pensées lugubres et tandis qu'il s'abandonnait
au désespoir, il entendit une voix qui lui disait :
« Homme de peu de foi, ne crains rien, ne te
laisse point abattre. Je prendrai soin de toi. Les
sept années du terme d'or ne sont point expi-
rées ; et en cela comme en toute chose, je prendrai soin de toi. » Le jour même, écrivait Colomb,
je reçus la nouvelle qu'on venait de découvrir
une très grande étendue de pays très riche en
mines (1).

Les faits que nous venons de rapporter, et qu'il
eût été facile de multiplier, ne permettent pas de
douter du caractère hallucinatoire des phénomènes éprouvés par Brutus, l'empereur Julien et
Christophe Colomb. Considérerons-nous ces personnages, encore qu'ils croient à la réalité de
ces visions, comme des aliénés ? Non, assuré-

(1) Washington Irwing. *Vie de Christophe Colomb.*

ment; car, outre que leur conduite présente le
cachet de la plus exacte raison, on doit tenir
compte des croyances de leur époque qui leur
permettait d'admettre comme des manifestations
d'un monde invisible les produits extériorisés de
leur propre cerveau. Ce que nous appelons sans
hésitation aujourd'hui hallucination, le passé l'a
nommé mânes, lémures, esprits, et c'est ce qu'il
ne faut jamais perdre de vue dans l'appréciation
des faits empruntés à l'histoire.

Nous admettrons donc qu'une idée vive, qu'une
préoccupation constante, que des pensées, des
tableaux roulés incessamment dans l'esprit peuvent, chez certaines organisations, s'extérioriser
sans aliénation. Mais, bien que l'hallucination
puisse exister en dehors de toute aliénation, est-ce
là pourtant un phénomène pathologique ? La
question est difficile à résoudre et il est nécessaire
de s'entendre au préalable sur la portée du mot
pathologique. Si tout phénomène qui n'est pas
dans la condition ordinaire du fonctionnement
de l'organisme relève nécessairement de la
pathologie, il sera bien difficile de ne pas considérer l'hallucination, quelles que soient les conditions de sa production, comme un accident
morbide. Mais si l'on veut bien concéder à l'or-

ganisme des virtualités, si je puis dire, rarement réalisées, nous pourrons admettre que l'hallucination est, dans quelques cas, un de ces pouvoirs virtuels qui se manifestent seulement dans certaines conditions, et cela avec la parfaite intégrité du fonctionnement cérébral. Il s'agirait, dans ces cas, d'un dynamisme plus puissant qu'on ne se refuserait point de concéder à un Gœthe, par exemple, car c'est principalement dans les cas comme celui de Gœthe, où l'hallucination est voulue, qu'il me semble impossible d'admettre quelque chose de morbide dans sa production.

On se fait, semble-t-il, de la mémoire une idée erronée, et c'est à tort, selon nous, que l'on considère les images du souvenir comme essentiellement différentes des images hallucinatoires. Ces deux phénomènes, souvenir et hallucination, sont beaucoup plus proches qu'on n'est porté à le croire en général. Dans les deux cas, il s'agit du rappel d'une perception antérieure, d'une régression des images localisées dans la substance corticale et qui parcourent en sens inverse la route suivie dans la perception. La seule différence qui existe entre les deux phénomènes est une différence de degré, d'intensité dans le mouvement communiqué. Ce qui montre avec une singulière évidence l'identité des deux phénomènes, c'est qu'ils sont tous deux suscep-tibles de donner naissance, dans les mêmes con-ditions appropriées, à des images accidentelles.

Nous avons vu, d'après les expériences de Gruithuisen, que, conformément aux lois de l'op-tique physiologique, une image fantastique très brillante laissait à sa place une figure acciden-telle de même forme, mais obscure, qu'à la vision du spath fluor violet sur des charbons ardents succédait une tache jaune sur un fond bleu. Or, ce qui arrive pour une image halluci-natoire se reproduit également dans le cas du souvenir. Si, les yeux fermés, nous tenons une image d'une couleur très vive longtemps fixée devant l'imagination et qu'après cela, ouvrant brusquement les yeux, nous les portions sur une surface blanche, nous y verrons, durant un ins-tant très court, l'image contemplée en imagina-tion, mais avec la couleur complémentaire (1). On voit par là que le souvenir et l'hallucination sont des phénomènes de même ordre, puisque, dans les deux cas, la rétine est impressionnée, et

(1) Wundt, cité par Ribot. *Maladies de la mémoire.*

impressionnée de la même façon puisqu'elle est susceptible des mêmes modifications consécutives. Le souvenir vif, persistant, semble donc être accompagné d'un léger état hallucinatoire, et l'on comprend que si la volonté agit fortement et donne au mouvement vibratoire, qui vraisemblablement constitue les conditions somatiques du souvenir, une plus grande intensité, il puisse arriver que ce qui était souvenir devienne hallucination, sans qu'il y ait là rien qui relève de la pathologie.

Du reste, cette possibilité d'objectiver les images est moins rare qu'on ne le croirait tout d'abord. Je connais une personne très versée dans les choses de la physiologie psychique qui jouit de cette faculté. Les images qu'elle peut évoquer ont une netteté de contours parfaite, mais la couleur de l'image est peu accusée ; elle tranche simplement sur le fond noir (c'est les yeux fermés que le phénomène se produit) du champ visuel par une teinte plus sombre de la ligne qui forme le contour de l'image et une couleur moins accusée du fond même de cette image ; mais, comme je l'ai dit, le contour est d'une netteté parfaite : c'est une véritable esquisse et l'image peut être évoquée à volonté ;

elle subsiste à peu près tout le temps que le désire l'observateur et s'évanouit quand sa pensée se reporte sur le monde extérieur.

Un de mes amis fit, il y a quelques années, diverses tentatives pour objectiver les images du souvenir. Plusieurs de ces tentatives furent infructueuses, quelques-unes réussirent. Voici un passage de la lettre dans laquelle mon ami me communiquait le résultat de ces curieuses recherches : « J'ai fait, dans le but d'objectiver certaines images du souvenir, quelques expériences que vous lirez, je pense, avec intérêt. Ayant fixé fortement et longtemps devant mon esprit l'image d'un cachet à manche de nacre dont je me sers journellement, je ne tardai pas à voir cet objet apparaître dans le champ visuel. L'image était nette, précise et dans la position même où j'avais voulu la placer. Chaque fois que j'ai fait cette expérience et que l'image a fini par apparaître avec cette netteté, je n'ai jamais pu parvenir à la fixer longtemps : elle s'est presque aussitôt évanouie. Mais, chose assez curieuse, dans mes diverses tentatives, il m'est arrivé parfois de ne pouvoir objectiver l'objet et de n'en faire apparaître que la matière. Voulant un jour faire surgir dans le champ visuel le cachet à manche de nacre dont je parlais tout à l'heure, j'aperçus la couleur opaline de la nacre avec son reflet bien spécial, mais il n'y avait qu'une image parfaitement amorphe : aucun contour, aucune forme définie n'étaient appréciables. Enfin, il m'est arrivé, toujours dans les mêmes essais, d'observer le phénomène absolument inverse, c'est-à-dire que l'image pensée était parfaitement dessinée, mais que la couleur, la matière de l'objet objectivé était différente de ce qui avait été voulu. Cherchant à voir le cachet que dans mes expériences je fixe devant mon esprit, je l'aperçus une fois avec ses contours parfaitement arrêtés, ses détails de dessin très précis, mais il ne présentait rien de la teinte spéciale de la nacre. Je ne percevais qu'une image d'un vert extrêmement pâle, tranchant assez bien sur un fond de même couleur, bien que plus vaporeux. Mais, je le répète, les reflets, la teinte opaline de la nacre manquaient absolument. »

Dans ces expériences, ce n'est qu'une image assez imparfaite de l'objet pensé que l'expérimentateur parvient à reproduire, et parfois même ce n'est qu'une particularité de cet objet qui apparaît dans le champ visuel. Il semble que certaines personnes aient eu une puissance

d'évocation beaucoup plus grande, beaucoup
plus parfaite.

On sait qu'un peintre anglais, dont Wigan a
rapporté l'histoire, après avoir vu une personne
et esquissé son portrait, pouvait se passer du
modèle. Il prenait, pour ainsi dire, dans sa
mémoire les personnes qu'il voulait peindre, les
plaçait devant lui dans la pose convenable et
travaillait des heures entières devant ces images
fantastiques. De nos jours, Mme O'C... paraît
avoir joui de la même faculté. On raconte que
quelqu'un de sa connaissance avait perdu une
personne qui lui était chère, que cette dame
n'avait vue qu'une seule fois. Or, celle-ci fit de
la personne défunte un portrait si frappant de
ressemblance qu'il est difficile de ne pas croire à
l'existence chez l'éminente artiste de la faculté
que nous avons dit avoir existé à un degré singulier chez le peintre anglais dont nous parlions
tout à l'heure. Enfin, on a rapporté que Talma,
par un effort de sa volonté, pouvait, quand il
entrait en scène, faire disparaître les nombreux
spectateurs venus pour l'entendre et leur substituer autant de squelettes. Cette transformation
effectuée, son jeu acquérait une puissance et une
vérité, une intensité de vie, que la vue du public,

pensait-il, ne lui aurait pas permis d'atteindre.

Une telle faculté, pour rare qu'elle doive être, serait assurément précieuse, pouvant coexister avec la plus complète intégrité de la raison. Mais, à ceux qui auraient ainsi la possibilité d'objectiver les images du souvenir, je dirai qu'il est bon de n'en user qu'avec réserve, car il ne paraît pas que l'exercice d'un tel pouvoir soit sans danger. Wigan nous apprend, en effet, que le peintre dont il parle en vint à confondre les images que créait sa volonté avec les personnages réels.

Du reste, si l'on comprend que sous l'influence de la volonté, ou même d'une vive préoccupation d'esprit, le jeu d'un organe sensoriel puisse être porté à son extrême limite, on sera moins surpris encore que la répétition trop fréquente de la mise en action de cette ultime puissance en amène l'exercice involontaire, auquel cas, à la dernière limite des possibilités physiologiques a succédé le trouble pathologique, le fait véritablement morbide.

Je ne voudrais pas terminer ce chapitre sur l'hallucination physiologique sans parler du *démon de Socrate*.

Il y a là une question des plus intéressantes

et qu'il convient d'examiner avec une attention toute particulière. Outre la curiosité qui s'attache naturellement au phénomène lui-même dont il est ici question, le fait de Socrate, le plus sage des hommes, taxé de folie, apparaît aux amis de la philosophie comme un crime de lèse-génie, et il semble que l'injure qui atteint ce grand esprit frappe l'humanité tout entière. Il nous importe donc de scruter soigneusement les faits et de venger d'un injurieux diagnostic le maître du divin Platon. Nous rechercherons donc si Socrate, comme cela a été trop légèrement avancé, peut, du fait seul des avertissements de ce qu'il appelait son *génie*, être soupçonné de folie ; nous examinerons aussi en quoi consistait le phénomène éprouvé par l'illustre philosophe.

Mais, pour résoudre cette double question, il est tout d'abord nécessaire que nous fassions quelques citations touchant les faits que nous avons à examiner. Ces citations, nous les emprunterons de préférence à Plutarque et à Platon, les deux écrivains qui ont rapporté de la façon la plus circonstanciée et avec ses plus exactes particularités le phénomène auquel Socrate était sujet et dont les manifestations lui semblaient le résultat de l'intervention d'un *génie*.

14

« Socrate, dit Plutarque, semble avoir eu un génie qui, dès le principe, lui donna une vision particulière. Cette vision était le guide de sa conduite. Marchant seule devant lui, elle l'éclairait seule de sa lumière dans les choses incertaines et impénétrables à la raison humaine. C'est alors que son démon lui parlait souvent et le dirigeait dans tous ses actes par une inspiration divine. »(1) Ce qui paraît avoir surtout frappé les contemporains de Socrate, c'est la connaissance qu'aurait eue le philosophe, par le moyen de son génie, des événements futurs ; de la perte, par exemple, de l'armée athénienne en Sicile, alors que cet événement, qui venait à peine de s'accomplir, était absolument ignoré. Un autre fait que Plutarque note particulièrement et dont les Grecs conservaient encore, à l'époque où il écrivait, un souvenir bien précis, c'est le massacre fait par l'ennemi d'un détachement de l'armée athénienne qui fut taillé en pièces pour avoir négligé de suivre la route indiquée par Socrate sur l'avertissement de son génie. Et ce génie est bien considéré par l'écrivain comme un être surnaturel : de tout le dialogue de Plutarque

_____

(1) Plutarque. *OEuvres morales.*

il ressort nettement que c'est ainsi que le fait était généralement compris.

Du reste, il est assez naturel que ces actes de prévision que nous venons de mentionner aient été pris pour le résultat de l'avertissement d'un agent surnaturel par un peuple qui avait créé toute une légion d'êtres intermédiaires entre les dieux et les hommes. Socrate partageait-il cette opinion? Considérait-il ce qu'il appelait la voix de son génie comme la parole d'un être surnaturel? Cela est certain, et il n'y a point lieu de s'étonner que cet illustre philosophe ait accepté sur ce point les idées universellement reçues.

Quoi qu'il en soit, ce qui demeure constant, c'est que Socrate entendait une voix qui, dans les circonstances délicates, lui parlait et lui donnait des conseils que l'événement démontrait être sûrs et sages. Il y a donc ici deux faits distincts : une voix que Socrate croit entendre, comme il le dit, et un jugement sur un événement qui l'intéresse. Examinons ces deux données qui sont unies, du reste, par un lien plus étroit qu'on ne le croirait tout d'abord.

Qu'était la voix entendue par Socrate ? S'agit-il d'une hallucination ? L'hallucination était-elle psychique ou sensorielle ? Une image visuelle était-elle perçue en même temps que la voix se faisait entendre ? Comment, enfin, les faits de prévision qu'on rencontre dans les avertisse-ments de la *voix* doivent-ils être compris ? Toutes questions que nous allons essayer de résoudre. Notre tâche, du reste, sera facilitée par l'exac-titude, la précision avec laquelle l'illustre Athé-nien a indiqué lui-même ce qu'il éprouvait dans les circonstances solennelles où le Dieu l'avertis-sait.

Il ne semble pas qu'une image visuelle ait jamais été perçue par Socrate, cela résulte très évidemment d'un passage de Plutarque : « Je me suis souvent trouvé près de lui, dit un des interlocuteurs du *Démon de Socrate*, lorsque des gens prétendaient avoir eu communication avec quelque divinité dans une vision. Socrate déclarait que c'étaient des imposteurs ; mais si l'on disait avoir entendu une voix, il prêtait une grande attention et il questionnait avec intérêt. » Ainsi, contrairement à ce que nous avons vu chez Brutus et chez l'empereur Julien, Socrate n'a jamais aperçu de fantôme, il n'a jamais eu d'hal-lucination visuelle. Quant à la nature de la voix qu'il entend, elle ressort très nettement des pas-sages suivants : « Il me semble, mon cher Cri-

ton, dit Socrate, que j'entends tout ce que je
viens de dire, comme les Corybantes croient
entendre les cornets et les flûtes, et le son de
toutes ces paroles résonne si fort à mes oreilles
qu'il m'empêche d'entendre tout ce qu'on me dit
ailleurs. (1)» Plus loin, Socrate dit encore : « Il me
semble qu'un Dieu m'a rappelé certaines choses à
la mémoire. — PROTARQUE : Comment et quelles
sont-elles ?..... tu me l'apprendras, j'espère. —
SOCRATE : Ce ne sera pas moi, mais une divinité.
Au moment de passer l'eau, j'ai senti ce signal
divin qui m'est familier et dont l'apparition
m'arrête toujours. Sur le point d'agir, j'ai cru
entendre de ce côté une voix qui me défendait
de partir. » Et dans un autre dialogue : « La
faveur céleste m'a accordé un don merveilleux
qui ne m'a pas quitté depuis mon enfance ; c'est
une voix qui, lorsqu'elle se fait entendre, me
détourne de ce que je vais faire et ne m'y pousse
jamais. Si un de mes amis me communique
quelque dessein et que la voix se fasse entendre,
c'est une marque sûre qu'elle n'approuve pas le
dessein et qu'elle l'en détourne... Vous pouvez
tous demander, si vous le voulez, à Clitomaque,

----

(1) Platon. *OEuvres*, Trad. Cousin.

frère de Timarque, ce que lui dit celui-ci, lorsqu'il allait mourir pour avoir méprisé l'avertissement fatal. Il vous racontera que Timarque lui
dit en propres termes : — Clitomaque, je vais
mourir pour n'avoir pas voulu croire Socrate.
— Que voulait dire par là Timarque ? — Je
vais vous l'expliquer. Quand il se leva de table
avec Philémon, fils de Philoménide, pour aller
tuer Nicias, il n'y avait qu'eux deux dans la conspiration. Il me dit en se levant: — Qu'as-tu
Socrate ? — Je lui dis : Ne sors pas, je reçois le
signal accoutumé. — Il s'arrêta, mais, quelque
temps après, il se leva et me dit : — Socrate, je
m'en vais. — La voix se fit entendre de nouveau
et de nouveau je l'arrêtai. Enfin, la troisième
fois, voulant échapper, il se leva sans me rien
dire et, pendant le temps que j'avais l'esprit occupé ailleurs, il sortit et fit ce qui le conduisit à
la mort. Voilà pourquoi il dit à son frère ce que
je vous répète aujourd'hui, qu'il allait mourir
pour n'avoir pas voulu me croire. J'ai cela de
commun avec les sages-femmes, que par moi-
même je n'enfante rien en fait de sagesse... mais
c'est l'esprit qui est avec moi (1). »

(1) Platon. *Ibid.*

Je crois que toute personne au courant de la physiologie de l'esprit, qui aura lu les extraits que je viens de citer, reconnaîtra dans la voix entendue par Socrate une véritable halluci-nation, hallucination quelquefois simplement psychique peut-être, d'autres fois assurément sensorielle. Le passage où Socrate parle des Corybantes ne laisse sur ce dernier point aucune espèce de doute. Mais comment se produisait cette hallucination et comment les paroles pro-noncées par *la voix* avaient-elles ce caractère de haute prévision qui fit l'admiration des contem-porains du philosophe athénien ? C'est ce que nous allons examiner.

Pour résoudre cette question, il est nécessaire de se rappeler les faits de cérébration incon-sciente dont nous avons déjà parlé dans un autre chapitre. Le travail inconscient de l'esprit se produit chez tous les hommes ; mais il est évident que ses résultats sont en rapport exact avec la qualité de l'esprit. Vulgaire chez les esprits ordinaires, il donne naissance chez les hommes supérieurs aux plus nobles productions du génie. Il est la raison de l'inspiration du poète, du coup d'œil décisif de l'homme de guerre. Ce sont des jugements antérieurement

élaborés qui se révèlent au moment nécessaire,
ou bien encore, si l'on veut, des conceptions
dont les éléments sont épars, si j'ose me servir
de cette expression, et qui, l'occasion venue,
se réunissent, apparaissent subitement en un
jugement arrêté et semblent alors de véritables
inspirations. Quant à ce travail latent de la pensée, qui rend les jugements plus sûrs, il existe,
comme je l'ai dit, chez tous les hommes. Quand
nous nous proposons de réfléchir à une question dont la solution nous paraît délicate, nous
nous en remettons au travail inconscient de
notre cerveau, laissant, en quelque sorte, mû-
rir le jugement que nous voulons porter. C'est
encore à un travail du même genre, mais qui
s'accomplit pendant le sommeil, que nous avons
recours, quand nous ajournons au lendemain
une décision, en disant que la nuit porte conseil. Mais ce temps qui nous est nécessaire
pour élaborer des jugements dont, en somme,
nous n'apercevons que la conclusion finale, on
comprend qu'il doive être moindre pour un
esprit supérieurement sage, pour un esprit
qu'un travail antérieur aura merveilleusement
préparé et c'est assurément un de ces jugements rapides qui dictait à Socrate ses réso-

lutions dont l'événement démontrait la sagesse.

Quant au phénomène de la voix par lequel se traduisait chez Socrate ses jugements intuitifs, nous le comprendrons assez facilement si nous nous rappelons combien souvent les pensées qui nous viennent à l'esprit sont non seulement à demi-parlées, mais encore entendues, si je puis dire. Il semble que l'ébranlement qui transmet au sensorium les images-signes dont la réunion forme une pensée, un jugement, il semble, dis-je, que cet ébranlement suive une double route, amenant d'un côté presque à l'action les muscles qui servent au langage, plaçant, de l'autre, le sens de l'ouïe dans un état de demi-hallucination. Le fait est très frappant quand on lit, par exemple, un ouvrage d'une personne que l'on connaît : en même temps qu'on lit et qu'on formule à demi les paroles du livre, on entend le son, le timbre de la voix de l'auteur et cela d'autant mieux que cette voix nous est plus familière. Qu'on exagère cette résonnance de la pensée, si je puis dire, et l'on aura le phénomène hallucinatoire par lequel se traduisait extérieurement pour Socrate les jugements pleins de sagacité que le philosophe attribuait à la voix de son génie.

CHAPITRE IX.

HALLUCINATIONS HYPNAGOGIQUES.

Nous avons déjà eu l'occasion de dire quelques mots de l'hallucination hypnagogique. Mais ce phénomène présente un intérêt si spécial, que nous ne pouvons nous dispenser de l'étudier dans toutes ses particularités.

On a donné le nom d'hallucinations hypnagogiques à des hallucinations qui s'offrent dans le temps qui précède le sommeil ou le réveil complets. Tout le monde connaît cet état intermédiaire à la veille et au sommeil : nous avons encore conscience de notre être, mais les sens ne nous fournissent sur les phénomènes extérieurs que des notions confuses, la volonté n'agit plus, et tout mouvement est devenu à peu près impossible. C'est là essentiellement le moment, le milieu, si je puis dire, du phénomène hallucinatoire que nous étudions ici.

Gruithuisen, Purkinje ont fait de l'hallucination hypnagogique une étude spéciale. Burdach,

Muller s'en sont aussi occupés (1), et les traités de ces divers auteurs sont remplis de renseignements présentant d'autant plus d'intérêt que ces physiologistes étaient sujets au phénomène qu'ils décrivaient. Nous en dirons autant des ouvrages de M. Maury qui, comme il le rapporte, a étudié sur lui-même cette manifestation extrêmement curieuse de l'activité sensorielle.

L'hallucination hypnagogique se présente, du reste, à l'état normal chez un nombre de personnes beaucoup plus grand qu'on ne le croirait tout d'abord. Si on ne l'observe pas plus habituellement, c'est que, l'esprit n'étant pas éveillé sur ce point, le phénomène échappe à l'attention de ceux qui ne sont pas prévenus. Aussi, peut-on croire que si la notion des images fantastiques était plus répandue, les conditions de cet intéressant phénomène et ses particularités diverses auraient été étudiées avec plus de suite qu'il n'a été fait jusqu'ici. Quoi qu'il en soit, nous nous servirons, dans le présent travail, des divers faits mentionnés dans la science, auxquels nous ajouterons ce qu'a pu nous apprendre notre expé-

(1) M. Baillarger a également étudié l'hallucination hypnagogique, mais dans ses rapports avec la folie.

rience personnelle, expérience assez complète,
car, depuis que notre attention a été fixée sur ce
point, nous n'avons pas manqué de rechercher
autour de nous les personnes sujettes à ce genre
d'hallucinations, et nous avons scrupuleusement
noté les renseignements qui nous ont été fournis.
Enfin, j'ajouterai qu'ayant moi-même éprouvé,
en quelques circonstances, des hallucinations
hypnagogiques, je porterai à la connaissance
du lecteur les faits qui me sont propres.

Les images fantastiques, comme les nomme
Burdach, les hallucinations hypnagogiques,
ainsi que les appelle M. Maury, peuvent, comme
les hallucinations pathologiques, intéresser tous
les sens; mais le sens qui en est le plus fréquemment affecté est le sens de la vue. Ici, cependant,
il faut bien se garder de confondre avec l'hallucination hypnagogique des phénomènes offrant
avec elle une grande ressemblance, mais qui sont
pourtant d'une tout autre nature. La rétine, on
le sait, réagit suivant sa nature propre. Impressionnée par un choc, par l'électricité, elle donne
la sensation de phénomènes lumineux. Des sensations lumineuses, perçues dans diverses conditions, pourront donc être prises pour des hallucinations, qui pourtant ne seront que le résultat

de la réaction spécifique de l'élément sensoriel
sollicité par une cause quelconque. Que le globe
oculaire soit, en effet, soumis, ainsi que je disais
tout à l'heure, à une certaine pression, et une
lueur très vive apparaîtra. Est-ce là une hallucination? non; car le point de départ du phénomène est dans la rétine : celle-ci est impressionnée; l'impression est transmise au sensorium
et il y a perception dans des conditions spéciales,
mais non hallucination. Pour qu'il y ait hallucination, il faut, nous le savons, qu'une image
antérieurement perçue revienne, en quelque
sorte, des couches corticales hémisphériques à
l'appareil sensoriel : ici, rien de semblable.
Aussi, ne confondrons-nous pas ces impressions
des sens avec les hallucinations hypnagogiques,
quand bien même ces impressions se produi-
raient dans le temps où l'hallucination hypnagogique se montre ordinairement.

Si j'ai insisté sur ce point, c'est que, d'après
certains auteurs, quelques hallucinations hypnagogiques débutent par des lueurs, des spectres
diversement colorés, mais amorphes, ce qui per-
mettrait alors de confondre avec elles le phénomène ci-dessus mentionné. Purkinje dit, en effet,
que l'on aperçoit tout d'abord des nébulosités

vagues au milieu desquelles se trouvent souvent des points brillants ou obscurs qui deviennent, au bout de quelques minutes, des stries nuageuses errantes, puis toutes sortes de filaments clairs, droits ou courbes. Muller affirme également que les images fantastiques débutent souvent par des masses isolées, claires ou colorées. Burdach, qui mentionne ces particularités observées par Muller et Purkinje, ajoute qu'il a souvent aperçu lui-même des images fantastiques, mais qu'il n'a jamais observé que rien de semblable les précédât. Cependant, M. Maury parle, lui aussi, de l'apparition dans le champ visuel d'images lumineuses précédant la vision d'une forme arrêtée. Pour ce qui est de la réalité de la perception, dans l'état intermédiaire à la veille et au sommeil, de ces nébulosités vagues, semées de points diversement colorés, elle ne saurait ête mise en doute. J'ai recueilli, à ce sujet, plus d'un témoignage que la véracité et la compétence de ceux qui m'affirmaient avoir éprouvé ce phénomène ne me permettent pas de suspecter. Mais, est-ce là une hallucination ? S'agit-il d'une image parcourant en sens inverse l'appareil visuel ou bien sont-ce des impressions purement rétiniennes ? Ce qu'il y a de plus probable, à mon sens, c'est qu'il ne s'agit là que d'une impression rétinienne, dépendant de l'état d'impressionnabilité dans lequel se trouve l'appareil tout entier, et sorte d'avant-coureur de l'hallucination hypnagogique véritable. Ce qui constitue, en effet, essentiellement l'hallucination hypnagogique, c'est la perception d'images appartenant à la vie réelle. Toutes les visions de phantasmes amorphes et même de certaines formes déterminables mathématiquement sont plus vraisemblablement le résultat d'impressions rétiniennes. Ces visions peuvent être, comme je l'ai dit, les avant-coureurs de l'hallucination, elles ne sont pas encore l'hallucination, souvent même elles n'ont avec ce dernier phénomène aucune espèce de rapport.

Avant d'aller plus loin, qu'on me permette une courte digression. M. Maury, comme je viens de le dire, a signalé comme début de certaines hallucinations hypnagogiques, la production d'images lumineuses amorphes finissant par se transformer en formes définies. Ce fait d'un phosphène avant-coureur de l'hallucination paraît avoir fait naître, chez l'auteur du livre *Du Sommeil et des Rêves*, l'idée d'une genèse des hallucinations hypnagogiques ou, au moins, de

certaines d'entre ces hallucinations que nous ne
saurions facilement admettre. Pour le savant
académicien, le phosphène, né d'une fatigue de
la rétine, donnerait lieu à une illusion qui amènerait bientôt une hallucination véritable. Voici,
du reste, ce que dit M. Maury à ce sujet : « Je
vis soudain un de ces phosphènes auxquels je
suis sujet par de brusques changements atmo-
sphériques. Mon imagination transforma immédiatement l'illusion de l'appareil visuel en une
image, celle de mon domestique ayant un tablier
blanc ; et une hallucination de l'ouïe, amenée
sans doute par l'association des idées, me fit entendre mentalement ces mots : « J'ai nettoyé
votre chambre. » Je me réveillai tout à fait.
Quelques secondes après, je vois une bleuette
lumineuse, autre illusion de la vue chez moi fréquente ; je la transformai aussitôt, cédant déjà
à l'envie de dormir, en un réverbère allumé ;
puis apparut devant mes yeux la rue Hautefeuille, éclairée de nuit, telle que je l'avais maintes
fois observée, quand je l'habitais, trente ans auparavant. » Je le répète, il nous paraît bien difficile d'admettre cette genèse de l'hallucination
hypnagogique. Il ne nous semble pas que les
faits soient susceptibles de cette interprétation,

que nous accuserions volontiers d'être trop ingénieuse. Pour nous, le phosphène apparaît parce
que l'appareil visuel tout entier, tant dans sa
partie perceptive que dans sa partie purement
sensorielle, est sous l'influence d'un état d'excitation : il est simplement l'avant-coureur, comme
je le disais tout à l'heure, de l'hallucination qui,
en effet, ne tarde pas à se montrer.

Nous venons de voir que l'hallucination hypnagogique visuelle est parfois précédée d'images
lumineuses amorphes ou de forme très simple ;
mais ce n'est pas là le cas le plus ordinaire. Le
plus habituellement l'image hallucinatoire hypnagogique surgit comme nous avons vu qu'il
arrivait dans l'hallucination pathologique. Quant
à la couleur et aux dimensions de ces sortes d'i-
mages, elles varient suivant les sujets et aussi,
chez le même sujet, suivant les circonstances.
Cependant, le plus ordinairement, ces images
sont pâles, brunes parfois, de nuances assez différentes de la réalité, revêtant moins que les
images du rêve l'aspect, la couleur des choses
dont elles sont pourtant la représentation. Il en
est qui se détachent sur un fond clair, d'autres
qui brillent d'une sorte d'éclat métallique sur un
espace obscur, présentant ordinairement des

ombres, des différences de teintes qui retracent fidèlement toutes les apparences et les dimensions de l'objet représenté. Il arrive quelquefois que ces images consistent en des sortes de croquis. Fréquemment plus petites que nature, on les voit assez souvent de grandeur naturelle. Du reste, la dimension des images varie chez la même personne, et tel observateur qui pendant longtemps n'avait jamais vu que des images de petite dimension, finit par apercevoir des phantasmes de grandeur naturelle et, parfois, absolument insolite. Si je marque cette particularité, c'est qu'elle est notée par plusieurs écrivains. Quant à moi, les figures hypnagogiques que j'ai, de temps à autre, l'occasion d'observer, sont le plus ordinairement de grandeur naturelle. Pour ce qui est de la couleur des images, je les ai toujours trouvées un peu différentes de la réalité. Généralement assez ternes, je les ai vues quelquefois pourtant très brillantes, offrant un aspect métallique, semblables en tout à ces statuettes nickelées si fort à la mode aujourd'hui.

Ces apparitions sont à l'ordinaire de peu de durée, les personnages se succédant rapidement, se remplaçant comme les figures changeantes d'un kaléidoscope. Cela revient à dire qu'elles disparaissent ordinairement tout à coup, comme il arrive du reste souvent dans l'hallucination pathologique. Cependant, la disparition de l'image hypnagogique a lieu aussi d'une autre façon. La teinte des figures va s'affaiblissant, pâlissant, s'effaçant progressivement, et l'image finit par disparaître. Cet affaiblissement des teintes se produit quelquefois sur toutes les parties de l'image, qui pâlit partout en même temps. D'autres fois, certaines parties disparaissent tout d'abord : la figure est comme entamée ; on ne voit plus que le front et les yeux par exemple, puis l'image fantastique s'évanouit tout entière. Un jour que j'avais diné chez un ami près d'une dame dont la physionomie m'avait frappé, je revis la figure de cette dame, le soir, dans une hallucination hypnagogique. L'image était très nette et plus vive, quant aux couleurs, que ne le sont ordinairement chez moi ces sortes de phantasmes ; bientôt cependant, la partie inférieure du visage s'effaça, le haut de la figure persistant pendant quelque temps, pour pâlir ensuite et disparaître. Il arrive, enfin, que l'image hallucinatoire disparaît par métamorphose. Certaines parties d'une figure changent de couleur, une forme nouvelle se montre en certaines parties de la première image, qui cède, en quelque sorte, la place au nouveau phantasme.

On voit, par ce que je viens de dire, que les images qui constituent l'hallucination hypnagogique consistent souvent en des personnages de dimensions diverses, empruntées au souvenir ou à l'imagination. Cependant, les visions de choses ne sont pas moins fréquentes : ce sont des paysages, des vues de villes, de campagnes, qui, jadis, nous ont frappés. M. Maury raconte avoir vu très distinctement, un soir, les yeux fermés, la ville de Constantine qu'il avait admirée dans l'après-midi. Même chose lui est arrivée à Constantinople ; enfin, étant à Barcelone, une hallucination donna lieu seulement à une reproduction partielle : une maison du quartier de Barcelonette lui apparut. Le même auteur rapporte encore qu'à Edimbourg, à Munich, à Brest, des paysages des environs de ces diverses villes, qu'il avait visitées, se sont retracés hypnagogiquement devant ses yeux.

J'aperçois assez souvent des paysages, dans l'état intermédiaire à la veille et au sommeil, mais, contrairement à ce que paraît éprouver M. Maury, ces images sont ordinairement des compositions purement fantaisistes. Très vives et

très brillantes, elles offrent l'aspect d'une peinture; quelquefois encore, elles ont quelque chose
de vaporeux, d'aérien, qui leur prête un charme
tout particulier. Si j'ai assez rarement vu se reproduire intégralement et comme en une espèce de
copie les paysages que j'avais pu voir pendant
la veille, j'ai eu fréquemment la vision hypnagogique de tableaux analogues à ce qui, pendant
le jour, avait frappé ma vue. M'est-il arrivé,
par exemple, de visiter un appartement riche-
ment décoré, il n'est pas rare que le soir j'aperçoive hypnagogiquement une suite de pièces
meublées dans le même style. Enfin, on voit encore que certaines particularités, certaines qualités des choses demeurées dans notre mémoire
sont en quelque sorte — comme nous avons vu
que cela avait lieu dans les rêves, — transportés
d'un objet à un autre, et donnent ainsi aux images hallucinatoires un aspect tout particulier d'é-
trangeté. J'ai encore bien présente à l'esprit une
hallucination hypnagogique de ce genre. J'avais
été frappé pendant la soirée de l'aspect miroi-
tant, brillant, étincelant, du Rhône touché obli-
quement par les rayons du soleil ; la nuit
suivante, près de l'instant du réveil, je vis un
admirable palais dont toutes les colonnes, les

murs, les toits offraient cette scintillation que j'a-
vais admirée la veille en contemplant les eaux
du Rhône allumées par les feux du soleil cou-
chant. Ici, c'est l'image tout entière qui est
comme revêtue d'une qualité étrangère, si je
puis dire, mais il n'en est pas toujours ainsi et,
parfois, ce sera un simple détail du costume d'un
personnage qui rappellera une particularité des
choses vues pendant la veille ou offertes par la
mémoire à l'œil de l'esprit : une fois, j'avais lu la
relation d'une singulière superstition écossaise,
d'après laquelle les montagnards ne seraient jamais atteints par la balle de leur ennemi qu'à
travers un carreau vert de leur plaid; j'avais, le
même jour, travaillé longtemps sur une table garnie d'un tapis vert. Le soir, avant de m'endormir,
je vis une figure, le front et le cou couverts par
une pièce d'étoffe du plus beau vert ; quant à la
physionomie du personnage que j'apercevais, elle
était celle qu'on a l'habitude de prêter aux individus de race écossaise. Ma vision offrait donc la
trace d'un double souvenir : souvenir de ma lecture et réminiscence de la couleur du tapis sur
lequel j'avais longtemps arrêté ma vue.

Le plus souvent, l'hallucination hypnagogique
visuelle se produit seule. Nous percevons une

image qui demeure devant nos yeux un temps
plus ou moins long et qui disparait; un seul sens
a été impressionné : le sens de la vue. Il n'en est
cependant pas toujours ainsi et, comme il arrive
pour l'hallucination pathologique, un autre sens
peut être intéressé simultanément à celui de la
vue. J'ai observé plusieurs cas où les choses se
passaient ainsi. Deux faits sont surtout restés
gravés dans mon esprit. Le premier de ces faits
remonte à un temps déjà éloigné et à une époque
où je ne m'occupais pas encore d'études de physiologie psychologique, mais les circonstances de
cette observation me sont aussi présentes que si
le fait s'était passé hier. Un de mes amis, étant
demeuré quelque temps à la campagne auprès
de sa mère, dut la quitter pour revenir à Paris.
Au moment du départ, la mère et le fils s'embras-
sèrent, comme il était naturel. Or, le soir même,
mon ami revit sa mère dans une hallucination
hypnagogique et sentit l'impression de son
baiser. Mon ami me raconta cette aventure qui
l'avait quelque peu effrayé et où il voyait
quelque chose de surnaturel. Je le rassurai du
mieux que je pus, tout en demeurant fort étonné
d'un semblable événement qui ne me surpren-
drait nullement aujourd'hui que ces sortes d'hal-

lucinations ont été, de ma part, l'objet d'une
étude particulière. L'autre fait remonte seulement à quelques années et m'est personnel.
Ayant visité quelques amis pendant la journée,
le soir je revis, dans une hallucination hypnagogique, une dame chez laquelle j'avais passé
quelques instants. En même temps que j'apercevais cette personne, je sentais très nettement
une légère odeur de fleurs que j'avais, en effet,
perçue pendant le temps de la visite que j'avais
faite, et qui provenait d'un magnifique vase rempli
de lilas dont l'odeur se répandait dans tout
l'appartement.

Si, maintenant, on recherche comment naissent ces hallucinations, quelles sont les circonstances qui président à leur genèse, on voit que
ces circonstances sont diverses. Des faits que
nous avons rapportés, d'observations nombreuses
consignées dans le livre de M. Maury, on peut facilement conclure qu'un grand nombre de ces
images fantastiques sont le résultat de perceptions récentes : les paysages observés pendant la
veille, telle personne qui nous aura frappé par
une allure ou une physionomie singulière, nous
apparaissent hypnagogiquement dans le moment
qui précède le sommeil. Il arrive encore qu'on

peut saisir entre les phantasmes observés et les
préoccupations auxquelles nous avons été livrés
un lien plus ou moins étroit. D'autres images,
enfin, se montrent qui ne paraissent avoir aucun
rapport soit avec les perceptions de la veille, soit
avec les préoccupations de notre esprit pendant
le temps qui a précédé l'apparition du phantasme. Je dois dire même que les hallucinations
de ce genre sont peut-être les plus fréquentes.
L'hallucination se montre et disparaît sans qu'on
la puisse rattacher à rien. Est-ce à dire pourtant
qu'aucune loi ne préside à sa formation ? que
rien ne l'engendre, qu'elle ne reconnaisse de
cause d'aucune sorte ? Je ne le pense pas. Je
crois, au contraire, qu'ici, comme pour les rêves,
on peut trouver souvent, soit dans les perceptions sensorielles, soit dans des incitations parties
de divers points de l'organisme, la raison de certaines images dont, au premier abord, on serait
tenté de regarder l'apparition comme purement
accidentelle et spontanée. J'ai recueilli, du reste,
quelques observations qui me paraissent prouver
d'une façon indubitable que les choses se passent
souvent comme je viens de le dire. Ces faits sont
précieux, parce qu'ils nous font assister, en quelque sorte, à la genèse de l'hallucination et nou

permettent de supposer que dans bien des cas, où nous ne pouvons constater l'enchaînement des phénomènes, cet enchainement existe néan-moins et n'échapperait pas à une investigation plus patiente et plus fine.

Ayant été passer quelques jours dans une mai-son de campagne voisine d'une ferme, le matin, à mon réveil, comme j'étais dans un état de demi-somnolence, j'entendis très distinctement le gloussement des poules de la ferme; quelques moments après, j'aperçus hypnagogiquement une pelouse sur laquelle se promenaient gravement une douzaine de poules que paraissait conduire un coq superbement empenné. J'ai raconté, dans un des précédents chapitres, un rêve né dans des circonstances analogues. Une autre fois, le matin encore, comme j'avais la notion très nette de mes doigts placés dans une certaine position, je vis, toujours hypnagogiquement, l'image d'une main très grossie, les doigts placés exactement comme l'étaient mes propres doigts. Dans une autre occasion, comme je sentais une mouche se pro-mener sur ma main, je vis, les yeux fermés, le même insecte se dessiner avec une netteté parfaite dans le champ visuel. Enfin, une halluci-nation des plus curieuses que j'aie éprouvées et qui fut engendrée par une impression auditive, est la suivante : à demi éveillé, j'entendais siffler un aigre vent du nord ; une pluie fine était chassée contre les vitres ; j'avais conscience de ma perception, mais je n'enchaînais aucune idée, j'étais enfin, dans l'état vague qui caractérise le demi-sommeil. Cependant, à peine le bruit du vent et de la pluie eut-il frappé mon oreille, que je vis surgir un magnifique paysage d'hiver : une immense étendue couverte de neige avec des arbres dépouillés, aux branches hérissées de fines parcelles de grésil et resplendissant des mille couleurs du prisme, dont allumait chaque aiguille de glace une claire lumière matinale.

M. Maury rapporte un fait semblable aux précédents, mais dont l'éminent auteur ne paraît pas avoir saisi la signification, et qu'il cite, du reste, à un autre point de vue que celui qui nous occupe ici. « Fatigué par deux nuits passées en voiture, dit M. Maury, je commençais, sur les onze heures du matin, à entrer dans une rêvasserie, prodrome de l'invasion prochaine du sommeil. Je fermais machinalement les yeux. J'entendais encore le bruit des chevaux et le colloque des postillons qui relayaient, lorsqu'une foule de petits personnages, rougeâtres et brillants, exé-

cutant mille mouvements et paraissant causer
entre eux, s'offrirent à moi. Cette vision dura un
grand quart d'heure.» Après ce que j'ai rapporté
plus haut d'images visuelles naissant, soit d'un
bruit entendu, soit d'une impression tactile, il est
difficile de ne pas voir, dans l'hallucination rapportée par M. Maury, une série d'images fantastiques engendrées par la perception de la voix
des postillons qui causaient près du dormeur, et
cette hallucination est d'autant plus probante en
faveur de la genèse des images hallucinatoires
par perception sensorielle que je soutiens ici,
qu'elle a été recueillie en dehors de toute préoccupation théorique. En effet, comme je l'ai dit
tout à l'heure, l'auteur la rapporte en se plaçant
à un point de vue tout différent et pour appuyer
une autre thèse.

Si les hallucinations hypnagogiques sont fréquemment engendrées par des perceptions
sensorielles dont nous avons plus ou moins nettement conscience, il arrive assez souvent encore
que les images fantastiques sont suscitées par
diverses impressions organiques, impressions généralement douloureuses. Nous ne percevons la
douleur de l'organe qu'après le réveil complet
et, cependant, dans l'état intermédiaire à la veille

et au sommeil s'est montrée une image hallucinatoire, dont il est facile de reconnaître la relation étroite avec la fonction de l'organe souffrant.
J'ai à peine besoin de dire qu'un état douloureux
précédant le sommeil peut aussi donner naissance, au moment où le sommeil va se montrer,
à des images fantastiques présentant la relation
que j'ai dite avec l'impression organique. On
trouvera, du reste, dans les faits que je vais citer
des exemples d'images fantastiques naissant dans
ces moments différents, tous deux essentiellement favorables à l'apparition des phantasmes.
Une nuit, que je souffrais d'une bronchite assez
intense, je m'éveillai en proie à une vive oppression. Dans l'instant qui précéda mon réveil, alors
que j'avais déjà conscience du monde extérieur,
je vis très nettement une usine dans laquelle travaillaient de nombreux ouvriers au milieu d'une
vapeur épaisse; tous ces hommes paraissaient
suffoqués par les nuages vaporeux qui les entouraient. Une autre fois, que je souffrais de l'estomac, je vis hypnagogiquement des œufs sur un
plat d'argent. M. Maury, qui a très nettement
saisi la relation des images fantastiques avec les
divers états de l'organisme, a cité plusieurs
exemples du même genre. Un jour, l'éminent

écrivain aperçut, dans une hallucination hypnagogique, une main portant une assiette sur laquelle était placé un gâteau; il se réveilla en
proie à de violents tiraillements d'estomac. Une
autre fois, souffrant de douleurs rhumatismales
au cou et aux oreilles, une hallucination hypnagogique lui montra une sorte de couteau qui ratis-
sait la peau d'une tête qu'il distinguait très nettement. Dans la même journée, éprouvant une vive
douleur aux talons et aux orteils, un pied nu,
puis chaussé, lui était apparu, alors qu'il venait
de fermer les yeux.

Les hallucinations hypnagogiques visuelles
sont donc fréquemment engendrées par des impressions sensorielles ou des excitations parties
des profondeurs de l'organisme. Nous avons vu
qu'il en est de même pour les rêves, ce dont nous
ne nous étonnerons pas, ces deux phénomènes,
hallucination et rêve, étant en somme, la plupart
du temps, un seul et même phénomène. La forme
des images, en effet, leur mode d'apparition, la
façon dont elles s'évanouissent et se transforment,
leur projection, en quelque sorte au dehors,
toutes particularités s'offrant avec les mêmes caractères dans le rêve et l'hallucination, nous permettent de conclure à l'identité des deux phan-

tasmes qui ne diffèrent que par le moment de leur production. Ce qui, en dehors des preuves tirées des circonstances similaires qui accompagnent la production du rêve et de l'hallucination, montre bien encore qu'il s'agit là d'une même manifestation psycho-sensorielle, c'est que, dans plus d'un cas, chez les personnes sujettes à l'hallucination hypnagogique, on a vu les images aperçues dans ces hallucinations apparaître, le sommeil venu, dans la trame du rêve qui suivait. Enfin, par une sorte d'expérience inverse, on peut aussi voir surgir, dans l'hallucination qui précède le réveil complet, les images qui nous ont assiégés pendant les variables péripéties d'un songe occupant les derniers instants du sommeil. Je n'insisterai pas ici sur l'identité du rêve et de l'hallucination ; cette identité ressortira, en effet, de l'ensemble des faits exposés dans ce livre avec une évidence qui la fera, j'imagine, s'imposer à tout esprit non prévenu. Cela dit, je reviens à mon sujet, que je n'aurais pas étudié complètement, si je ne parlais des hallucinations hypnagogiques qui peuvent affecter les sens de l'ouïe, de l'odorat, du goût et du toucher.

L'hallucination hypnagogique auditive, pour

être moins fréquente que l'hallucination visuelle,
se présente encore assez souvent. Elle consiste
parfois en de simples bruits entendus, parfois en
des sons articulés. Dans ce dernier cas, ce sont
des mots courts qui sont prononcés. La personne
en proie à cette hallucination entendra quelqu'un
l'appeler. Quelquefois, il s'agit simplement de
voix confuses : il est impossible de distinguer
nettement les paroles prononcées ; mais l'impression auditive est parfaitement nette, et je suis
étonné que M. Maury, qui a si bien étudié ces
sortes de phantasmes, les fasse rentrer dans la
classe des hallucinations psychiques. En tous
cas, si des voix purement intellectuelles se font
entendre dans l'état intermédiaire à la veille et
au sommeil, ce n'est pas là le cas le plus ordinaire. Pour ce qui est des bruits dont je parlais
plus haut, on comprend qu'ils puissent être très
variés. Ce sera un coup de pistolet, un cri, le
tintement d'une sonnette. Un jeune étudiant,
sujet à des hallucinations hypnagogiques auditives, m'a raconté avoir entendu, à plusieurs
reprises, retentir un coup de sonnette au moment où il allait s'endormir. La sensation était
si nette et si vive qu'il crut plusieurs fois que le
bruit s'était réellement produit et qu'il se releva

pour aller ouvrir sa porte. Quelquefois, les sons
sont plus suivis, ce sont des airs qui se font entendre et qui reproduisent des phrases musicales
précédemment perçues. M. Maury a raconté
qu'après une soirée passée chez Paul Delaroche,
où un de nos plus grands compositeurs, M. Am-
broise Thomas, avait improvisé les plus char-
mantes mélodies, il entendit, le soir, au moment
où il allait s'endormir, plusieurs des jolis passages qu'avait exécutés le célèbre musicien. Dans
une autre circonstance, un air que le même auteur avait entendu jouer la veille par un aveugle
sur son *bag-pipe*, se reproduisit nettement à son
oreille. Les deux faits que je viens de citer montrent que, dans l'état intermédiaire à la veille et
au sommeil, des séries d'images auditives peuvent
revenir à l'appareil sensoriel parfaitement suivies
et enchaînées. Mais, je le répète, ces perceptions
hallucinatoires un peu compliquées sont assez
rares; je n'en ai, pour ma part, jamais éprouvé
de semblables.

Nous avons vu, plus haut, que les hallucinations hypnagogiques visuelles, comme les images
des rêves, naissent fréquemment d'impressions
sensorielles ou encore d'excitations venant de
l'organisme. J'ai à peine besoin de dire que

ce qui est vrai pour les phantasmes visuels, l'est également pour les images fantastiques auditives. Sans vouloir entrer dans des détails circonstanciés à ce sujet, je citerai cependant un exemple de ce dernier mode de genèse des phantasmes auditifs. Un soir, je m'étais couché après avoir respiré accidentellement des vapeurs ammoniacales et ayant les bronches un peu irritées, sans tousser néanmoins. Sur le point de m'endormir avec ce léger état de gêne des organes respiratoires, j'entendis bientôt, dans une hallucination hypnagogique, le bruit d'une toux fréquemment répétée. Il va sans dire que j'avais assez pleine conscience des choses pour apprécier le caractère hallucinatoire du bruit qui résonnait à mes oreilles. Enfin, pour terminer ce que j'ai à dire de l'hallucination hypnagogique auditive, j'ajouterai qu'assez souvent, comme il arrive pour les images visuelles, un bruit entendu en rêve est continué dans une hallucination auditive au moment du réveil. Preuve nouvelle de l'identité des deux phénomènes : rêve et hallucination.

Les hallucinations hypnagogiques du goût et de l'odorat sont assez rares. L'hallucination consiste, pour le goût, dans la reproduction d'une saveur ordinairement perçue peu de temps avant l'apparition du phantasme. Elle est souvent liée à un état particulier des voies digestives. Quelquefois, elle paraît uniquement engendrée par la préoccupation d'esprit de la personne qui éprouve l'hallucination. C'est ainsi, par exemple, que M. Maury, voyageant en Espagne, sentit nettement dans sa bouche, un soir, avant de s'endormir, un goût très prononcé d'huile rance, bien qu'il n'eût goûté aucun mets qui fût en rapport avec cette sensation. La réputation légendaire, et peut-être aujourd'hui peu justifiée, de la cuisine espagnole avait fait naître évidemment la fausse sensation éprouvée par le voyageur. Ce que je viens de dire de la genèse des hallucinations du goût serait vrai pour les perceptions hallucinatoires du sens de l'odorat. Ces hallucinations sont parfois, manifestement sous la dépendance d'un état organique ; elles naissent encore, soit d'une préoccupation d'esprit, soit par suite d'une perception récente. J'ai rapporté plus haut une hallucination reconnaissant pour genèse cette dernière espèce de cause. La préoccupation d'esprit, comme agent générateur de l'image fantastique est, dans quelques circonstances, très facile à constater. J'ai connu une personne qui, souvent, avant de s'endormir, éprouvait une fausse perception sensorielle qui lui faisait sentir l'odeur de la fumée dans la pièce où elle se trouvait : or, cette personne avait une peur exagérée du feu. Enfin, dans l'hallucination rapportée par M. Macario, d'une dame qui, en proie à des coliques assez vives, percevait une odeur d'échalotte, il est difficile de ne pas reconnaître une image fantastique liée intimement à la douleur organique. Je n'insisterai pas davantage sur ces sortes d'hallucinations qui, en raison même du peu de précision, si je puis ainsi dire, des images du sens qu'elles affectent, sont peu susceptibles d'une analyse approfondie.

M. Maury a avancé que les hallucinations du toucher n'appartiennent guère à l'état hypnagogique. Je ne saurais me ranger à cet avis. J'ai cité, en effet, plus haut, une hallucination très nette du sens du toucher et j'en ai éprouvé plusieurs du même genre. Que ces hallucinations soient moins fréquentes que celles de la vue, c'est ce qui est hors de doute; mais on les rencontre aussi souvent que les phantasmes des autres sens. On ne voit pas, du reste, pourquoi la sensibilité tactile serait moins susceptible que les autres sensibilités de donner naissance à ces

perceptions régressives qui constituent l'hallucination. Mais il y a plus, et je pense que si l'on est
porté à considérer les hallucinations hypnagogiques de la sensibilité comme rares, c'est qu'on
ne fait pas rentrer dans ces phénomènes certains
faits qu'une observation attentive et une sérieuse
analyse permettent pourtant d'y ranger sans
conteste.

Dans son ouvrage sur la *Physiologie du goût*,
Brillat-Savarin a décrit une sensation très agréable qu'il dit avoir éprouvée en dormant, et dans
laquelle il est bien difficile de ne pas reconnaître
une hallucination hypnagogique. « Il y a peu de
mois, dit cet auteur, que j'éprouvai en dormant
une sensation de plaisir tout à fait extraordinaire.
Elle consistait en une sorte de frémissement déli-
cieux de toutes les parties qui composent mon
être. C'était une espèce de fourmillement plein
de charme qui, partant de l'épiderme depuis les
pieds jusqu'à la tête, m'agitait jusque dans la
moelle de mes os. Il me semblait avoir une
flamme violette qui se jouait autour de mon front

Lambere flamma comas et circum tempora pasci.

J'estime que cet état, que je sentis bien physiquement, dura au moins trente secondes, et je me

réveillai rempli d'un étonnement qui n'était pas
sans frayeur. » J'ai cru devoir citer cette observation pour montrer que certaines hallucinations
de la sensibilité peuvent être méconnues, mais
c'est à des faits d'un autre ordre que je faisais
tout à l'heure allusion, en disant qu'un examen
sévère ne permet guère de ne pas les considérer
comme des hallucinations hypnagogiques véritables, bien qu'on n'ait pas l'habitude de les ranger sous cette rubrique. Il est tout un ordre de
phénomènes extrêmement curieux, parfois pathologiques, mais se produisant souvent à l'état
physiologique, à l'ensemble desquels on a
donné le nom de vertige nerveux. Le vertige
nerveux se présente sous des formes assez variées, tant à l'état pathologique qu'à l'état physiologique. Je ne m'occuperai ici que de celle
de ces formes qui me paraît constituer une véritable hallucination hypnagogique de la sensibilité. Mon père, qui a longtemps éprouvé cette
sorte de vertige, l'a décrite; j'y suis moi-même
sujet; j'en puis donc parler pertinemment. Voici
en quoi elle consiste : quand on vient de se
mettre au lit — car c'est lorsqu'on est placé dans
la position horizontale que se produit la sensation
vertigineuse dont je m'occupe ici, — et qu'on a,

depuis quelques instants, fermé les yeux, il semble parfois qu'on est entraîné par un mouvement plus ou moins rapide. Tantôt ce mouvement a lieu toujours dans le même sens, mais en s'accélérant pendant quelques instants pour se ralentir ensuite ; tantôt il s'agit d'un mouvement de va-et-vient ; parfois encore, c'est un mouvement de rotation, comme si le lit sur lequel le dormeur repose tournait sur un axe et, chose assez curieuse ! la volonté n'est pas toujours étrangère à la direction de ce mouvement : il arrive souvent qu'on parvient à se faire emporter, si je puis dire, dans une direction déterminée, mais assez souvent aussi on ne saurait y réussir. Voilà, en peu de mots, la sensation que je voulais décrire.

Quelle est la nature de ce phénomène ? Il me paraît évident qu'il s'agit ici d'une hallucination. Je ne vois pas, en effet, qu'une impression sensorielle perçue sans objet extérieur qui la suscite puisse être autre chose qu'une hallucination, et le moment, le milieu, si l'on veut me permettre cette expression, de la production du phénomène nous oblige de toute nécessité à ranger cette fausse perception dans la classe des hallucinations hypnagogiques, dont nous terminerons ici l'étude.

CHAPITRE X.

DU SOMNAMBULISME. ET DE LA VISION SOMNAMBULIQUE.

Il n'est peut-être pas de question en physiologie qui ait plus excité la curiosité que cette manière d'être si particulière du système nerveux à laquelle on a donné le nom de somnambulisme.

Le somnambulisme consiste essentiellement en ce fait que les somnambules, plongés dans le sommeil, vont, viennent, se livrent à leurs occupations habituelles, accomplissent des actes, parfois très compliqués, avec la même sûreté, la même précision que le ferait un homme éveillé. C'est ordinairement la nuit, après quelques heures de sommeil, que se manifeste l'accès de somnambulisme; il dure un temps plus ou moins long; puis, le malade regagne son lit, ou y est reconduit par les personnes qui l'entourent, et, au réveil, il n'a généralement aucun souvenir des diverses péripéties de sa vie nocturne. Cependant, si la nuit est le moment ordinaire des accès de somnambulisme, il arrive aussi de voir le phénomène se produire pendant le jour. Dans ce cas, l'accès de somnambulisme ou

bien commence par un sommeil plus ou moins
profond, ou se déclare d'emblée, et alors, assez
souvent, le somnambule, l'accès terminé, s'endort et n'a au réveil aucune conscience de ce
qui lui est arrivé.

Les accès des diverses personnes sujettes à cet
accident ne se présentent pas tous sous le même
aspect, et il y a des degrés très nettement
appréciables dans l'intensité du phénomène.
Certains somnambules dans leurs accès ne changent pas de place, ne font aucun mouvement :
ils tiennent des conversations longues, suivies,
trahissent parfois leurs secrets, et n'ont à leur
réveil aucun souvenir des confidences qu'ils ont
pu faire. C'est là la forme du somnambulisme la
plus rapprochée du sommeil normal. D'autres
personnes font des mouvements, parlent, mais,
comme les somnambules, dont nous venons de
nous occuper, ne quittent pas leur lit. Frank a
raconté, sous le nom de *somniation*, l'histoire
d'une jeune fille qui me paraît l'exemple le plus
net de cette forme de somnambulisme. Cette
jeune fille, en 1812, avait été effrayée par des soldats français qui menacèrent son père de la mort,
et qui ne cessèrent leurs menaces que lorsqu'on
eut accédé à leurs demandes. Le lendemain du

jour où la scène, objet de sa frayeur, s'était produite, elle tomba dans un accès qui se répéta ensuite régulièrement à la fin de chaque jour.
Après avoir poussé un profond soupir, elle tombait dans un sommeil complet; on la plaçait alors
sur un sopha, quelques phénomènes cataplecti-
ques se produisaient, puis commençait la reproduction de la scène terrible qui, en l'impression-
nant profondément, avait été la cause des
étranges phénomènes auxquels elle était en
proie. De sa main droite elle paraissait tirer une
cartouche d'une giberne, qui aurait été placée
près de son dos, déchirant presque ses habits
tant elle y mettait de force; ensuite, elle faisait
le geste de porter ces cartouches à sa bouche
pour les déchirer; de la même main, elle feignait
de répandre de la poudre sur son pouce gauche,
comme sur un bassinet de fusil. A ces actes
succédaient ceux d'enfoncer la poudre et la
balle au moyen d'une baguette et de bourrer.
De temps à autre, la malade, bien qu'elle ignorât
la langue française, faisait entendre ces mots :
Marche ! où est le baron ? qu'elle faisait suivre
d'un jurement, toujours dans la même langue.
Quand elle avait fini de bourrer, elle semblait
énumérer avec les doigts certaines conditions.

Elle répétait à peu près la même scène dans le même ordre trois fois de suite. Enfin, elle frappait ses poings l'un contre l'autre, une sueur froide se répandait sur tout son corps, elle retombait dans une sorte de *coma*, puis s'éveillait sans aucun souvenir du drame qu'elle venait de représenter (1).

Enfin, il est des somnambules qui sortent de leur lit, se livrent à leurs occupations habituelles, lisent, écrivent, font des vers, des calculs, accomplissent des travaux très compliqués : c'est là le somnambulisme dans sa forme la plus accusée, dont nous citerons un peu plus loin un remarquable exemple pour essayer d'en trouver l'explication physiologique, l'interprétation la plus rationnelle.

Mais avant de rapporter cette observation, il nous paraît utile de dire quelques mots sur l'état des sens dans le somnambulisme. Cette question est assez délicate, et d'une appréciation plus difficile qu'on ne serait tenté de le supposer tout d'abord. Une étude un peu attentive permet néanmoins de mesurer, en quelque sorte, le degré d'impressionnabilité des sens dans ce singulier état.

(1) J. Frank. *Pathologie interne.*

Tout d'abord, il est hors de doute que les somnambules perçoivent des impressions auditives, principalement quand ces impressions sont en rapport avec le rêve qui les occupe; c'est ce qui fait qu'on peut parfois amener les somnambules à accomplir certains actes, qu'on peut leur suggérer certaines idées. J'ajouterai que, très ordinairement encore, si on appelle un somnambule, il se retourne, regarde fixement, mais ne voit point. Cependant, bien évidemment, il a entendu son nom; un bruit, tout au moins, a été perçu. Les faits nous montrent que les personnes en état de somnambulisme ressentent également les impressions gustatives. En effet, comme nous le verrons plus loin, un somnambule, ayant demandé de l'eau-de-vie, distingua parfaitement qu'on lui donna tout d'abord un verre d'eau, qu'il repoussa après l'avoir approché de ses lèvres. Le sens de l'odorat est également susceptible d'impressions chez les somnambules, puisqu'un sujet, dont le Dr Encontre a rapporté l'observation dans le *Journal de Médecine de Bordeaux*, paraissait se servir de ce sens pour se guider dans ses pérégrinations nocturnes. Mais, il semble néanmoins que le fait de la perception des odeurs soit assez rare chez les

somnambules. Quant au sens du toucher, c'est,
si je puis dire, le sens essentiellement éveillé
dans le somnambulisme ; c'est là, en quelque
sorte, une caractéristique de cette modalité du
système nerveux. Le toucher a donc chez les
somnambules une extrême finesse. Tous les
observateurs notent cette particularité et, certains d'entre eux sont tellement frappés de cette
délicatesse du tact dans l'état de somnambulisme,
qu'ils n'hésitent pas à dire que ce sens remplace
celui de la vue chez les somnambules. On comprend bien qu'il s'agit là d'une métaphore, aucun
écrivain sérieux n'admettant, ce que certains
adeptes du somnambulisme ont avancé, que des
somnambules voient par leurs mains, leur nu-
que, leur estomac, etc. Mais, encore une fois, la
délicatesse du toucher, chez les somnambules,
est extrême, les exemples qui le prouvent sont
nombreux, et certains d'entre eux indiquent une
telle exquise délicatesse du sens, une si grande
aptitude de perception, qu'ils pourraient être
révoqués en doute, si l'on ne savait la finesse
d'impression que l'exercice du toucher fait contracter à certains aveugles (1). Une somnambule,

(1) Voir, pour l'extrême délicatesse du toucher auquel
peut atteindre un aveugle, W. H. Lévy, *Blindness and Blind.*

dont J. Frank a fait mention, reconnaissait, les yeux spasmodiquement fermés, les couleurs en les touchant, et on peut se demander si la malade dont M. le Dr Dufay a rapporté l'intéressante observation (1), et qui, en pleine obscurité, assortissait merveilleusement les étoffes suivant leurs nuances, n'était pas dans ce cas. Le fait d'écrire, de dessiner, de se livrer aux travaux les plus minutieux, qui se rencontre si fréquemment dans le somnambulisme, indique également assez nettement que, chez le somnambule, le sens du toucher est merveilleusement propre à recevoir les impressions les plus délicates.

Il nous reste maintenant à examiner le sens de la vue.

Dans le somnambulisme, les yeux sont assez souvent ouverts; parfois, ils sont fermés. Si on examine l'état des yeux ouverts d'une personne en accès de somnambulisme, on voit qu'ils sont fixes, que la pupille est généralement dilatée et insensible à la lumière. Cependant, M. le Dr Dufay a constaté que chez Mlle R. L... une augmentation ou une diminution dans l'intensité de la lumière amenait un rétrécissement ou une di-

(1) Dr Dufay. *Revue scientifique*, 15 juillet 1876.

latation de la pupille, comme cela arrive à l'état normal; mais le cas paraît rare. Les somnambules voient-ils? La question est extrêmement difficile à résoudre ; car ici les faits sont contradictoires. Cependant, si, d'après quelques observations, il semble qu'il faille admettre la possibilité de perceptions visuelles dans l'état de somnambulisme dans la majorité des cas, il est bien évident que le somnambule ne voit pas, et il me semble que le fait de la perception visuelle est fréquemment admis sans preuve suffisante, car il arrive que si tel fait peut faire penser que le somnambule voit véritablement, tel autre fait, de valeur absolument identique, conduit à une conclusion contraire. Ce qui paraît avoir amené beaucoup d'auteurs, qui se sont occupés de la question, à admettre l'existence de perceptions visuelles dans le somnambulisme, c'est la difficulté grande que l'on trouve, en effet, à se rendre compte de certaines actions des somnambules, si on les considère comme insensibles aux impressions du sens de la vue. Mais il arrive alors que ces observateurs, pour faire concorder leur manière de voir avec les faits, se voient obligés de concéder aux somnambules la possibilité d'avoir des perceptions visuelles non seule-

ment la nuit, mais encore les yeux fermés. C'est
ainsi que M. le Dr Lélut a pu écrire : « Que
les yeux restent à demi-voilés par les paupières,
ou bien que, largement découverts, ils aient ce
regard fixe et profond qui semble plutôt se
réfléchir vers l'organe de la fantaisie que se
diriger vers les objets extérieurs, il est hors de
doute que, dans l'un et l'autre cas, le somnambule, parmi les impressions de ces objets sur la
rétine, perçoit au moins celles qui sont en
harmonie avec ses fausses perceptions visuelles.
*L'occlusion absolue des paupières n'empêcherait
même pas ce résultat*, une action plus énergique
et plus exclusive de la partie cérébrale du sens de
la vue donnant au somnambule la faculté de
recevoir des impressions lumineuses auxquelles
il serait insensible à l'état de veille. » Quelle que
soit l'autorité du Dr Lélut, nous ne pouvons
admettre que le phénomène de la vision puisse
s'exercer dans de telles conditions, plus merveilleuses, à notre avis, que les faits auxquels on
veut leur faire servir d'explication. Non, les somnambules ne voient pas les yeux fermés, dans la
nuit la plus obscure et, si les faits qui font
admettre cette vision sont incontestables, ils sont
susceptibles d'une interprétation rationnelle,

sans qu'il soit besoin de recourir à un mode de
perception visuelle s'exerçant en contradiction
avec toutes les lois de la physique physiologique.
Cette interprétation, nous la donnerons tout à
l'heure ; mais il est nécessaire auparavant que
nous rapportions au moins un exemple de somnambulisme qui servira, en quelque sorte, de
base à la théorie que nous voulons établir.

Cet exemple, nous ne le prendrons point au
hasard, mais nous aurons soin qu'il contienne
précisément les particularités qui prêtent au
somnambulisme cette sorte de merveillosité qui
frappe si vivement l'observateur. Or, un des plus
anciens faits rapportés offre ce caractère et contient une série d'expérimentations qu'on n'a
guère fait que répéter depuis. C'est celui-là
que nous choisirons, l'empruntant à peu près
textuellement à l'article « Somnambulisme, »
de l'*Encylopédie du XVIIIe siècle.*

Un jeune ecclésiastique, dit l'auteur de cet
article, se levait toutes les nuits, prenait du
papier, composait et écrivait des sermons.
Lorsqu'il avait fini une page, il la relisait tout
haut d'un bout à l'autre (si l'on peut appeler
relire cette action faite sans le secours des
yeux). Si quelque chose lui déplaisait, il le

retranchait et écrivait, par-dessus, les corrections, avec beaucoup de justesse. Dans un de ces
sermons, il y avait une correction qui était
surprenante : ayant mis dans un endroit *ce
divin enfant*, il crut en la relisant devoir
-substituer le mot *adorable* à *divin*; pour cela,
il effaça ce dernier mot et plaça exactement
le premier par-dessus; après cela, il vit que
le *ce*, bien placé devant *divin*, ne pouvait aller
avec *adorable*; il ajouta donc fort adroitement
un *t* à côté des lettres précédentes, de façon
qu'on lisait *cet adorable enfant*. Pour s'assurer
si le somnambule ne faisait aucun usage de ses
yeux, on mit un carton sous son menton de
façon à lui dérober la vue du papier, qui était
sur la table; mais il continua à écrire sans s'en
apercevoir; afin de découvrir à quoi il jugeait
de la présence des objets qui étaient sous ses
yeux, on lui ôta le papier sur lequel il écrivait
et il lui en fut substitué plusieurs autres à différentes reprises; mais il s'en aperçut toujours,
parce qu'ils étaient d'une inégale grandeur : car
quand on trouva un papier parfaitement semblable, il le prit pour le sien, et *écrivit les
corrections aux endroits correspondants* à
celui qu'on lui avait ôté ; c'est par ce stratagème

ingénieux qu'on a pu recueillir quelques-uns de ses écrits nocturnes.

Ce que j'ai vu de plus étonnant, continue l'auteur de l'article, c'est de la musique faite assez exactement. Une canne lui servait de règle. Il traçait avec elle, à égale distance, les cinq lignes nécessaires, mettant à leur place la clé, les bémols, les dièses ; ensuite, marquait les notes qu'il faisait d'abord toutes blanches, et quand il avait fini, il rendait noires celles qui devaient l'être. Les paroles étaient écrites dessous. Il lui arriva, une fois, de les écrire en trop gros caractère, de façon qu'elles n'étaient pas placées directement sous la note correspondante. Il ne tarda pas à s'apercevoir de son erreur, et, pour la réparer, il effaça ce qu'il venait de faire en passant la main dessus et refit plus bas cette ligne de musique avec toute la précision possible.

Autre singularité dans un autre genre, qui n'est pas moins remarquable. Il s'imagina une nuit, au milieu de l'hiver, se promener au bord d'une rivière et y voir tomber un enfant qui se noyait, la rigueur du froid ne l'empêcha point de l'aller secourir ; il se jeta tout de suite sur son lit dans la posture d'un homme qui nage ;

il en imita tous les mouvements, et après s'être fatigué quelque temps à cet exercice, il sent au coin de son lit un paquet de la couverture, croit que c'est l'enfant, le prend avec une main, et se sert de l'autre pour revenir en nageant vers le bord de la prétendue rivière ; il y pose son fardeau et sort en frissonnant et claquant des dents comme si, en effet, il sortait d'une rivière glacée. Il dit aux assistants qu'il gèle et va mourir de froid, que tout son sang est glacé ; il demande un verre d'eau-de-vie pour se réchauffer. N'en ayant pas, on lui donne de l'eau qui se trouvait dans la chambre, il en goûte, reconnaît la tromperie et demande encore plus vivement de l'eau-de-vie, exposant la grandeur du péril qu'il courait. On lui apporte un verre de liqueur, il le prend avec plaisir et dit en ressentir beaucoup de soulagement, cependant il ne s'éveille pas, se couche et continue à dormir plus tranquillement (1).

Nous voyons le sujet de cette observation agir comme s'il était éveillé, comme s'il voyait, et nombre de faits semblables ont été recueillis. Aussi, beaucoup d'auteurs admettent-ils, comme

(1) *Encyclopédie*, t. XXI.

le Dr Lélut, que les somnambules ont réellement
des perceptions visuelles. « Les somnambules,
dit M. Macario, sont sensibles aux objets qui
sont en rapport avec leurs idées et leurs sentiments. En effet, comment ne tomberaient-ils pas
dans les précipices effrayants qu'ils côtoient
parfois, s'ils ne les apercevaient distinctement ?
comment saisiraient-ils les objets qui sont à
leur convenance ? comment monteraient-ils à
cheval ? comment pourraient-ils lire, écrire,
etc., s'il en était autrement ? De toute nécessité,
il faut donc que les somnambules voient et
sentent distinctement les objets avec lesquels ils
sont en rapport. » (1) On le voit : la sûreté des
actes du somnambule, la précision de ses mouvements, frappe tous les observateurs, et c'est
précisément cette précision, cette sûreté dans
l'action qui les fait conclure à l'exercice du sens
de la vue dans le somnambulisme. Mais si l'état
d'activité des somnambules, si les actes compliqués qu'ils accomplissent peuvent faire penser
qu'ils ont des perceptions visuelles, nombre de
circonstances qui accompagnent ces actes ne
permettent guère, en réalité, d'admettre l'exis-

(1) Macario. *Du Sommeil, des Rêves et du Somnambulisme.*

tence de ces perceptions. Quand on interpose un carton entre les yeux du somnambule de l'*Encyclopédie* et le papier sur lequel il écrit, et qu'il continue à écrire sans s'apercevoir de l'écran placé devant lui, peut-on croire que ce somnambule se servait du sens de la vue? Lorsqu'on substitue au papier sur lequel écrivait le même somnambule un papier exactement semblable et qu'il achève ses corrections sur cette feuille blanche, peut-on raisonnablement penser qu'il voyait? Lorsqu'un somnambule, dans une chambre parfaitement éclairée, va allumer une bougie (1), peut-on croire chez lui à des perceptions visuelles? Le somnambule de l'hôpital St-Antoine, dont le Dr Mesnet a rapporté l'histoire, allumait fort bien sa cigarette et prenait soin d'éteindre avec le bout du pied le papier enflammé dont il s'était servi; mais il ne voyait pas, une fois sa cigarette allumée et placée dans sa bouche, qu'on l'éteignait en soufflant dessus, car il ne faisait aucun signe pour s'y opposer, et c'était seulement après avoir vainement tenté de continuer à aspirer la fumée, qu'il rallumait sa cigarette. Ecrivait-il une lettre, il ne s'apercevait

(1) Macario. *Ouvrage cité.*

pas davantage qu'on lui soutirait son papier, et il continuait la phrase sur le papier qui se trouvait placé dessous, cela à plusieurs reprises. Il semblait, dit M. Maury, à qui j'emprunte ce dernier fait, que, pour percevoir un acte, cet acte dût émaner de lui. La remarque est très juste et nous paraît montrer évidemment, dans le cas spécial dont il s'agit, que c'est par la sensibilité seule que le somnambule était en rapport avec les objets extérieurs. Aussi, regrettons-nous que le savant auteur ait admis dans ce cas un acte de la vision même très limité. Il est bien vrai que M. Maury ajoute que la mémoire des objets joue un grand rôle chez le somnambule, que *souvent* il voit et lit en pensée ; mais les restrictions nous semblent ici hors de mise. Dans tous les faits que nous venons d'examiner, le somnambule n'a pas de perceptions visuelles objectives : il rêve. La vue n'agit pas, les impressions visuelles externes sont nulles. C'est pour cela qu'on peut enlever au somnambule, sans qu'il s'en aperçoive, le papier sur lequel il écrit. C'est pour la même raison qu'il allume une bougie dans une chambre parfaitement éclairée, etc. Mais comment se fait-il que le somnambule agisse comme s'il voyait ? comment parvient-

il à écrire? comment peut-il faire des corrections
sur un manuscrit que la vision externe ne lui
permet pas d'apercevoir? C'est que le somnambule perçoit une image hallucinatoire de ce qui
l'entoure, de ce qui est en rapport avec lui,
*de l'objet même que le sens du toucher lui
révèle, et cela à l'endroit même d'où la sensation
tactile lui parvient.* Et c'est pour cette raison
qu'il continue sur une nouvelle feuille blanche
la phrase qu'il avait commencée sur une autre :
le papier a été enlevé, mais *l'image mentale
extériorisée demeure sur la nouvelle feuille*, si
je puis dire, et le somnambule continue à voir
les signes qu'il a écrits, alors qu'on lui a soustrait
la feuille sur laquelle il les avait tracés. Il ne
voit pas ce qu'il a effectivement écrit ; il en voit
l'image hallucinatoire, et cette image a, comme
nombre de ces sortes d'images, la forme exacte,
les couleurs mêmes de la réalité.

Ce que je viens de dire implique, en somme,
— à cause de l'extériorisation des images du
songe que j'ai admise tout à l'heure, — l'identité
du rêve et de l'hallucination. Mais cette identité,
qu'on a longtemps regardée simplement comme
vraisemblable, est une réalité. Des observations
sérieuses, précises, indiscutables, ne permettent

pas d'en douter, et, parmi ces observations, le
fait raconté par Tissot (1), de la vision très nette
au réveil de la figure monstrueuse du rêve
effrayant qui venait de l'éveiller, en est assurément un des plus curieux exemples ; celui de
Spinoza, qui aperçoit éveillé un horrible lépreux
qu'il avait vu en rêve, plus connu peut-être,
n'est pas moins remarquable.

On doit se demander maintenant comment
naît l'image hallucinatoire dont nous venons de
parler. A cette question, nous répondrons que
pour nous l'image que voit le somnambule est
engendrée par les impressions tactiles qu'il continue à percevoir pendant son sommeil. Du reste,
cette genèse des images visuelles n'est pas rare ;
on la rencontre dans nombre de rêves, comme
je l'ai montré ailleurs. C'est ainsi qu'une sensation de chaleur partant des pieds d'un homme
endormi lui fera rêver qu'il gravit les pentes d'un
volcan et marche sur des laves incandescentes,
que la constriction d'un de ses bras fait apercevoir à un autre un spectre qui le saisit et veut
le traîner hors de son lit. Mais si des impressions tactiles engendrent souvent des images

(1) *L'Imagination.*

visuelles dans le sommeil physiologique, par ce que j'ai dit de l'hyperesthésie du sens du toucher dans le somnambulisme, on comprendra que ces images doivent naître ici plus fréquemment encore d'une excitation du tact. Il n'y a donc là rien de très particulier; mais ce que les faits nous conduisent à admettre comme étant spécial à l'image du somnambulisme, c'est que cette image est le plus ordinairement, presque constamment, l'image même de l'objet qui a donné au tact l'impression perçue par le *sensorium* et que, projetée au dehors — si on veut me permettre cette expression — comme toutes les images hallucinatoires, elle *coïncide exactement* avec l'objet même qui l'a fait naître. Ainsi, d'une part, le somnambule voit une image hallucinatoire de l'objet qui impressionne chez lui le sens du toucher; d'autre part, il perçoit par le sens du toucher l'impression réelle de l'objet dont il voit l'image fantastique; ces deux impressions, l'une réelle, l'autre purement hallucinatoire, qui s'étayent, se soutiennent, en quelque sorte, se corroborent, sont rapportées *au même point de l'espace*, et le somnambule est ainsi placé dans des conditions identiques à celles où se trouve l'homme éveillé en présence des objets réels. Et ce que produit ici le sens du toucher vis-à-vis de celui de la vue, les autres sens seraient également aptes à le produire ; de telle sorte que nous pouvons définir la vie perceptive somnambulique, si je puis me servir de cette expression, *un état particulier du sommeil dans lequel des perceptions réelles, parfois auditives, olfactives, gustatives, mais le plus ordinairement exclusivement tactiles, engendrent des images fantastiques visuelles qui coïncident exactement avec les objets ayant donné naissance aux perceptions réelles, et mettent ainsi, en quelque sorte, le dormeur dans les conditions de la veille.*

Si maintenant l'on venait dire que l'image du rêve et l'objet qui a donné naissance à la perception réelle ne sont pas toujours identiques, nous avouerions que ces cas se rencontrent en effet. L'observation de l'*Encyclopédie* contient une particularité de ce genre, et Frank a cité, entre autres exemples semblables, celui d'un cavalier qui, dans le sommeil somnambulique, s'habilla, mit ses bottes et ses éperons et enjamba un mur, croyant monter à cheval. Mais ce fait et les autres du même genre n'ont rien qui puisse nous embarrasser. J'ai rapporté, dans un autre cha-

pitre, une observation qui m'est personnelle et
qui montre qu'il suffit d'impressions tactiles analogues à celles que ferait naître un objet donné
pour que l'image de cet objet apparaisse dans la
fantasmagorie du rêve. Je me voyais dans ce
rêve, on s'en souvient, tenant un dé à jouer dont
l'image était d'une absolue netteté. Or, en
m'éveillant, je m'aperçus que j'avais entre les
doigts ma couverture pliée de telle façon qu'elle
me donnait, en effet, la sensation d'un corps parfaitement cubique. On voit l'analogie des faits, et
l'on comprend qu'il s'agit dans les exemples que
nous venons de citer en dernier lieu de cas
particuliers, qui n'infirment en rien la théorie
que nous avons soutenue et dont il suffisait
d'expliquer la genèse.

CHAPITRE XI

DE L'EXTASE.

On a donné le nom d'extase à un état du système nerveux dans lequel le patient, immobile, certains sens complètement émoussés, tandis que d'autres sont parfois dans un état d'hyperesthésie, voit les idées sur lesquelles il a fixé sont attention exclusive s'objectiver en des images hallucinatoires. J'ajouterai que cet état est fréquemment accompagné de phénomènes hystériques et cataleptiques.

C'est sous l'influence de préoccupations intellectuelles, mystiques, terrifiantes, parfois encore amoureuses, qu'apparaît l'extase.

Elle se montre quelquefois subitement : le patient tombe en extase sans que rien ait pu lui faire pressentir que ce phénomène dût se produire. Dans d'autres cas, les extatiques reconnaissent, à certains signes, la modification nerveuse qui va survenir : c'est ordinairement une concentration plus vive de l'attention, une plus grande activité des idées qui fait comprendre à l'extatique qu'il se trouve sous l'imminence de l'extase. Une jeune fille, dont le Dr Kuhn a rapporté l'histoire, était dans ce cas, et annonçait d'avance ce qui allait lui arriver; elle recherchait la solitude au moment de l'approche de l'accès (1). Une malade de M. le D^r Ed. Sanderet pressentait également qu'elle allait tomber en extase, elle annonçait qu'*elle allait partir* et, peu de temps après cet avertissement, l'extase se produisait en effet (2).

Les traits de l'extatique reflètent, d'une façon extrêmement vive, les images qu'il contemple. Ses attitudes sont expressives et peignent, en quelque sorte, les sentiments dont le voyant est agité. Quelques paroles viennent encore faire connaître les idées de l'extatique, ses douces ou douloureuses émotions. Sauvages a rapporté l'histoire d'une jeune fille qui restait assise, ne répondant à aucune question, soit par signes, soit par paroles, tenait ses bras étendus en croix et proférait continuellement ces mots: Jean, Jean, je demande le paradis! Une autre jeune fille, dont parle Frank, poussait tout à coup un cri, comme si elle eût aperçu un objet désiré; sa

(1) *Annales médico-psychologiques.*
(2) *Id.*

physionomie, de commune qu'elle était, prenait un aspect angélique; assise sur son lit, les yeux ouverts et fixes, tournés vers le ciel, les bras levés et étendus, elle s'écriait : O saint Louis, ô le plus beau des jeunes gens, approchez et recevez-moi. Mon savant et vénéré collègue à l'asile de Bron, M. le professeur Arthaud, dans sa relation de l'épidémie de Morzine, a retracé l'observation d'une jeune fille dont les traits portaient l'empreinte de la joie la plus vive, pour revêtir bientôt tous les signes d'une profonde horreur; en même temps, elle faisait le geste de prendre une lettre qu'on lui tendait et qu'elle lisait. La lettre venait-elle de la Vierge, son visage s'épanouissait; était-ce une missive du démon qui lui parvenait, sa figure marquait alors la plus vive indignation. Enfin, la jeune malade du Dr Giné, devenue extatique à la suite d'une passion très vive qu'elle avait conçue pour un de ses parents, faisait un mouvement des lèvres comme si elle embrassait quelqu'un. Les traits de sa physionomie indiquaient qu'elle était sous l'empire des sensations les plus agréables (1).

Les scènes que contemple l'extatique sont

(1) *Annales médico-psychologiques.* Année 1876.

naturellement en rapport avec ses préoccupations, avec l'objet de ses méditations habituelles.
Il s'agit fréquemment de sujets mystiques : Dieu,
des anges, des saints, la Vierge, se montrent entourés d'une vive lumière. L'extatique entend
leurs voix, reçoit leurs conseils. Les démons, l'enfer, forment encore la matière de ces visions.
Parmi les visions de l'extase, il n'en est guère
de plus curieuses que celles qui ont été éprouvées par John Engelbrecht et consignées par
Arnold dans son ouvrage sur *la Nature et les
Causes de la Folie.*

Etant tombé en état de mort apparente, Engelbrecht s'imagina avoir visité l'enfer et le ciel.
Voici en quels termes il raconte ce qu'il éprouva
et quels tableaux se déroulèrent devant ses
yeux : « Le jeudi, à midi, je sentis que la mort
était proche et qu'elle montait des extrémités
inférieures aux supérieures. Mon corps devint
roide, et je perdis le sentiment aux pieds, aux
mains et dans les autres parties. Je ne pouvais
ni parler, ni voir : ma bouche était paralysée;
mes yeux cessèrent de percevoir la lumière. J'entendis distinctement les assistants se dire : Tâtez-
lui les jambes, comme elles sont froides et
roides! Il sera bientôt mort. Je n'avais point

senti le toucher; l'ouïe s'éteignit à son tour.
Alors, je fus emporté dans l'espace avec la
vitesse d'une flèche lancée par un arc. Pendant
ce voyage, je me trouvai devant l'entrée de l'enfer : une obscurité effrayante, des nuages épais
frappèrent mes regards ; mon odorat fut péniblement affecté par une fumée, une vapeur, une
émanation d'une horrible amertume. J'entendis
des hurlements et des lamentations horribles.

« De là je fus transporté, par l'Esprit-Saint,
dans un chariot d'or, au milieu des splendeurs
du ciel, où je vis les chœurs des saints anges,
des prophètes et des apôtres, chantant et jouant
autour du trône du Tout-Puissant. Les anges
avaient la forme de flammes de feu, et les âmes
des fidèles se montraient sous la forme d'étin-
celles lumineuses. Le trône du Très-Haut était
resplendissant. Je reçus alors un message de
Dieu, par l'intermédiaire d'un ange. » — La
joie qu'Engelbrecht éprouva de cette communication et de ce spectacle fut si grande, qu'à dater
de ce moment ce fut un enthousiaste qui pouvait à peine trouver des mots pour exprimer ce
qui se passait dans son cœur.

« En revenant à moi, continue-t-il, je sentis
le corps se ranimer de la tête aux pieds, et je

commençai à entendre les prières qu'on faisait dans l'appartement. A l'ouïe succéda la vue. Peu à peu, les forces me revinrent. Je me levai et je ressentis une vigueur que je n'avais jamais éprouvée dans le cours de ma vie. La joie céleste m'avait tellement fortifié, que le peuple fut extrêmement surpris de me voir rétabli en si peu de temps. »

Depuis ce temps, John eut pendant plusieurs années des visions et des révélations fréquentes pendant le jour, les yeux ouverts, et sans aucun des symptômes de la maladie qui avait précédé la première vision. Il passait quelquefois huit, douze, treize jours, et même trois semaines, sans boire ni manger. Une fois, il resta neuf mois sans fermer l'œil. Une autre fois, il entendit pendant quarante et une nuits des anges chanter et jouer de la musique céleste; il ne put s'empêcher de se joindre à eux. Les personnes qui étaient auprès de lui furent si transportées de joie qu'elles se mirent à chanter avec lui pendant toute la nuit (1).

Les scènes auxquelles assistent les extatiques ne sont pas toujours aussi compliquées; c'est un

_____

(1) Arnold, cité par Brierre de Boismont.

seul personnage, le Christ, la Vierge, un ange, une personne aimée, le démon parfois, qui se montrent à la personne en état d'extase. La jeune fille dont parle Frank apercevait saint Louis et il ne paraît pas que d'autres figures intervinssent dans la vision. Une femme, dont Hoffmann a rapporté l'observation, et qui, après avoir assisté au prêche, resta immobile comme une statue, complètement insensible, les yeux ouverts et fixés au ciel, paraît n'avoir aperçu que l'image du Christ. En effet, quand on la questionna sur ce qu'elle avait éprouvé, elle répondit qu'elle n'avait rien senti, ni rien entendu de ce qui se passait autour d'elle ; mais qu'elle avait contemplé son Sauveur et éprouvé des sensations délicieuses : son état d'extase avait duré une heure environ. Enfin, une petite fille de l'asile de Bailleul, dont le Dr Desmares a retracé la maladie, voyait dans ses extases la Sainte-Vierge qui lui promettait sa guérison.

Dans plusieurs des cas d'extase que nous avons rapportés, le sens de la vue est uniquement affecté. Mais, dans ce même état, les autres sens peuvent être également atteints d'hallucinations aussi vives, aussi nettes que celles que nous avons vues intéresser l'organe visuel. Quelques extatiques perçoivent des odeurs délicieuses et cette circonstance se présente lorsque l'image visuelle qu'ils contemplent représente Dieu, la Vierge ou des anges. Si, au contraire, l'extatique aperçoit l'image du diable, il ne sera pas rare qu'une odeur méphitique, empestée, accompagne le phantasme visuel. Des hallucinations de l'ouïe s'associent encore assez fréquemment aux apparitions de l'extase, ainsi que nous l'avons noté plus haut. Et ici également, les discours entendus ont une étroite liaison avec les images contemplées. Enfin, le sens du toucher peut aussi être affecté dans l'extase. Nous avons vu Engelbrecht emporté à travers l'espace avec la rapidité d'une flèche, et l'on sait que certains extatiques se sentent soulevés en l'air ou transportés d'un endroit à un autre. Enfin, les baisers que croient recevoir quelques malades de personnages imaginaires rentrent encore dans les hallucinations tactiles de l'extase. J'ai noté un cas de ce genre et l'on trouve dans Immermann le fait d'une dame qui dans la conversation s'interrompait tout à coup, tombait en extase, et semblait savourer les baisers imaginaires d'un amant mystique.

Quand on parcourt les observations d'extase recueillies par les auteurs, on remarque qu'il est

fréquemment noté que les patients se livraient à
des chants pendant leur accès. Tantôt ce sont
des hymnes en rapport avec une vision céleste.
Quelquefois, il s'agit de véritables improvisations, ayant toujours trait néanmoins à la scène
fantastique à laquelle croit assister l'extatique,
aux pensées qui l'occupent. Frank a rapporté
longuement, trop longuement peut-être, l'observation d'une malade atteinte d'extase cataleptique,
qui, dans ses accès, improvisait souvent des
chants dont l'auteur allemand prit même le soin
de noter la musique. Une de ces improvisations
roulait sur de beaux anges avec lesquels elle
jouait, et pour lesquels elle croyait cueillir des
fleurs. Dans une autre extase, elle chanta qu'elle
allait guérir, parce que Dieu, ayant exaucé ses
prières, avait envoyé vers elle des hommes
qu'elle regardait comme des dieux, et qu'elle
espérait que par leurs efforts sa maladie se dissi-
perait, mais non sans avoir à éprouver encore
de vives douleurs.

Ces improvisations étaient en langue polonaise,
que connaissait la malade, quoiqu'elle parlât
habituellement l'allemand. Une de ces compositions, bien que n'étant point en vers, présente
une sorte de rythme, n'est point dénuée d'une

certaine poésie et est assez régulièrement com-
posée pour mériter d'être citée ; en voici un
fragment :

> Dieu grand et plein de miséricorde !
> Hélas ! secours-moi, je suis malheureuse !
> O toi le consolateur des affligés !
> Rends-moi forte de la vertu de patience,
> Car toi seul es mon espérance
>   En toi je me confie.
>   O vous mes amies
>   Voyez mon affliction,
> Comprenez combien l'homme est peu de chose,
> Combien il diffère peu de la poussière.
> O Dieu grand et plein de bonté,
>   Mon unique espérance,
>   Mets fin à mes douleurs,
>   Ou rends-moi à la santé.
> Que ceux qui ont longtemps joui de la vie cessent de vivre ;
> Mais moi, hélas ! je me dessèche dans ma fleur.

Lors de l'affection épidémique qui régna en
Suède en 1841 et dans laquelle on observait,
entre autres symptômes, des phénomènes extatiques, les malades se livraient également à des
chants, chants qui étaient bientôt remplacés par
des prédications roulant sur le salut, le jugement dernier, etc. Du reste, l'histoire de cette
épidémie est assez intéressante pour que nous
nous y arrêtions un instant. C'est au mois de
septembre 1841 qu'une jeune fille de seize ans,

Lisa Andersdocter, commença à souffrir de la
poitrine et de la tête, et chanta bientôt malgré
elle toute la journée. Ses chants, qui consistaient
tout d'abord en des airs, furent ensuite accompagnés de paroles : c'étaient des psaumes que la
jeune fille entonnait ordinairement d'une voix
forte et claire. Quelque temps après, elle se mit
à prononcer des discours religieux. Elle prêcha
d'abord tous les dix ou douze jours ; puis, bientôt,
plus souvent. Elle tombait dans des extases pendant lesquelles elle paraissait recevoir des révélations. Alors elle se mettait à chanter, puis elle
s'éveillait et, après quelques phénomènes con-
vulsifs, elle commençait à prêcher. Elle mettait
tant d'ardeur à sa prédication, qu'elle en était
parfois couverte de sueur. Elle prétendait que
c'était le Saint-Esprit qui parlait par sa bouche.
Une foule de jeunes filles ou de femmes furent
bientôt atteintes de la même affection que Lisa
Andersdocter. Elles aussi tombaient en extase et
avaient alors des visions divines. Elles voyaient
le ciel, Dieu et les anges, le repas des élus à la
table de Dieu ; le séjour des démons, le lieu de
supplice des coupables se montraient aussi à
leurs yeux. Comme Lisa Andersdocter, elles
prêchaient sur le salut, annonçaient la fin du

monde, le jugement dernier et, parfois, le jour de leur propre mort ; toutes prédictions qui demeuraient sans effet.

Les prédications et les prédictions furent également un des caractères de l'épidémie extatique des *camisards* ou trembleurs des Cévennes. Cette épidémie commença dans une verrerie du Dauphiné, à Peyra, après la révocation de l'édit de Nantes. Un fanatique, nommé du Serre, ayant reçu mission des ministres réfugiés à Genève, après avoir exalté ses auditeurs par ses prédications anti-papistes, soufflait dans la bouche des plus fervents pour leur communiquer le don de prophétie. « Les prophètes pullulèrent, on les comptait par centaines ; c'étaient quelquefois des enfants de sept ou huit ans... Les fanatiques s'assemblaient dans les bois, les cavernes, les lieux déserts, sur les cîmes des montagnes, au nombre de quatre ou cinq cents, quelquefois même de trois à quatre mille. Là, ils attendaient *l'esprit d'en haut*. Puis le prophète soufflait dans la bouche des aspirants au don de prophétie, en leur disant : « *Recevez* « *le Saint-Esprit*, » et alors ils prophétisaient à leur tour, tremblaient, se roulaient, écumaient... Ce fanatisme, réduit en système, comptait quatre grades : *l'avertissement, le souffle, la prophétie, le don.* Chaque troupe avait un prophète (1). »

Enfin, l'épidémie d'Amsterdam, en 1566, offre des faits du même genre que ceux que nous venons de rapporter. Là aussi, les patients prétendaient prophétiser ; de plus, ils parlaient les langues étrangères, devinaient ce qui se passait au loin.

Ces prédications, ce don de prophétie, cette connaissance des choses cachées se retrouvent dans nombre d'épidémies extatiques. Il importe d'examiner séparément chaque ordre de faits et de rechercher si ces faits peuvent être acceptés par une logique un peu sévère, et, dans le cas où la saine critique ne nous obligerait pas à les rejeter, d'en donner une interprétation rationnelle.

Il est impossible, quand on considère tous ces prédicants qui se répandent en intarissables discours, discours qu'ils déclarent tous tenir involontairement, de n'être pas frappé de la ressemblance qu'offrent avec eux les aliénés atteints de certaines formes maniaques. Nous

(1) Grégoire. *Histoire des sectes religieuses.*

rencontrons, en effet, dans les asiles des malades qui disent parler malgré eux, qui prétendent que quelqu'un parle en eux, qu'on les fait parler; les paroles, ajoutent-ils, leur viennent sur les lèvres sans qu'ils le veuillent, elles se prononcent, si je puis dire, d'elles-mêmes et sans qu'ils fassent effort pour les exprimer. Dans un autre chapitre, j'ai montré qu'un tel phénomène devait être rattaché à une impulsion de la fonction langage, impulsion qui, à un moindre degré, rend encore compte de ces voix sans bruit, de ce langage de la pensée que l'on considère habituellement comme constituant une espèce particulière d'hallucinations, auxquelles on a donné le nom d'hallucinations psychiques. Et ces paroles que quelques malades prononcent malgré eux, ces paroles sans bruit, ce langage interne, que dénoncent certains autres aliénés, sont en rapport avec le délire que l'on constate chez les patients. Eh bien! dans les diverses épidémies extatiques dont nous venons de parler, on rencontre des faits absolument analogues à ceux que nous venons de mentionner. « Je proteste ici et je déclare devant l'Être suprême, dit Elie Marion, un extatique des Cévennes, que je ne suis nullement sollicité ni gagné ou séduit

par qui que ce soit à prononcer nulles autres
paroles que celles que l'esprit ou l'ange de Dieu
forme lui-même en se servant de mes organes ;
et c'est à lui que j'abandonne entièrement, dans
mes extases, le gouvernement de ma langue,
n'occupant alors mon esprit qu'à penser à Dieu
et à me rendre attentif aux paroles que ma
bouche récite. Je sais que c'est alors un pouvoir
étranger et supérieur qui me fait parler. Je ne
médite point, ni ne connais par avance les
choses que je dois dire moi-même. Pendant que
je parle, mon esprit fait attention à ce que ma
bouche prononce, comme si c'était un discours
récité par un autre, mais qui laisse ordinairement des impressions plus ou moins vives dans
ma mémoire (1). »

On ne saurait mieux rendre que ne le fait Elie
Marion ce qu'il éprouvait ; mais nous croyons
qu'on peut donner du fait lui-même, qu'il convient d'admettre avec ses particularités, une tout
autre explication.

Les acquisitions antérieures de l'esprit, images
innombrables et souvent recueillies d'une façon

---

(1) *Les Prophètes protestants,* par Misson, avec une préface
de M. A. Bost.

inconsciente, sont toutes localisées dans un certain nombre de cellules et ces cellules sont liées à des cellules du mouvement qui permettent la manifestation au dehors, par la parole, de ces images cérébrales. Qu'une impulsion générale ait été donnée à l'esprit, en raison de la disposition mentale du sujet, comme on comprend que cela puisse être dans l'extase, dans la folie, dans certains états nerveux qui créent aux malades un milieu spécial, et, bien que la volonté n'agisse pas actuellement, alors même que l'attention serait appelée ailleurs, autant au moins que cela se peut faire dans de telles conditions, il arrivera que la série des images mentales en rapport avec la disposition d'esprit du sujet sera mise en mouvement par une sorte d'impulsion inconsciente résultant de cette disposition même. Avec cette série d'images, entreront naturellement en action les cellules du mouvement qui servent à leur manifestation extérieure, et le sujet qui subira cette influence aura ainsi conscience d'une force étrangère qui agit en lui, indépendamment de sa propre volonté et, parfois même, en opposition avec elle. Telle est, ce nous semble, l'explication de ce qu'éprouvait le prophète protestant et qu'il a si bien dépeint.

Comment faut-il interpréter les prétendues prophéties faites dans les épidémies extatiques ? J'ai dit plus haut que dans le mal de prédication qui régna en Suède aucune des prophéties des émules de Lisa Andersdocter ne se réalisait. Il en fut ainsi partout, et si dans certains cas on voit que l'événement annoncé fut sur le point de s'accomplir, il est facile de juger que la prophétie ne dépassait pas les limites d'une simple prévision, si même on n'est en droit de croire à une pure coïncidence. Pour ma part, c'est cette dernière impression que me laissent nombre de ces faits merveilleux et, entre autres, celui de l'enfant de l'hôpital d'Amsterdam, qui annonça le départ projeté d'un des membres du conseil municipal pour la ville de La Haye (1). Mais il y a plus, et je suis persuadé que beaucoup de ces faits ne doivent d'être passés dans l'histoire de la science que grâce à une insuffisante observation et à l'absence de toute critique sérieuse.

Dans son remarquable travail sur l'épidémie de Morzine, M. Arthaud a soumis à une sévère critique les allégations de plusieurs témoins d'après lesquelles une jeune fille aurait parfaite-

(1) Voyez Brierre de Boismont. *Des Hallucinations*.

ment répondu à des questions posées en latin, et
une autre, parlé la langue allemande dont elle
n'avait aucune notion. Or, de l'examen impartial
des faits, il résulte pour l'ancien médecin en
chef de l'Antiquaille que ces faits sont loin de
présenter la certitude que doit offrir un fait
scientifique. « Quelque étrange que fût un pareil
phénomène, dit M. Arthaud, je ne saurais me
refuser à l'admettre par le motif qu'il échapperait
aux explications de la science, s'il se présentait
entouré de toutes les garanties que la raison est
en droit d'exiger; mais en est-il ainsi dans
l'espèce ? MM. F... et V... se bornent à dire :
« Nous savons que les malades ont donné des
réponses exactes à des questions faites en langues inconnues. » Il est permis de croire que
s'ils le savent, c'est très probablement de la bouche de M. le curé qu'ils l'ont appris; ils ne disent
pas l'avoir constaté eux-mêmes. Or, cet ecclésiastique a bien voulu nous renseigner sur les
faits qui nous occupent et qu'il admet sans res-
triction. Pour le premier, il paraît en avoir été
l'unique témoin. Pour le deuxième, il s'agit
d'une jeune fille mise en présence d'un prêtre
étranger voyageant avec son élève, et attiré à
Morzine par le récit des phénomènes extraordi-

naires qui s'y passaient. Cette fille en état de crise ayant articulé des mots inintelligibles pour le prêtre, l'élève, qui connaissait la langue allemande, les aurait compris! Loin de moi la pensée de mettre en doute la parfaite bonne foi, l'entière sincérité de M. le curé, mais, en vérité, son témoignage remplit-il en cette circonstance les conditions exigées par les règles de la vieille logique? J'ajouterai, ce qui n'est pas sans importance, que ces faits se seraient passés il y a plus de trois ans, que rien d'analogue n'a été signalé depuis cette époque, quoique pendant ces trois années une centaine de malades aient présenté par milliers les accidents nerveux qui sont la condition ordinaire de la production des phénomènes regardés comme surnaturels. Il me paraît donc impossible de les regarder comme suffisamment prouvés (1). »

On ne saurait mieux dire et, je le répète, je suis persuadé que, dans plusieurs épidémies du même genre, nombre des faits n'ont été admis et ne sont passés dans l'histoire des sciences que par suite d'une insuffisante critique. Mais ces faits

_____

(1) *Relation d'une hystéro-démonopathie épidémique ob-servée à Morzine,* par le Dr Arthaud, médecin en chef des aliénés de l'Antiquaille.

fussent-ils authentiques — et il y en a qui offrent
ce caractère — qu'il n'y faudrait rien voir de
merveilleux ni de surnaturel. A chaque instant,
nous recueillons, dans le monde extérieur, par
l'intermédiaire des sens, une foule innombrable
d'images et cela d'une façon inconsciente. Ces
images s'accumulent, se déposent, en quelque
sorte, par couches successives, chacune enseve-
lissant la précédente. Mais toutes ces images sont
là, existant virtuellement, si je puis dire, et
pouvant renaître un jour. Aussi voyons-nous,
dans certains états physiologiques ou pathologiques, les acquisitions ignorées de l'esprit se
révéler, apparaître tout à coup à la conscience.
« Les fous, dit Maudsley, reviennent quelquefois,
dans leur délire, sur des scènes et des événements dont ils n'ont aucun souvenir dans leur
état normal. Sous l'empire de la fièvre, un
malade peut réciter des passages entiers dans
une langue qu'il ne comprend pas : c'est qu'il
a, par hasard, entendu ces passages. Il suffit
de rêver qu'on est à l'école pour éprouver de
nouveau toutes les sensations par lesquelles on
y a passé ; des souvenirs sans nombre se pres-
sent avec une instantanéité et une lucidité
remarquables devant la conscience de l'homme

qui se noie (1). » Au moment de la mort, dit
M. Macario, des personnes ont vu se dérouler
devant elles le tableau de leur vie entière, dont
elles embrassaient le détail en un instant. « Je
connais, ajoute le même auteur, ce phénomène
par expérience. Un jour, en me baignant dans
la Seine, je pensai me noyer; dans cet instant
suprême, toutes les actions de ma vie se mon-
trèrent comme par enchantement aux regards
effrayés de mon esprit (2). » Enfin, on connaît
le fait de la domestique dont parle Coleridge
qui, dans le délire de la fièvre, récitait de longs
passages en hébreu, qu'elle ne comprenait certainement pas et qu'il lui était impossible de
répéter quand elle était bien portante, mais
qu'elle avait entendu lire à haute voix par un
clergyman chez lequel elle servait. Tous ces faits,
signalés par des observateurs attentifs, montrent
nettement que dans certains états particuliers du
système cérébral, des souvenirs, qui ont été
recueillis d'une façon inconsciente, peuvent
exister d'une façon latente et se révéler tout à
coup avec l'apparence d'une production spon-

---

(1) Maudsley. *Physiologie de l'esprit.*

(2) Macario. *Du Sommeil, des Rêves et du Somnambulisme.*

tanée de l'esprit. Ces remarques s'appliquent
d'elles-mêmes, si je puis dire, aux faits mentionnés plus haut.

Mais, revenons à l'extase et à certaines particularités de ce curieux état dont nous n'avons
point encore parlé. L'insensibilité est, on l'a vu,
un des phénomènes que l'on observe dans l'extase. Elle est quelquefois portée à un degré tel
que l'on peut piquer, pincer, brûler le patient,
sans qu'il éprouve aucune douleur. Le fait est
surtout remarquable chez certains faquirs in-
diens qui finissent par tomber dans un état d'insensibilité et de raideur tétanique que rien ne
peut faire cesser. Hébert a rapporté avoir rencontré un faquir ne pouvant plus marcher que
sur un pied et qui était dans l'impossibilité d'a-
baisser les bras. Cette raideur des membres chez
les extatiques est commune, et M. Calmeil a vu
de ces malades garder le lit pendant des mois
entiers et conserver les bras inflexiblement ten-
dus, les muscles du cou et de la poitrine contrac-
tés; tout leur corps avait la rigidité d'un
cadavre. Cette insensibilité, cette rigidité cada-
vérique, intimement liées à l'état de l'organe
encéphalique, paraît en être la conséquence, et
on peut la concevoir comme le résultat du dyna-

misme nouveau qui préside dans l'extase aux opérations du cerveau. Mais si cet état ne fait que coexister, en quelque sorte, avec la contemplation de l'image hallucinatoire chez la plupart des extatiques, chez quelques-uns, il est le résultat d'un effort conscient de la volonté, l'esprit s'absorbant en une idée unique d'anéantissement. Le Dr Cheyne a vu un faquir qui, par une concentration extrême de la pensée, aidée du reste d'un long exercice, arrivait à revêtir les apparences de la mort et demeurait plusieurs heures dans cet état. Au rapport de Braid, des faquirs se feraient enfermer hermétiquement dans un sac ou un coffre et enterrer; ils reviennent ensuite graduellement à la vie.

Si cet état de mort apparente obtenu par la concentration de la pensée est un phénomène des plus remarquables, l'insensibilité à la douleur à laquelle arrivent certains extatiques ne mérite pas moins de fixer l'attention; et, ici également, les faits sont nombreux. C'est certainement l'insensibilité que procure la contemplation extatique qui permet à certains dévots, dans les fêtes indiennes, de se faire suspendre par un croc de fer qui traverse leur chair et de se balancer ainsi transpercés, sans accuser au-

cune douleur; c'est encore à leur état d'extase
qu'il faut attribuer le pouvoir qu'ont les derviches
hurleurs de manier des barres de fer rougies
au feu et de se déchirer les chairs à l'aide
d'instruments tranchants. Ces étranges muti-
lations sont très communes dans les lamasseries
du Tibet, et M. Huc a raconté qu'il rencontra
un jour une foule de pèlerins allant assister à
l'horrible spectacle d'un lama Bokte devant
s'ouvrir le ventre, prendre ses entrailles et les
placer devant lui. « Le Bokte qui doit faire éclater
sa puissance, comme disent les Mongols, continue M. Huc, se prépare à cet acte formidable
par de longs jours de jeûne et de prière. Pendant
ce temps, il doit s'interdire toute communication
avec les hommes et s'imposer le silence le plus
absolu. Quand le jour fixé est arrivé, toute la
multitude des pèlerins se rend dans la cour de
la lamasserie et un grand autel est élevé sur le
devant du temple. Enfin, le Bokte paraît. Il
s'avance gravement au milieu des acclamations
de la foule, va s'asseoir sur l'autel et détache de
sa ceinture un grand coutelas qu'il place sur ses
genoux. A ses pieds, de nombreux lamas, rangés
en cercle, commencent les terribles invocations
de cette affreuse cérémonie. A mesure que la

récitation des prières avance, on voit le Bokte trembler de tous ses membres et entrer graduellement dans des convulsions frénétiques. Les lamas ne gardent bientôt plus de mesure, leur voix s'anime, leur chant se précipite en désordre, et la récitation des prières est enfin remplacée par des cris et des hurlements. Alors, le Bokte rejette brusquement l'écharpe dont il est enveloppé, détache sa ceinture, et, saisissant le coutelas sacré, s'entr'ouvre le ventre dans toute sa longueur. » (1) Nous nous arrêterons ici, sans insister davantage sur l'examen de ces faits, où il est assez délicat, on le comprend, de démêler, dans l'insensibilité dont font preuve les acteurs de ces scènes, ce qui appartient à l'état spécial où se trouve le système nerveux sous l'influence d'un état mental créé, en quelque sorte, par les pratiques décrites ci-dessus, et ce qui revient à la supercherie, qu'il est difficile de croire absolument absente de ces exhibitions monstrueuses.

(1) Voyage de M. Huc.

CHAPITRE XII.

DE L'HYPNOTISME.

Si on place, dit M. Maury, en face des yeux d'une personne et à peu de distance de son visage, un objet brillant, un métal poli, ou même si on se borne, en la regardant fixement, à offusquer sa vue par des gestes et à frapper son imagination, cette personne est-elle d'une constitution nerveuse, débile, et maintient-elle son regard concentré sur l'objet qui miroite devant elle, elle tombe dans un état cataleptique analogue à celui que produit l'inhalation des anesthésiques. Ses membres accusent un certain état de raideur ou entrent dans un relâchement plus ou moins complet, la sensibilité est émoussée ou même abolie, mais certains sens tels que l'ouïe ou le tact, en quelques parties du corps, acquièrent une prodigieuse vivacité. Les moindres sons sont perçus, les plus légères impressions réfléchies; et des songes, des hallucinations s'offrent alors à l'esprit, comme cela a lieu dans certains accès de catalepsie (1).

(1) Maury. *La Magie et l'Astrologie.*

La production des phénomènes, ainsi exposés par M. Maury, et dans les circonstances indiquées par cet auteur, est connue sous le nom d'hypnotisme. L'étude de l'hypnotisme faite, d'une façon scientifique et vraiment rationnelle, est assez récente. C'est Braid, Philips, Giraud-Teulon, Demarquay, Azam et, tout récemment, Charcot, Dumontpallier et Magnin qui, par leurs travaux, ont jeté le plus de lumière sur ces curieux problèmes de la physiologie pathologique du système nerveux. Mais, si l'étude scientifique de l'hypnotisme est récente, la connaissance des faits en eux-mêmes est beaucoup plus ancienne. Dans l'antiquité, au moyen âge, au siècle dernier, on trouve l'hypnotisme mis en usage par les magiciens et les sorciers, qui attribuaient à l'intervention divine ou diabolique les hallucinations et autres phénomènes présentés par les patients. Des divers modes de divination employés par les anciens : l'*hydromancie* ou le sort par l'eau, la *catoptromancie* ou le sort par les miroirs, la *lécanomancie* ou la divination à l'aide d'un bassin dans lequel on jetait des plaques d'or ou d'argent, la *lychnomancie* ou le sort par les lampes, la *cristallomancie* ou la divination par le cristal, ne reposaient évidemment que sur l'impression produite sur le sujet en expérience par un corps brillant contemplé avec persistance, l'esprit du voyant étant mis, du reste, dans une disposition particulière par son propre désir et, parfois aussi, par l'inhalation de certaines substances. Apulée, dans l'*Apologie*, rapporte, d'après Varron, que les Tralliens, à l'occasion de la guerre de Mithridate, eurent recours aux divinations par voie de la magie, et qu'un enfant, après avoir contemplé dans l'eau l'image de Mercure, chanta, dans une prédiction de cent soixante vers, ce qui arriverait. Nous savons encore que Didius Julianus usa de la catoptromancie pour connaître l'issue d'un combat, se servant d'un enfant, sur la tête duquel on avait pratiqué des enchantements, pour regarder dans le miroir magique. C'était, en effet, aux enfants que les magiciens anciens avaient recours dans leurs opérations, et c'est également des enfants, ainsi que nous le verrons plus tard, que les Talebs de l'Orient emploient pour leurs enchantements. Ce choix est, pour nous, parfaitement justifié. Il tient évidemment à la constatation d'un fait, à savoir : qu'une organisation impressionnable, comme celle des enfants et des femmes, est éminemment favorable à la production des phénomènes. L'écrivain ancien dont je parlais tout à l'heure, Apulée, se demande pourquoi les enfants sont plus particulièrement aptes à la divination, et il en donne une explication en rapport avec les idées philosophiques et religieuses de son temps; mais aujourd'hui que nous voyons tous les jours la facilité avec laquelle les organisations délicates, les femmes, les enfants, sont facilement mis dans l'état hypnotique, nous comprenons la vraie raison de la prédilection des magiciens pour de semblables sujets.

La divination par les miroirs était accompagnée de certaines pratiques destinées à mettre le voyant dans une disposition d'esprit favorable à la production de l'hallucination. Le jeûne, les parfums, la récitation de diverses formules, paraissent avoir été employés pour cet objet, et sont encore aujourd'hui en usage chez les successeurs des magiciens de l'Orient. On parfume le miroir, on jeûne pendant sept jours, on garde la plus sévère retraite et, par ses propres yeux ou ceux d'une vierge ou d'un enfant, on voit, la formule sacramentelle récitée, les anges invoqués, auxquels on peut adresser ses demandes (1).

(1) Voir Reinaud. *Description du cabinet Blacas.*

Il est facile de voir que l'hydromancie, la lécanomancie, etc., n'étaient que des variantes de la
divination par les miroirs. Là aussi, il y avait un
objet brillant dont la contemplation faisait apparaître une image hallucinatoire, que le voyant
prenait pour la divinité invoquée ou la vision
réelle des événements futurs. Il semble même
résulter de certains récits, qu'une hallucination
auditive a parfois accompagné le phantasme
visuel. Pour peu qu'on soit au courant du lien
étroit qui unit entre elles les impressions sensorielles, ce fait ne paraîtra pas extraordinaire et
sera facilement accepté.

D'après un biographe italien de Cagliostro, il
semblerait que le célèbre aventurier thauma-
turge, qui avait visité la Grèce, l'Egypte, la
Perse, l'Arabie, en aurait rapporté des pratiques
divinatoires étroitement liées aux phénomènes de
l'hypnotisme. On se servait, dans ces pratiques
divinatoires, d'une *pupille* ou *colombe*, c'est-à-
dire d'un enfant dans l'état d'innocence. Placé
devant une carafe, cet enfant obtenait, par l'im-
position des mains du grand cophte, la faculté
de communiquer avec les anges, et voyait dans
cette carafe tout ce qu'on voulait qu'il y vît.
Il semble, du reste, que les Orientaux, sans rap-

porter les visions obtenues à leur véritable cause,
aient eu une notion des phénomènes hypnotiques
plus nette que les magiciens antiques et se soient
rendu un compte plus exact des faits. « Comme
la vue, écrit Ibn Khaldoun, est le sens le plus
noble, ils (les devins) lui donnent la préférence;
fixant leurs regards, sur un objet à superficie
unie, ils le considèrent avec attention jusqu'à ce
qu'ils y aperçoivent une chose qu'ils veulent
annoncer. Quelques personnes croient que l'i-
mage aperçue de cette manière se dessine sur la
surface du miroir; mais elles se trompent. Le
devin regarde fixement cette surface jusqu'à ce
qu'elle disparaisse et qu'un rideau semblable à
un brouillard s'interpose entre lui et le miroir.
Sur ce rideau se dessinent les formes qu'il désire
apercevoir et cela lui permet de donner des indications soit affirmatives, soit négatives sur ce
qu'on désire savoir. Il raconte alors les perceptions telles qu'il les reçoit. Les devins, pendant
qu'ils sont dans cet état, n'aperçoivent pas ce
qui se voit réellement dans le miroir, c'est un
autre mode de perception qui naît chez eux (1). »
Ce passage est extrêmement curieux. Les phéno-

---

(1) *Prolégomènes*. Trad. de Plane, cité par M. Maury.

mènes y sont décrits avec une fidélité singulière, et dans cet autre mode de perception dont parle l'auteur, on devine l'hallucination.

C'est encore à l'hypnotisme qu'il faut rapporter les expériences dont un sorcier algérien, Achmed, rendit témoins, au Caire, lord Prudhoë et M. de Laborde et que celui ci a consignées dans son *Commentaire sur l'Exode*. Là, comme toujours, c'était un enfant qui servait de sujet aux expériences. Une encre épaisse ayant été répandue dans le creux de sa main, le jeune Égyptien y vit bientôt des hommes se mouvoir, paraître et diparaître. Ces expériences furent répétées souvent devant M. de Laborde et reproduites par lui avec un plein succès. Aussi, le savant membre de l'Institut, s'il est réservé sur leur explication, ne met point en doute la réalité des faits. « De toute cette concordance d'observations et d'expériences, dit-il, il résulte un fait bien positif, c'est que, sous l'influence d'une organisation particulière et par l'ensemble des cérémonies, parmi lesquelles il est difficile de distinguer celles qui aident à l'opération de celles qui n'en sont, pour ainsi dire, que le cortège d'apparat, des enfants ramassés partout, sans aucune préparation, sans qu'on puisse admettre de fraude,

voient dans le creux de leur main, avec la même
facilité qu'à travers une lucarne, des hommes se
mouvoir, paraître et disparaître, qu'ils appellent
et qui se produisent à leur commandement, avec
lesquels ils s'entretiennent, et dont ils conser-
vent le souvenir après l'opération. J'ai rapporté
le fait, mais je n'explique rien; car, même après
avoir produit moi-même ces effets surprenants,
je ne me rends pas compte des résultats que j'ai
obtenus. J'établis seulement de la manière la
plus positive et j'affirme que tout ce que j'ai dit
est vrai; et, après douze ans qui se sont passés
depuis que j'ai quitté l'Orient, je fais cette décla-
ration parce que, laissant de côté la réalité absolue des apparitions, et même une exactitude
quelconque dans les réponses, je ne puis admettre qu'on m'ait trompé et que je me sois trompé
moi-même sur des faits qui se sont répétés vingt
fois sous mes yeux, par ma volonté, devant une
foule de témoins différents, en vingt endroits
divers, tantôt entre les quatre murs de ma
chambre, tantôt en plein air, ou bien dans ma
cangue sur le bord du Nil. »

De ce qu'écrit M. de Laborde, du passage
cité plus haut d'Ibn Khaldoun il est impossible
de ne pas conclure que les objets aperçus par

le sujet en expérience ne soient des phantasmes hallucinatoires. Ce n'est pas en effet sur le miroir lui-même, qu'Ibn Khaldoun dit que les figures apparaissent, mais, si on se le rappelle, sur une sorte de rideau semblable à un brouillard, qui s'interpose entre le miroir et le voyant. Le miroir a donc disparu, c'est-à-dire que les perceptions externes ont cessé et que des images régressives, si je puis hasarder cette expression, images en rapport avec les préoccupations du moment chez l'hypnotisé, s'y sont substituées. De même, les sujets observés par M. de Laborde voient dans le creux de leur main avec la même facilité qu'à travers une lucarne; de telle sorte qu'ici encore l'image ne coïncide pas avec l'objet qui provoque la vision, mais que, cette fois, elle est au delà, et qu'il s'agit d'un phantasme projeté, en quelque sorte, comme cela se remarque pour toutes les images cérébrales objectivées. Il n'est pas jusqu'au genre des images qui ne montre qu'on a affaire ici à des hallucinations. Du récit des faits nombreux qui ont été recueillis, il résulte, en effet, que l'image perçue est en rapport avec la disposition d'esprit du sujet en expérience, avec ses habitudes, avec ses idées, ses acquisitions antérieures. C'est ainsi qu'un

Latin, qui hantait les jeux du cirque et était constamment vaincu aux courses de char par la faction opposée à la sienne, vit apparaître dans un vase plein d'eau les chevaux et les chars du cirque (1) ; que ceux qui, au moyen âge, consultaient le sort par les miroirs voyaient généralement apparaître des anges ou des démons ; c'est ainsi enfin que les veuves indiennes voient, dans le miroir que leur remet le prêtre, au moment où elles montent sur le bûcher, les transmigrations des âmes.

La contemplation du miroir, de l'eau, d'un corps brillant quelconque fait-elle seule naître des hallucinations ou faut-il accorder une part d'action dans leur production aux diverses pratiques qui l'accompagnent, invocations, parfums, etc. ?

Nous croyons que l'action des invocations, prières, etc., est bien réelle et ne saurait être mise en doute. Les talismans, les invocations, les formules récitées par le magicien servent évidemment à mettre le voyant dans une disposition d'esprit favorable à la production du phénomène hallucinatoire, et même à favoriser l'apparition d'images fantastiques données. Il y

(1) Maury. *La Magie et l'Astrologie.*

a là une espèce de suggestion qui amène, en quelque sorte, la vision voulue. Pour ce qui est des parfums, ordinairement brûlés sur un réchaud et dont les vapeurs sont aspirées par le sujet en expérience, ils agissent vraisemblablement en mettant celui qui les respire dans un état semi-anesthésique très favorable à la production des phantasmes, et nous verrons ailleurs que M. Tissot, qui a assisté à une expérience semblable à celles que M. de Laborde a rapportées, leur attribue uniquement les phénomènes observés. Qu'il y ait dans cette manière de voir une façon trop exclusive d'interpréter les faits, c'est ce que nous croyons; mais nous pensons aussi que l'action des fumigations employées dans ces expériences est positive, quoiqu'il ne soit pas facile de démêler, dans l'effet produit, ce qui appartient à l'action du gaz inspiré et ce qui revient à la contemplation du corps brillant destiné à amener l'état hypnotique.

Jusqu'ici nous avons vu qu'un objet brillant, miroir, eau, métal étaient employés pour amener l'état nerveux qui permet aux hallucinations de se produire. Mais cette vue d'un corps brillant n'est pas absolument nécessaire, ainsi qu'il a été dit plus haut. La contemplation persistante, dans une certaine disposition mentale, d'un objet quelconque, amène les mêmes résultats.

Au XIVme siècle, les moines du mont Athos obtenaient la vision de la lumière du Thabor par la contemplation de leur nombril. Ces moines sont connus sous le nom d'*ombiculamini* ou ομφαλόψυχοι, à cause précisément du fait que je viens de noter. Voici quelle était la manière d'obtenir la céleste vision. « Placé dans un coin, observe ce que je dis : ferme les portes, élève ton esprit au-dessus de tout ce qui est passager ou périssable, laisse tomber ta barbe sur ta poitrine, applique tes yeux et toute ton âme au milieu du corps, au *nombril*. Resserre les voies aériennes pour ne pas facilement respirer. Efforce-toi intérieurement de trouver l'endroit du cœur où siègent toutes les facultés. Tu ne rencontreras d'abord qu'obscurité et densité impénétrable. Mais, au bout de quelques jours et de quelques nuits, ô prodige ! tu goûteras une ineffable jouissance. Car alors l'esprit voit ce qu'il n'a jamais vu, il perçoit une lumière éclatante entre le cœur et lui. » Cette lumière, selon les moines, était la vraie lumière de Dieu, celle qui apparut sur le mont Thabor.

La contemplation par le voyant de son doigt,

20

de son nez, est une variante du procédé employé
par les moines du mont Athos pour obtenir les
visions désirées.

Une autre manière de faire naître le sommeil
hypnotique consiste à fixer la vue soit sur une
ligne blanche tracée à la craie, soit encore sur un
cercle noirci. Le premier a été employé par le
Père Kircher, qui le décrit dans son *Ars magna*
lucis et umbræ et s'en est servi pour amener
chez des poules un état cataleptique. Une poule
liée préalablement est déposée sur le sol. On
trace une ligne blanche sur le parquet devant
ses yeux. Si, quand elle est devenue calme on
enlève les liens, on la voit alors demeurer immobile. Czermak, qui a répété les expériences du
Père Kircher, a constaté que les liens sont inutiles et qu'il suffit de tenir la poule avec les mains.
« La ligne blanche ne sert qu'à fixer le regard de
l'animal, et au bout de peu de temps on observe
des phénomènes identiques à ceux qu'on a étudiés
sous le nom d'hypnotisme. L'animal, quoique laissé
parfaitement libre, ne cherche pas à s'échapper.
Il conserve exactement la position qu'on lui donne
quelque forcée qu'elle soit. Ses yeux sont parfois
grands ouverts, le plus souvent demi-clos. Cet
état dure de une à cinq minutes. » (Mat. Duval.)

Ces expérimentations ne sont pas sans être préjudiciables aux animaux qui y sont soumis, c'est au moins ce qui résulte d'une note adressée par M. Harting à l'Académie des sciences (1). « Il y a quelques années, dit M. Harting, je fis un grand nombre d'expériences sur des animaux hypnotisés de la manière bien connue : des poules, des pigeons, des lapins, des cobayes, des grenouilles. Or, si l'hypnotisation était plusieurs fois répétée sur le même individu, son système nerveux s'en trouvait fortement ébranlé. J'avais des poules qui, à des intervalles de deux ou trois jours, furent soumises à l'hypnotisation ; après trois semaines environ, une des poules commença à boîter ; bientôt, une hémiplégie se déclara et l'animal mourut. Il en fut de même des cinq autres poules. Toutes furent atteintes d'hémiplégie les unes après les autres, bien qu'après des espaces de temps différents. En trois mois, toutes les poules étaient mortes. Cette expérience, ajoute M. Harting, doit nous rendre très circonspect quand il s'agit d'appliquer l'hypnotisme à l'homme. » Nous verrons plus loin d'autres faits commander plus impérieusement

(1) *Comptes rendus de l'Académie des sciences.* — Séance du 13 février 1882.

encore dans l'application à l'homme des pratiques hypnotiques la réserve que conseille ici
le savant que nous venons de citer. Mais revenons à l'exposition des divers procédés employés
pour produire les phénomènes de l'hypnotisme.

Il n'est pas nécessaire, pour obtenir l'état hypnotique, que l'objet que doit fixer le regard soit
brillant, ni blanc, comme dans les expériences
que nous venons de rapporter : un cercle noir
contemplé avec persistance amène le même résultat. « Je trace avec un morceau de braise, sur
une planche carrée, dit Gigot-Suard, un cercle
de 10 centimètres de diamètre que je noircis dans
toutes ses parties. J'invite Mlle X... à regarder
fixément le cercle noir, comme elle avait regardé
quelques jours auparavant la bougie avec
laquelle elle s'était elle-même hypnotisée. Après
une minute au plus, elle était hypnotisée et en
état de somnambulisme.» Cette expérience montre
bien que ce qui agit surtout ici, c'est la fixité du
regard, la contemplation attentive et prolongée
de l'objet offert à l'hypnotisé.

Dans les expériences bien connues de M. Dupotet, c'était évidemment aussi la fixité du
regard, la contemplation exclusive de l'objet
offert à l'attention du voyant qui amenait l'état

curieux dans lequel tombaient bientôt les sujets qui acceptaient l'expérimentation. Mais, comme ici l'esprit du voyant était, quoi qu'on en ait pu penser, dans une disposition particulière, outre les accidents cataleptiques qu'il nous est facile de constater, nous assistons à la production de phénomènes dans lesquels il est impossible de ne pas reconnaître des hallucinations terrifiantes. C'est ce qui ressort bien évidemment du récit qu'a fait lui-même M. Dupotet de son expérience du *miroir magique*, récit que je vais reproduire ici en supprimant toutefois la partie spirite, si je puis dire, de sa relation, dont nous ne saurions accepter les données fantaisistes, et qui sent plus son magicien que l'expérimentateur sévère.

« Un homme de vingt-cinq à vingt-six ans s'approche du rond fatidique, le considère d'abord avec un regard assuré, en examine les circonvolutions, car il est inégalement tracé, lève la tête, regarde un instant l'assemblée, puis reporte ses regards en bas à ses pieds. C'est alors qu'on aperçoit un commencement d'effet : sa tête se baisse davantage, il devient inquiet de sa personne, tourne autour du cercle sans le perdre un instant de vue ; il se penche davantage encore, se relève, recule de quelques pas, avance de nouveau, fronce les sourcils, devient sombre et respire avec violence. On a alors sous les yeux la scène la plus étrange, la plus curieuse : l'expérimenté voit, à n'en pas douter, des images qui viennent se peindre dans le miroir ; son trouble, son émotion, plus encore ses mouvements inimitables, ses sanglots, ses larmes, sa colère, son désespoir et sa fureur, tout enfin annonce, prouve le trouble, l'émotion de son âme. Ce n'est point un rêve, un cauchemar, les apparitions sont réelles : devant lui se déroule une série d'événements représentés par des figures, des signes qu'il saisit, dont il se repaît, tantôt gai, tantôt rempli de tristesse, à mesure que les tableaux de l'avenir passent sous ses yeux. Bientôt même, c'est le délire de l'emportement, il veut saisir le signe, il plonge en lui un regard terrible ; puis, enfin, il s'élance et frappe du pied le cercle charbonné, la poussière s'en élève et l'opérateur s'approche pour mettre fin à ce drame rempli d'émotion et de terreur. »

On a vu plus haut que des mouvements vivement répétés devant les yeux d'une personne, et de façon à offusquer sa vue, peuvent mettre la personne, objet de ces pratiques, en état d'hyp-

notisme. Cette façon d'amener les phénomènes
hypnotiques n'est pas aussi fréquemment mise
en usage que la contemplation des corps brillants, mais il paraît pourtant que cette manière
de faire n'est pas moins efficace que la précédente. Si nous en croyons certains récits, ce
procédé serait fort en usage dans les Indes, où
des voleurs d'enfants se seraient, plus d'une fois,
servis de ce moyen pour stupéfier leurs victimes
et les empêcher de reconnaître leurs parents ou
les personnes de leur entourage ordinaire. Un
fait de ce genre se serait produit à Canton en
1820. Un tisseur de soie, passant dans une rue,
reconnut l'enfant de son maître qui avait disparu
depuis plusieurs jours. Interpellé par lui, l'enfant
tourna vers le tisseur un regard stupide et ne le
reconnut point. Le tisseur reconduisit l'enfant
vers son père, l'entraînant malgré lui. Ce ne fut
qu'après diverses cérémonies pratiquées par les
prêtres de Bouddha que l'enfant reconnut son
père et sa mère. Des recherches qu'on fit, à l'occasion de cet événement, il résulta que plusieurs
milliers d'enfants avaient été enlevés de la même
façon et au moyen des mêmes pratiques.

De tels récits ne sauraient être acceptés qu'a-
vec une extrême réserve, et j'avoue que je serais

tenté de les rejeter absolument si les phénomènes d'obturation intellectuelle, obtenus en offusquant la vue, qui y sont signalés, n'avaient jamais été constatés que par des hommes dont on serait autorisé, sinon à suspecter la bonne foi, à récuser tout au moins la compétence scientifique. Mais ce n'est pas le cas ici, car un fait tout semblable a été rapporté par le Dr Esdaille, chirurgien au service de la compagnie des Indes, qui en a été témoin et qui l'a contrôlé avec toute la sévérité désirable. Traversant le bazar de Hoogly, vers les premiers jours de juin 1845, le Dr Esdaille vit une foule considérable rassemblée devant le bureau de police. S'informant de la cause de ce rassemblement, il apprit qu'on venait d'arrêter un individu qui avait volé un enfant. L'enfant et le voleur étaient dans le corps-de-garde où le savant chirurgien entra. Là, il vit un enfant de dix à douze ans, assis sur les genoux d'un homme qu'on disait l'avoir délivré. Cet enfant avait un air stupide et hébété ; un de ses yeux était prodigieusement gonflé ; le Dr Esdaille le fit conduire à l'hôpital. On lui fit alors voir l'accusé. A ses demandes, celui-ci répondit qu'il était barbier, et, pour appuyer son dire, il présenta un paquet dans lequel on ne trouva autre chose, en effet, que les instruments dont les barbiers se servent à l'ordinaire. Cependant le jeune garçon, qui revint bientôt à lui, interrogé sur ce qui lui était arrivé déclara que, s'étant rendu le matin dans le champ voisin de sa maison, un étranger, quittant le chemin, l'avait abordé en marmottant des paroles magiques ; que, lui prenant ensuite la main dans une des siennes, il lui avait passé l'autre transversalement devant les yeux. Cela fait, l'enfant avait perdu connaissance et avait été emmené par l'étranger, mais sans aucune espèce de contrainte : il se sentait forcé de le suivre. Lorsqu'il revint à lui, il était à la porte de Chandernagor, à deux milles du lieu où l'étranger l'avait abordé. Il n'avait ni bu ni mangé avec cet homme, il n'avait point fumé non plus, et le maître de l'enfant et ses amis déclarèrent que c'était un garçon intelligent, de conduite régulière, n'ayant jamais éprouvé de crises convulsives; on n'avait pas remarqué non plus qu'il eût jamais été sujet à des promenades nocturnes (1).

Je terminerai ce que j'ai à dire sur les divers modes de production de l'hypnotisme, en

(1) James Esdaille. *Mesmerism in India.*

notant que l'on peut encore faire naître ce
curieux état par des impressions auditives répétées et toujours les mêmes. Mais comme ce
moyen est beaucoup moins connu que le précédent, et a été moins fréquemment mis en usage,
je me bornerai à cette simple mention, non sans
faire observer pourtant qu'il n'y a, dans le fait
du sommeil nerveux obtenu en offusquant le sens
de l'ouïe, rien qui puisse surprendre. Nous
sommes, en effet dans les deux cas, en présence
de phénomènes identiques, puisqu'il s'agit en
somme, ici comme dans les faits que nous avons
examinés plus haut, de la concentration de l'attention sur une même impression, et de la fatigue
d'un sens qui joue, dans la vie mentale, un rôle
considérable. D'après Heidenhain, des excitations tactiles conduiraient au même résultat (1).

Jusqu'ici nous ne nous sommes occupés que
des divers moyens à l'aide desquels l'état
hypnotique peut être produit, et des représentations mentales qui naissent ordinairement
dans cet état. Mais il est d'autres phénomènes
que l'on constate chez les hypnotisés et qu'il
est nécessaire d'étudier. C'est ce que nous allons

(1) Chambard. *L'Encéphale.*

faire présentement, nous efforçant encore, autant que cela nous sera possible dans ces obscures questions, de donner des faits une explication rationnelle. Cependant, comme parmi ces phénomènes il en est quelques-uns, comme l'hyperesthésie de la sensibilité générale, l'état tétanique des muscles qui, considérés en eux-mêmes, ne ressortissent point directement au sujet qui nous occupe, nous ne ferons que les rapporter rapidement, nous arrêtant plus longtemps aux faits de suggestions en rapport avec ces phénomènes que l'on trouve mentionnés dans les expériences de Braid et d'Azam principalement.

Quand on consulte les divers travaux publiés sur l'hypnotisme, on voit que les sujets hypnotisés éprouvent tantôt de l'anesthésie, tantôt de l'hyperesthésie de la sensibilité générale. Dans les expériences instituées par MM. Demarquay et Giraud-Teulon, à la maison municipale de santé, l'hyperesthésie générale ne fut constatée qu'une fois. M. Azam, bien qu'il ne note pas le rapport des sujets mis en anesthésie par l'hypnotisme à ceux chez qui les pratiques braidiques ont amené de l'hyperesthésie, a fréquemment rencontré le premier état. Dans le fait qu'a rapporté M. le Dʳ Guérineau, de Poitiers, la sensibilité à la dou-

leur était anéantie, tandis que le tact était con-
servé ; et l'analgésie était telle que pendant qu'on
lui coupait la cuisse, le blessé disait se croire
en paradis ; mais il indiqûa avec précision le
moment où les tissus avaient été coupés. Enfin,
une opération pratiquée, quelques jours auparavant, par MM. Broca et Follin sur une femme
de quarante ans avait pu être faite sans que la
malade ait ressenti aucune douleur. Je n'insisterai pas sur ces faits qui sont connus de tous et
qui avaient fait naître tout d'abord, au point de
vue de la pratique des opérations chirurgicales,
des espérances que l'avenir n'a point réalisées.
J'ajouterai cependant qu'on voit par les faits cités
par Demarquay et Giraud-Teulon que nombre
de malades, souffrant de diverses affections, ont
vu les vives douleurs qu'elles ressentaient cal-
mées à l'aide du sommeil hypnotique.

Si l'hypnotisme amène fréquemment l'anesthésie à différents degrés, il produit aussi l'hyperesthésie. Dans les expériences faites à la
maison municipale de santé dont nous parlions
tout à l'heure, une malade offrit une hyperesthésie générale très marquée. Une jeune fille
hypnotisée par le Dr Azam présenta également
ce même phénomène au plus haut degré ; mais

il s'agissait ici de l'hypéresthésie du sens musculaire, et c'est uniquement par cette exagération
de la sensibilité musculaire que l'auteur dont
nous parlons explique des actes très compliqués
qu'accomplissait cette jeune fille, actes qui, selon
nous, doivent être compris comme nous l'avons
fait dans la théorie que nous avons proposée en
nous occupant du somnambulisme naturel. La
malade dont il est ici question offrait encore une
hypéresthésie singulière du sens de la température. Elle sentait la chaleur développée par la
main nue placée à quarante centimètres derrière
son dos, et un objet froid donnait naissance, dans
les mêmes conditions, à une aussi exquise
perception.

Tandis que la vue n'agit pas en général, certains sens spéciaux, fréquemment frappés de tor-
peur dans l'état hypnotique, ainsi que le montre
l'absence à peu près complète de toute réaction
chez les malades auxquels MM. Giraud-Teulon
et Demarquay avaient fait respirer des solutions
ammoniacales ou dont ils avaient humecté les
lèvres et la langue avec ces mêmes solutions,
certains sens, dis-je, offrent parfois un état d'a-
cuité extrême. Quelques sujets perçoivent des
odeurs dont personne n'a le moindre soupçon. Il

semble même qu'il suffise d'avoir touché longtemps auparavant un corps odorant pour que
l'hypnotisé s'en aperçoive. Mais le sens qui
acquiert incontestablement, dans l'état d'hypnotisme, la plus grande finesse, c'est le sens de
l'ouïe. Tous les observateurs sont unanimes sur
ce point. Une malade de la maison municipale
de santé entendait très distinctement des paroles
murmurées d'une voix très faible par une personne placée au pied de son lit, alors que les
assistants, quelque attention qu'ils y missent, ne
pouvaient rien entendre. La jeune fille, dont
M. Azam a rapporté l'intéressante histoire, entendait une conversation tenue à un étage inférieur,
le bruit d'une montre placée à une distance
de vingt-cinq pieds. Si l'hyperesthésie auditive
n'est pas dans tous les cas aussi accusée, toujours
cependant on la constate, et à un degré très
marqué. Aussi, est-ce avec raison que MM. Demarquay et Giraud-Teulon trouvent dans cet
état spécial du sens de l'ouïe l'explication de
certains faits de suggestion, qu'on a quelquefois
rapporté à une sorte d'action s'exerçant par la
volonté de l'hypnotisant, par l'empire que pren-
drait l'opérateur sur le sujet hypnotisé. Mais,
si les auteurs dont je viens de parler expli-

quent par la conservation et, mieux encore, par l'hyperesthésie du sens auditif certains faits de suggestion, ils n'accordent peut-être pas à cette action suggestive toute la valeur qu'elle a en réalité, n'y voyant guère que le résultat d'ordres transmis à voix basse à l'hypnotisé et que celui-ci exécuterait volontairement ; de plus, ils se refusent complètement à admettre la suggestion par les attitudes musculaires, phénomène nettement constaté pourtant, et parfaitement susceptible d'une interprétation physiologique.

On sait que l'état cataleptique n'est pas rare chez les hypnotisés et que, dans la catalepsie, les sujets gardent pendant un temps très long les attitudes qu'on leur donne. Or, Braid a constaté que les attitudes données par lui au corps de ses hypnotisés, pendant la période de catalepsie, faisaient naître chez eux les états de l'âme dont ces attitudes sont l'expression naturelle. Ainsi, en faisant prendre à des sujets l'attitude de la prière, il excitait en eux le sentiment religieux ; s'il étendait horizontalement leur bras, en supination et le poing fermé, et inclinant légèrement leur tête en avant, il voyait leur visage prendre une expression menaçante, et bientôt après ils se jetaient avec fureur sur des antagonistes ima-

ginaires (1). M. Azam ayant placé les bras de
Mlle X... dans la position de la prière, cette jeune
fille, interrogée après avoir été laissée un certain
temps dans cette position, répondit qu'elle ne
pensait qu'à prier et qu'elle se croyait à une
cérémonie religieuse. « La tête penchée en
avant, les bras fléchis, elle sent son esprit envahi
par toute une série d'idées d'humilité, de con-
trition ; la tête haute, ce sont des idées d'or-
gueil..., ces expériences, répétées un grand
nombre de fois différentes et sur d'autres personnes, arrivent ordinairement au même résultat (2). »

Ces faits, quand on y veut bien réfléchir, sont
moins extraordinaires qu'ils ne le paraissent au
premier abord. Il y a entre les images mentales, les
images-signes qui les représentent et les mouvements musculaires qui servent à rendre sensibles
ces images et ces signes, une liaison si intime, ils
forment entre eux une chaîne à anneaux si serrés
que, quelque chaînon que l'on vienne à saisir,
tous les autres sont comme entraînés à la suite, et

(1) J.-P. Philips. *Cours théorique et pratique du Brai-
disme.*

(2) Azam. *Archives de Médecine et de Chirurgie.* Janvier
1860.

non seulement l'image cérébrale suscite l'image-signe, et celle-ci, les mouvements musculaires qui servent à la parole, mais l'action peut être inverse, et quand nous avons prononcé non pas seulement un nom, mais une des syllabes qui le constituent, le reste du mot est, pour ainsi dire, évoqué, arrive de lui-même et la représentation mentale imagée surgit en même temps. Mais, s'il en est ainsi pour la parole sonore, pourquoi en serait-il autrement pour la physionomie et le geste qui est, en somme, une autre expression de la pensée, un véritable mode de langage. Nous ne voyons donc rien d'impossible à ce que des attitudes spéciales suscitent des images mentales données et, ici, l'expérience vient confirmer ce que la théorie pouvait faire prévoir.

Pour ce qui est des faits de suggestion obtenus par impression auditive, si ces faits ne doivent être acceptés qu'avec toute la réserve commandée en toute question scientifique, eux non plus n'ont rien en eux-mêmes qui puisse les faire rejeter par une raison sévère. Ces faits consistent principalement dans la persuasion inspirée à l'hypnotisé que tel ou tel objet en contact avec ses sens est d'une nature différente de celle qu'il a réellement, que telle partie de son corps a subi une modification déterminée. « J'étends les bras de Mlle X..., dit Philips, et je lui affirme qu'ils ont subi la rigidité du fer et qu'ils sont aussi insensibles que les bras d'un fauteuil. Ce changement se produit en effet. MM. Cerise et Legouest, ainsi que plusieurs de leurs confrères présents, s'assurent de l'état d'insensibilité par des pincements impitoyables exercés pendant un quart d'heure sur les membres de la victime, qui a porté pendant longtemps les traces de ces épreuves violentes, mais nécessaires. La dernière expérience essayée sur Mlle X... avait pour objet l'illusion du goût : Je lui présente un verre d'eau pure accompagné d'une petite cuillère, en lui disant : Voilà une glace à la pistache. Elle prend le vase, l'examine, et déclare n'y voir que de l'eau claire. Je feins de renvoyer le verre et je le représente au sujet l'instant d'après en lui disant : Voici une glace à la vanille que vous ne trouverez digne d'aucun reproche. Cette fois, la vue et le sens musculaire sont illusionnés : le sujet prend la petite cuillère et puise dans le verre avec ce léger effort et ce mouvement semi-circulaire et moelleux de la main gastronome qui creuse un cône de crème figée. Mais l'influence n'a pu complètement·

séduire le goût, Mlle X... se plaint que cette glace est mauvaise. »

Je le répète, tout en acceptant ces faits avec quelque réserve, il faut bien se persuader qu'il ne s'y rencontre aucune impossibilité, rien que les données de la pathologie de l'esprit ne permette d'expliquer. En somme, l'hypnotisme est un sommeil, et nous savons que dans le sommeil des images mentales surgissent facilement sous l'influence d'impressions auditives, même quand ces impressions consistent en un discours tenu à l'oreille du dormeur. Reil, on s'en souvient (1), a mentionné le fait d'une personne rêvant ce qu'on lui racontait à l'oreille, et M. Maury a rapporté qu'un jour qu'il était plongé dans le sommeil, son frère ayant prononcé ces mots : *Prenez une allumette*, il se vit, en effet, dans son rêve, allant chercher une allumette. Mais l'image du rêve et l'image hallucinatoire ne sont que des phénomènes du même genre, et mieux encore, un seul et même phénomène. Un état hallucinatoire peut donc être suscité par une perception auditive, c'est-à-dire qu'il peut arriver, ainsi que je l'ai exposé dans la

(1) Voir le chapitre II de cet ouvrage.

théorie de l'hallucination visuelle, que les sens influencés se trouvent alors dans le même état physiologique que lors d'une perception réelle, et cela étant, nous ne devons pas nous étonner d'entendre la jeune fille hypnotisée par M. Philips prendre la résistance molle de l'eau pour celle d'un corps plus compact, accuser une perception sensitive en rapport avec l'image gustative hallucinatoire suscitée dans son esprit. Pour ce qui est de la rigidité que prenait le bras de Mlle X..., nous croyons que ce phénomène doit être interprété différemment. On voit, en effet, que Philips recommande de malaxer le membre dont on veut obtenir la rigidité, pour faire, en quelque sorte, sentir au patient qu'il ne sent pas. Mais on sait que dans certains états hypnotiques les muscles entrent en contracture sous l'influence d'une excitation mécanique portée, d'après Charcot, dans l'état léthargique, sur le tendon, le muscle lui-même ou le nerf dont il est tributaire, et, toujours d'après le même auteur, à l'aide d'une excitation cutanée légère dans l'état somnambulique chez certaines femmes atteintes de la grande hystérie et hypnotisées par les méthodes ordinaires. Il est donc vraisemblable qu'on n'a pas affaire, dans la première expérience de Philips, à un phénomène de suggestion, mais que la rigidité du bras, semblable, pour me servir de l'expression de l'auteur, à celle d'une barre de fer, tiendrait à une neutralité spéciale à l'état léthargique ou somnambulique, d'après laquelle toute excitation sensitive se réfléchirait en quelque sorte et amènerait une contraction musculaire portée aux plus extrêmes limites. Du reste, il y a longtemps déjà que, sans faire la distinction établie par M. Charcot entre les phénomènes éprouvés par les hypnotisés cataleptiques ou somnambuliques, on savait que la contraction musculaire est très facilement excitée en malaxant les muscles des hypnotisés, et qu'une légère friction fait rapidement cesser cet état de contraction du muscle. Philips, Azam ont cité des faits nombreux qui ne laissent aucun doute sur la réalité du phénomène.

On a vu plus haut que l'hypnotisme n'est pas sans danger pour les animaux qui y sont soumis. Il y a donc lieu de penser qu'il peut ne pas être inoffensif pour l'homme. Dans ces derniers temps, néanmoins, on a contesté qu'il pût y avoir quelque danger dans les pratiques hypnotiques. Il résulte cependant de faits publiés par

Demarquay et Giraud-Teulon qu'il faut être
extrêmement prudent dans l'usage de l'hypnotisme qui présente, tout au moins, des incon-
vénients de plus d'une sorte. Une dame endormie
par les auteurs que je viens de citer aurait, en
effet, dans l'état hypnotique, inconsciemment
révélé des faits qui pouvaient la compromettre
si gravement, que les expérimentateurs se
hâtèrent de mettre fin au sommeil dans lequel
elle était plongée, et une autre personne, s'étant
fait hypnotiser par simple curiosité, recouvra
difficilement l'usage de ses sens, et demeura
deux jours extrêmement souffrante « de cette
« petite expérience fantaisiste ».

CHAPITRE XIII.

DE L'ILLUSION.

Il y a, on le sait, deux sortes d'illusions. L'une est purement physiologique, l'autre est un phénomène fréquemment observé dans les maladies de l'esprit. C'est de ce second genre d'illusions que nous allons nous occuper spécialement ici ; mais il est pourtant nécessaire que nous disions quelques mots de l'illusion physiologique..

L'illusion physiologique n'est pas toujours identique à elle-même et on peut, au moins pour certains sens, la diviser en deux espèces bien distinctes : l'une que j'appellerai *illusion invincible*; l'autre qui sera l'*illusion par préoccupation d'esprit*.

J'appelle illusion invincible une illusion dans laquelle la réflexion ne peut pas faire considérer l'objet qui produit l'illusion sous un autre aspect que celui sous lequel nous le voyons, bien que notre raison nous indique que cet aspect est illusoire.

Il est des exemples de ce genre d'illusion que tout le monde connait : la différence de grandeur que présente le globe lunaire à l'horizon et au zénith, l'aspect d'une calotte qu'offre la voûte céleste, etc. Je ne ferai que mentionner ces exemples, pour donner l'explication d'un genre d'illusion moins connu. Tous les aéronautes ont constaté qu'arrivés à une certaine élévation, la surface terrestre au lieu d'offrir l'aspect bombé que la forme de la terre fait penser *a priori* qu'on devrait observer, donne à l'aéronaute la sensation d'une surface concave. L'illusion est entière et rien n'en peut corriger l'impression. La raison de cette illusion est fort simple, bien que l'illusion soit, comme je viens de le dire, absolument invincible. En voici en quelques mots l'explication : L'aéronaute, le point terrestre placé perpendilairement au-dessous de lui et l'horizon forment un triangle rectangle, dont le rayon visuel de l'aéronaute est l'hypoténuse, la base étant formée par une ligne allant du point terrestre indiqué ci-dessus à l'horizon. Mais l'élévation de l'aéronaute n'étant qu'une quantité peu considérable comparée à l'étendue embrassée par son regard, il en résulte que l'hypoténuse et la base du triangle dont nous avons parlé sont sensiblement parallèles, de telle sorte que l'horizon semble toujours à l'aéronaute au même

niveau que lui. Mais comme la distance où se
trouve la terre, relativement très minime, eu
égard aux deux autres lignes considérées, est en
somme considérable, l'observateur qui regarde
au-dessous de lui a la sensation d'une surface
prodigieusement distante et par conséquent profondément située au-dessous de l'horizon qu'il
voit et juge au même niveau que lui. D'où la
sensation de concavité perçue.

Le sens de l'ouïe est également sujet à certaines illusions auxquelles notre esprit ne saurait
nous soustraire, bien que nous sachions parfaitement que nous sommes le jouet d'une illusion.
C'est surtout le volume et la direction du son qui
nous trompent dans cette occasion, et c'est sur
ce fait que repose en grande partie l'art du
ventriloque. Je dois dire cependant que le milieu
dans lequel celui-ci se place, sa mimique, entrent
aussi pour quelque chose dans l'illusion produite.
Ces exemples sont, je crois, suffisants pour montrer la nature de l'illusion dont nous nous
occupons en ce moment.

Mais il y a, je l'ai dit plus haut, un autre genre
d'illusion physiologique que j'ai appelée illusion
par préoccupation intellectuelle.

Dans l'illusion par préoccupation d'esprit, une

pensée qui nous occupe fortement, une disposition
créée antérieurement en nous par une lecture,
par un événement dont nous avons été frappés
par un milieu extérieur spécial : la nuit, une
forêt, des ruines, par exemple, donnent aux
objets, quelques circonstances physiques aidant,
une apparence sous laquelle, en toute autre
occasion, nous ne les verrions certainement pas.
Tout le monde a éprouvé ce genre d'illusion et
a vu, en telle ou telle rencontre, quelque objet
fantastique qu'un examen plus approfondi lui
montrait bientôt sous son véritable aspect. Je
citerai deux exemples de ce genre d'illusions qui
me paraissent absolument typiques.

Peu de temps après la mort de lord Byron,
Walter Scott, qui avait particulièrement connu le
défunt, était occupé, pendant le crépuscule d'une
soirée d'automne, à lire un ouvrage destiné à
faire connaître les habitudes et les opinions du
célèbre poète qu'on avait perdu. Comme Walter
Scott avait été très intimement lié avec lui, il
lisait avec beaucoup d'intérêt cet ouvrage qui
contenait quelques passages relatifs à lui-même
et à d'autres amis. La salle où était le romancier
donnait sur un vestibule décoré, d'une manière
fantastique, d'armes, de peaux de bêtes sauvages,

etc. Ayant quitté un instant son livre et entrant
dans ce vestibule que la lune commençait à
éclairer, Walter Scott vit, debout devant lui,
l'image parfaite du poète son ami, dont le souvenir venait d'être si fortement rappelé à son
imagination. Convaincu que ce n'était là qu'une
illusion, il n'éprouva d'autre sentiment que celui
de la surprise, en voyant cette ressemblance
extraordinaire et il s'avança vers le fantôme qui
se dissipa à mesure qu'il en approchait, en lui
laissant apercevoir les divers matériaux qui le
composaient. C'était simplement un grand écran
couvert de redingotes, de châles, de plaids et
d'autres objets qui se trouvent communément
dans le vestibule d'une maison de campagne.

Autre fait raconté par Ferriar : Un gentil-
homme, qui voyageait seul en Ecosse, vint
demander un soir l'hospitalité dans une petite
chaumière isolée. L'hôtesse, en le conduisant à
sa chambre, lui fit observer avec une répugnance
mystérieuse qu'il ne trouverait pas la croisée sûre.
En l'examinant, il reconnut qu'une partie de la
muraille avait été brisée pour en agrandir l'ouverture. Sur sa demande, l'hôtesse lui répondit
qu'un colporteur qui avait logé quelque temps
auparavant dans cette chambre s'était suicidé, et

qu'on l'avait trouvé le matin pendu derrière la
porte. D'après les usages du pays, le corps ne
pouvant passer par la porte on avait été obligé,
pour le sortir par la croisée, d'élargir celle-ci,
en faisant tomber une partie du mur. L'hôtesse murmura que, depuis, la chambre était
hantée par l'esprit du pauvre homme. Mon ami,
continue Ferriar, prépara ses armes, les plaça à
son côté et alla se coucher un peu tourmenté.
Dans son sommeil, il eut une vision effrayante,
et, en se réveillant, à demi-mort de peur, il se
trouva assis sur son lit, un pistolet armé dans
la main droite. En jetant un regard autour de
lui, il aperçut, au clair de la lune, un corps
revêtu d'un linceul, droit contre la muraille,
près de la croisée. Il se détermina après beaucoup d'hésitations à s'approcher de ce hideux
objet, dont il distinguait parfaitement tous les
traits et toutes les parties de l'habillement funé-
raire. Il passa les mains dessus, ne sentit rien et
s'élança vers son lit. Après une longue hésitation,
il recommença son investigation et reconnut que
l'objet de sa terreur était produit par les rayons
de la lune, formant une longue image éclairée,
que son imagination, effrayée par le rêve, avait
métamorphosée en un corps prêt à être enseveli.

Les illusions physiologiques de l'ouïe par préoccupation intellectuelle pour être moins fréquentes, peut-être, que celles de la vue, ne sont pas absolument rares. C'est ainsi que chacun peut se rappeler quelque circonstance où il s'est entendu nommer, dans la persuasion où il se trouvait qu'il faisait le sujet de la conversation, bien que cependant son nom, qu'il a cru percevoir, n'ait été en réalité prononcé par personne. C'est ainsi encore que, à une certaine époque, par suite de croyances superstitieuses répandues dans des régions entières, des illusions communes ont été éprouvées par ceux qui étaient imbus de ces croyances : du temps de la foi aux gnomes, aux fées, aux lutins, les bruits de la tempête ont souvent été pris par les habitants des pays où cette foi était répandue pour les courses vagabondes de ces esprits aériens. Je rappellerai en finissant ce que j'ai à dire sur les illusions par préoccupation d'esprit, la tendance que nous avons à trouver à certains mets, par exemple, certaines odeurs ou saveurs, quand nous sommes persuadés que nous y devons rencontrer, en effet, ces saveurs ou ces odeurs.

Arrivons maintenant aux illusions pathologiques.

Il suffit d'examiner avec quelque attention les faits d'illusion pathologique qu'offre journellement à l'observation un service d'aliénés, pour reconnaître que le plus grand nombre des illusions sont, en somme, des illusions par préoccupation d'esprit. Seulement, ici, la préoccupation d'esprit est le résultat d'une disposition mentale maladive. C'est parce que l'aliéné est sous l'empire absolu d'idées données, qu'il voit les choses qui l'entourent sous un aspect différent de la réalité. Cela est si vrai que les illusions éprouvées par les aliénés varient avec le genre de délire dont ils sont atteints, et que le même aliéné éprouve dans les différentes phases de sa maladie des illusions différentes. Tandis que l'aliéné atteint de lypémanie avec stupeur ne voit dans ceux qui l'entourent que des êtres absolument effrayants, des monstres et des bourreaux, le maniaque gai verra, dans les mêmes personnes, des parents et des amis. Quant au mégalomane, il tiendra quelques-uns de ses compagnons pour de hauts et puissants seigneurs dignes de son commerce, d'autres pour de pauvres chétifs méritant à peine sa pitié. Le persécuté, enfin, ne rencontrera autour de lui que des espions, des ennemis, des agents de police. Les personnes que l'aliéné transforme en des personnages qu'il a autrefois connus, il les voit fréquemment avec les traits de ces personnages et cela, comme je l'ai dit, par suite d'une disposition d'esprit créée par la maladie. Dans les cas dont nous nous occupons ici, *l'aliéné voit faux, parce qu'il croit faux*, c'est-à-dire qu'à la personne qu'il prend pour tel ou tel personnage, il prête la ressemblance de ce personnage, bien que l'image de celui qu'il a devant les yeux lui soit généralement exactement transmise par le sens de la vue, et c'est en cela précisément que consiste l'illusion.

Je pourrais citer un grand nombre d'exemples d'illusions choisis, soit chez des maniaques, soit plutôt chez des délirants par persécution, où l'illusion est plus stable, plus ancrée en quelque sorte. Je préfère m'en tenir au fait d'une malade qui, ayant passé par deux phases délirantes, présenta dans chaque période de sa maladie des illusions variables et distinctes suivant la spécificité du délire, et dans lesquelles on constatait bien nettement les caractères que j'ai présentés comme appartenant à ce phénomène maladif.

Mme X... était entrée dans un pensionnat d'asile public en état de stupidité lypémaniaque complète. Triste, concentrée, ne répondant pas aux questions qui lui étaient adressées, cette malade était en proie, comme elle l'a raconté plus tard, aux plus vives illusions. Elle voyait les sœurs de l'établissement sous un aspect effrayant ; elle les prenait pour des hommes déguisés, pour des uhlans blancs ; l'illusion était complète ; elle dura tant que persista le délire dépressif. Plus tard, la maladie, comme il arrive assez souvent, se transforma, et une agitation maniaque excessive remplaça la stupeur. Alors, encore, Mme X... éprouvait des illusions ; mais ces illusions étaient plus fugaces, plus variables, moins assises, si je puis me servir de cette expression. La malade doutait et ce n'est qu'après avoir exprimé son doute à plusieurs reprises qu'elle finissait par accepter sa fausse perception. Les illusions de Mme X... présentaient encore un autre caractère ; elles variaient suivant la disposition où se trouvait la malade. Les pensées de Mme X... étaient-elles gaies ? celle-ci était alors disposée à prendre les personnes de son entourage pour des parents ou des amis ; se trouvait-elle dans une disposition contraire ? les mêmes personnes étaient tenues par elle pour tels ou tels personnages méprisables qu'elle avait pu rencontrer, pour des accusés, pour des criminels célèbres. N'y a-t-il pas lieu d'être frappé de cette variation dans la manie de l'illusion que nous avons vue constamment terrifiante chez le lypémaniaque? Et, cependant, à y regarder de près, quoi de plus naturel? le lypémaniaque stupide est toujours dans la même disposition d'esprit triste, tandis que les impressions, les impulsions variant à chaque instant chez le maniaque, celui-ci a, d'un moment à l'autre, des tendances mentales différentes, et est préparé, par conséquent, à prêter aux choses, si je puis dire, une apparence essentiellement variable.

Nous venons de voir une malade un moment incertaine de la réalité de l'impression perçue, mais éprouvant pourtant cette fausse impression, c'est-à-dire voyant une personne avec d'autres traits que ceux que cette personne a en réalité, bien que cette erreur dans l'appréciation des traits ne tienne qu'à une disposition d'esprit engendrée par la maladie. Mais il est des aliénés qui, tout en attribuant à certains sujets une personnalité différente de celle qui leur appartient en réalité, ne paraissent pas voir ces personnes sous des traits distincts de ceux qu'elles ont véritablement, en un mot, ne

22

sont pas abusés par une ressemblance qu'ils
créent. Une dame, que j'ai longtemps connue,
offrait un exemple remarquable de ce genre
d'illusion, si tant est qu'on puisse donner ce nom
au phénomène dont il s'agit ici. Cette malade,
extrêmement intelligente et fine, était atteinte de
délire systématisé; elle éprouvait, disait-on, de
nombreuses illusions, et, entre autres, des
illusions de la vue. Elle s'imaginait avoir connu
toutes les personnes qui l'entouraient et, chose
fort désobligeante pour ses compagnes, c'était
toujours dans des situations misérables, au
moins fort humbles, parfois odieuses, qu'elle les
avait rencontrées. Venait-on à lui demander
si elle avait déjà vu une dame nouvellement
arrivée, elle répondait affirmativement, avançant
qu'elle l'avait connue dans telle situation peu
honorable. Elle était bien sûre de son dire,
mais elle s'étonnait néanmoins de trouver à cette
personne des traits tout autres que ceux qu'elle
avait jadis. Cependant, il n'y avait rien là qui pût
embarrasser Mme L..., qui expliquait cette différence de traits en disant que certaines personnes
savent s'emparer du visage d'autrui, ce qu'avait
fait assurément la nouvelle venue.

On le voit, dans le cas que nous venons de

citer, la malade s'aperçoit bien que la pensionnaire à qui elle prête une personnalité désobligeante a des traits qui ne sont pas ceux de la personne pour qui elle la prend ; mais elle a recours à un subterfuge pour expliquer ce changement de physionomie. Est-ce là, bien véritablement, une illusion ? Oui, quant au résultat, quant au jugement définitif porté ; non, quant à la perception, puisque la malade voit, en somme, les choses sous leur aspect vrai.

Mais il est un genre d'illusion qui ne relève pas seulement de la préoccupation d'esprit, et dans lequel il est évident que le sens lui-même apporte une image fautive. Ces illusions sont moins fréquentes que celles dont nous venons de nous occuper, on les rencontre, néanmoins, et nous nous y arrêterons d'autant plus volontiers qu'il ne paraît pas qu'on les distingue ordinairement des illusions dues uniquement à la teinte délirante de l'esprit.

Les aliénés, atteints de ce trouble sensoriel, voient les personnes qu'ils rencontrent ou se voient eux-mêmes extrêmement grandis. Tantôt, le visage, grandi par illusion, conserve ses proportions relatives; d'autrefois, il est déformé comme une figure de mannequin de caoutchouc, comme les visages que font voir ces boules brillantes placées dans les jardins. Un aliéné de l'asile de Bron voyait, au début de sa maladie, tous ceux qu'il rencontrait avec de semblables figures. Les photographies des hommes connus, ordinairement exposées chez les papetiers, lui semblaient être celles de tailleurs, de petits marchands, d'ouvriers de sa connaissance; de plus, ces figures étaient déformées. Outre que cette déformation des traits l'étonnait, il lui semblait extraordinaire, comme il le disait en racontant ce fait, qu'on exposât ainsi les portraits de ses amis, de ses voisins aux vitrines des papetiers. Il paraissait au même malade qu'un cul-de-jatte, qu'il avait coutume de voir se traîner les mains placées sur deux espèces d'appui de petite dimension, avait à la place de ces appuis deux selles de cheval, tant ces engins étaient de dimensions démesurées. Effrayé par la vue de ces choses, cet homme était rentré chez lui demandant à sa femme de le faire conduire immédiatement dans une maison de santé.

Un autre fait, que j'ai eu également l'occasion d'observer, concerne un mégalomane, malade absolument chronique, qui éprouvait souvent des illusions relatives à sa taille, mais ces illu-

sions variaient : tantôt il se voyait sous la forme
d'un géant, tantôt sous celle d'un véritable nain.
Comment expliquer ces illusions? là, ce n'est pas
une erreur de traits, c'est une erreur de dimension, c'est-à-dire de la chose la plus facilement
appréciable. On serait tenté d'admettre une modification somatique de l'appareil sensitif, et
certains faits pourraient, par analogie, nous
faire comprendre ce qui se passe alors. Tout le
monde a éprouvé, lorsque le bras, par exemple,
a été placé, pendant le sommeil, dans une
mauvaise position, tout le monde a éprouvé cette
sensation d'engourdissement qui fait croire que
la main a augmenté de poids et de volume. Eh
bien! ne peut-on pas penser que, par suite d'un
dynamisme anormal dû à la maladie, le nerf
optique est mis, dans certaines circonstances de la
folie, dans des conditions semblables? Il s'agit là,
bien entendu, d'une simple analogie; mais cette
analogie peut, ce me semble, nous aider jusqu'à
un certain point à concevoir le mode de production de la sorte d'illusion dont nous nous
occupons ici.

Les illusions de l'ouïe peuvent se rencontrer
dans presque toutes les formes délirantes, et, ici,
comme pour le sens de la vue, l'illusion em-

prunte un caractère particulier au genre de délire dans lequel on la rencontre, l'idée délirante donnant non seulement au trouble sensoriel un cachet spécial, mais l'engendrant véritablement.

Il est cependant une particularité assez fréquemment offerte par les malades affectés d'illusions auditives qui mérite que nous nous y arrêtions un instant et dont il est nécessaire de tenir compte dans la genèse de l'illusion. Bien que toute illusion procède en quelque sorte de la teinte délirante, un autre facteur se rencontre parfois, dont on ne saurait méconnaître la valeur : je veux parler de l'état d'excitation du sens de l'ouïe. Quand on interroge, en effet, sur ce point certains malades guéris d'affections mentales ayant revêtu la forme aiguë, ils vous apprennent que, pendant leur maladie, tout bruit leur était insupportable et leur arrivait grossi dans des proportions singulières. Leur voix leur paraissait semblable au grondement du tonnerre ; le chant le plus doux les affectait comme le roulement du tambour ; le tintement d'une clochette les impressionnait aussi péniblement qu'aurait fait le concert d'un orchestre barbare ; de telle sorte que, dans ces cas, on ne peut méconnaître que l'hyperesthésie du sens entre pour une part

áu moins égale à celle de l'idée délirante dans
la production de l'illusion.

Mais, il faut bien le dire, le plus ordinairement
c'est la préoccupation maladive de l'esprit qui
seule engendre le trouble sensoriel dont nous
nous occupons. Aussi, dans le délire où l'étude
de l'illusion est le plus facile, le délire de persécution, voyons-nous presque constamment les
divers bruits entendus par l'aliéné transformés
par celui-ci en menaces ou en injures. Les
quelques exemples que je vais citer montreront
nettement, je crois, ce que j'avance ici.

Un malade, que j'ai eu longtemps sous les
yeux, atteint de délire de persécution, avec
hallucinations et illusions de l'ouïe, ne manquait
jamais de transformer en d'amères critiques, au
sujet de ses actions passées, les paroles les plus
insignifiantes qu'il entendait, pourvu toutefois
qu'une simple assonance lui permît de confondre les mots qui arrivaient jusqu'à lui avec les
reproches injurieux que ses préoccupations mentales le disposaient à entendre. Dans le bruit
même du vent, qui passait à travers l'épais
feuillage d'une charmille plusieurs fois séculaire,
il percevait des propos injurieux, des phrases
insultantes en rapport avec sa préoccupation

délirante. Un malade, que j'ai en ce moment
dans mon service, à l'asile de Bron, éprouve des
phénomènes analogues. Cet aliéné est un persécuté mégalomane, offrant en outre des tendances érotiques. On ne trouve pas chez lui d'hallucinations, mais il est fréquemment en proie à
des illusions de l'ouïe. Quand il marche, le bruit
de chacun de ses pas est pris pour un mot tout à
la fois injurieux et obscène. Son voisin de dortoir
vient-il, en dormant, à respirer fortement, il
entend dans le rythme de sa respiration des mots
équivoques. Quelque autre aliéné se promène-t-
il près de lui, le bruit produit par les pas du pro-
meneur sur la dalle du préau se transforme pour
X... en injonctions, en ordres, en avertisse-
ments, en propos déshonnêtes. Un autre malade
du même asile, atteint lui aussi de délire de persécution, et aujourd'hui guéri, éprouvait des
illusions de l'ouïe, qui, dans le son des cloches,
dans les mille bruits pleins d'harmonie d'un concert lui faisaient entendre des paroles injurieuses
ou des accusations injustes. « Les voitures, dit
un aliéné cité par Griesinger, craquent et réson-
nent d'une façon tout à fait extraordinaire et
font des contes et des histoires ; les chiens aboient
des injures et des reproches, il en est de même

des canards, des oies et des poules ; leurs cris figurent des noms, des mots, des fragments de discours : un forgeron fait-il aller son soufflet et son marteau, il en sort des mots, des phrases et parfois des contes entiers ; toutes les personnes qui m'approchent me parlent avec leurs pieds, à leur insu, et souvent elles me disent ainsi les choses les plus bizarres et les plus insensées ; la même chose arrive quand on monte l'escalier ; la plume avec laquelle j'écris produit aussi des mots articulés, des phrases et des discours, etc. (1) »

Dans les observations que nous venons de rapporter, il y a manifestement illusion auditive, car, dans plusieurs de ces cas, les aliénés tiennent pour un mot injurieux, toujours le même, une parole indifférente, qui a peut-être quelque vague ressemblance avec le mot offensant dont la pensée les obsède, mais qui est essentiellement différente et inoffensive. Il y a encore illusion lorsque le murmure des feuilles poussées par la brise est pris pour des paroles prononcées par des personnages invisibles qui se font un malin plaisir de narguer l'aliéné ; enfin, quand

(1) Griesinger. *Traité des Maladies mentales.*

un persécuté, dans le grincement d'une plume courant sur le papier, entend des mots offensants lancés par ses ennemis, lorsqu'un autre malade perçoit le son de un ou plusieurs mots dans le bruit cadencé que fait une personne en montant un escalier, on a évidemment, dans toutes ces circonstances, affaire à des illusions et à des illusions par préoccupation d'esprit. C'est la disposition maladive de l'esprit qui est ici uniquement en cause.

Les illusions auditives des déments semblent avoir, au moins dans beaucoup de cas, une genèse un peu différente. Les déments interprètent bien d'une façon fausse les bruits qu'ils entendent à cause des préoccupations délirantes qu'on rencontre souvent chez eux, mais bien souvent aussi il est nécessaire d'invoquer la faiblesse de leur esprit et l'imperfection de leurs sens. De telle sorte que, dans la démence, l'illusion est engendrée par des causes multiples : préoccupations d'esprit créées par les idées délirantes qui ne sont pas très rares dans la démence — soit que ces idées proviennent d'un délire antérieur, soit qu'elles soient primitives, comme cela a lieu dans la démence sénile — faiblesse intellectuelle, sens affaiblis. Et cette réunion de causes, dont je constate l'action à propos des illusions de l'ouïe, j'aurais pu la signaler en parlant des illusions de la vue.

J'ai connu une malade qui était un exemple frappant de cette réunion de causes dans les illusions de la démence. Cette aliénée prenait toutes les personnes qui lui plaisaient pour des parents, toutes les surveillantes de la maison pour des ennemies, des maîtresses de son mari. Elle ne pouvait entendre le sifflet du chemin de fer sans croire qu'on l'appelât et sans se mettre en devoir de répondre à cet appel, et réellement ici l'imperfection des sens et la faiblesse de l'intelligence étaient bien évidemment la cause de cette illusion; car il y avait véritablement entre le nom de la malade dont je parle et le bruit des appels répétés du sifflet à vapeur une certaine analogie. Un esprit sain ne pouvait se méprendre; on concevait qu'un esprit affaibli et prévenu pût tomber dans l'erreur, alors surtout que les sens (comme c'était précisément ici le cas) ne venaient plus apporter à l'intelligence des impressions d'une netteté parfaite.

Les illusions du goût sont encore assez fréquentes dans la folie. Il n'est pas rare, heureusement, qu'elles soient passagères; je dis heureusement, car ce genre d'illusion amène ordinaire-ment le malade à refuser les aliments. Dans la plupart de ces cas, l'illusion du goût est liée à de l'embarras gastrique, et là réside la raison de l'illusion : l'amertume de la bouche, résultat du trouble fonctionnel de l'estomac, est interprété par les malades dans le sens de leur délire.

Mais l'illusion du goût n'a pas toujours pour point de départ un état maladif de l'estomac. Dans le délire des persécutions, par exemple, il arrive souvent qu'il est impossible de constater le plus léger embarras gastrique, alors cependant que les aliénés atteints de ce délire sont obsti-nément poursuivis par cette illusion. J'ai connu une dame persécutée mégalomane qui ne man-geait jamais de poires, parce qu'elle croyait manger les membres de ses enfants. Cette dame n'avait aucun trouble de l'estomac et, néanmoins, elle éprouvait une évidente illusion, puisque la sensation toute spéciale de la poire était prise pour celle que produit sur le palais la chair mus-culaire. Peut-on appeler illusion le cas où la chair des animaux est regardée par les aliénés comme de la chair humaine, fait si fréquent dans certaines lypémanies ? Ce point est assez délicat à éclaircir ; il me paraît, cependant, qu'il doit être résolu par l'affirmative; car bien que la sensation perçue soit bien celle de la viande, les aliénés trouvent et dénoncent une saveur spéciale à ce qu'ils prétendent être de la chair humaine. Il y a donc illusion, et, faisons-le remarquer encore ici, comme nous l'avons vu dans les autres illusions, c'est la disposition spéciale de l'esprit qui donne lieu à cette erreur sensorielle, erreur qui, à son tour, va venir étayer, si je puis ainsi dire, les conceptions délirantes de l'aliéné.

C'est encore à la préoccupation d'esprit que doit être attribuée l'illusion du goût chez les déments séniles. Ici, en effet, l'affaiblissement du sens ne saurait être invoqué qu'avec réserve, le sens du goût étant le plus tenace, celui qui disparaît en dernier lieu chez l'homme. Aussi la raison des illusions du goût dans la démence sénile me paraît-elle résider en ce fait : que fréquemment le dément sénile est atteint d'idées de persécution. Faible, dominé par tous, le dément se croit facilement persécuté : on veut se débarrasser de lui, l'empoisonner, et, pénétré de cette fausse idée, le pauvre malade perçoit dans ses aliments le goût de l'arsenic. J'ai eu longtemps sous les yeux une pauvre démente dont c'était absolument le cas. Cette malade était devenue le tourment de son mari qu'elle poursuivait de ses plaintes et de ses soupçons. Un potage ne paraissait pas sur la table qu'elle n'allât prier son médecin de l'analyser, qu'elle ne se rendît à la gendarmerie pour dénoncer les mauvaises intentions de son vieux compagnon, qu'elle soupçonnait encore de galanteries aussi nombreuses qu'invraisemblables.

Je terminerai ce que j'ai à dire sur l'illusion du goût par une simple remarque : Le sens du goût est un sens qui a besoin d'un adjuvant pour la perception complète de certaines saveurs. Cet adjuvant c'est l'odorat, et certains mets n'ont toute leur délicatesse que si ce dernier sens intervient. Or, tout le monde sait que dans le coryza le goût est fort altéré, sinon oblitéré entièrement. On peut donc se demander si l'altération du sens olfactif ne serait pas quelquefois, chez les aliénés, le point de départ de quelques illusions gustatives. J'ajouterai que mes souvenirs me rappellent une aliénée atteinte d'ozène chronique qui refusait souvent sa nourriture, sous prétexte que les mets qu'on lui servait étaient empoisonnés.

Moins fréquentes que les illusions précédentes,

les illusions de l'odorat se rencontrent de temps à autre chez les aliénés. C'est surtout dans le délire des persécutions ou dans les démences consécutives à ce délire que se constatent les illusions de l'odorat, qu'il est quelquefois assez difficile de distinguer des hallucinations du même sens. Je me contenterai de citer, comme exemple d'illusion de l'odorat, le fait suivant : Une malade en démence, conservant encore quelques idées de persécution, reste d'un délire antérieur, était atteinte depuis longtemps d'une affection organique du cœur. Aussi, ayant fréquemment une respiration gênée, elle recherchait l'air, et on la trouvait le plus souvent dans le jardin de l'établissement où elle était internée. Cependant, quand le temps était mauvais, on était obligé de la retenir au salon. Tout d'abord, la malade se prêtait à cette mesure nécessitée par l'état de l'atmosphère. Mais bientôt, l'air respiré par un nombre assez considérable de pensionnaires devenait moins pur, et la démente dont je parle ne tardait pas à se plaindre que ses compagnes lui lançaient des effluves, des poudres d'une odeur empestée, et, souvent, il était impossible de la retenir dans la salle de réunion, quelque mauvais que fût le temps.

Il nous reste à étudier les illusions naissant des troubles de la sensibilité, et ce qu'on a appelé les illusions internes.

Beaucoup de malades, atteints des troubles de la sensibilité, interprètent ces troubles sensitifs dans le sens de leur délire. C'est ainsi que vous entendez dire par nombre d'entre eux qu'on les rabote, qu'on les râcle. Un aliéné de l'asile de Bron éprouve une illusion un peu plus compliquée. Atteint de douleurs assez vives, suite d'une luxation de l'articulation tibio-tarsienne, ce malade s'imagine qu'il est tourmenté par ce qu'il appelle les *esprits de peau*. Les esprits de peau voyageant dans sa jambe le font horriblement souffrir, et parfois il sent leur chef descendre le long de son dos et les déchaîner. Un autre aliéné, que j'ai longtemps observé, était de temps à autre pris de douleurs rhumatismales qu'il attribuait à des décharges électriques que lui envoyaient ses ennemis. Enfin, j'ai vu, il y a quelques années, une malade éprouver une illusion liée à des douleurs, qui intéressaient tout à la fois et les muscles et l'enveloppe cutanée, et qui consistait à croire qu'elle portait un homme sur son dos. Ce personnage était entré dans la trame de son délire;

elle lui donnait le nom de *Mahomet*. Ici, il y avait illusion du sens musculaire, car il n'y a que ce sens qui puisse nous donner la notion du poids, et la malade se plaignait du poids de l'ennemi qu'elle était obligée de porter sur son dos.

La sensibilité calorique peut-elle être le point de départ d'illusions? Oui, assurément, et j'en citerai pour exemple un malade de l'asile de Bron, qui, atteint d'érythème des extrémités inférieures, se plaint souvent qu'on lui frotte les jambes avec du vitriol.

Nous allons, maintenant, nous occuper de faits où ce ne sont plus des impressions diverses qui sont à tort considérées comme le résultat de la mise en jeu des diverses sensibilités par un agent imaginaire, mais dans lesquels il y a manque d'impressions et où ce manque d'impressions donne lieu à une illusion. L'anesthésie et l'analgésie ne sont pas rares chez les aliénés, et ces troubles de la sensibilité font souvent dire aux aliénés qu'ils ont un autre corps, qu'ils sont morts, qu'on leur a enlevé telle et telle partie de leur personne. Tout le monde connaît l'histoire de ce malade de Charenton, le père Lambert, qui se croyait mort depuis la bataille d'Austerlitz, où il avait été très grièvement blessé. Quand on lui demandait des nouvelles de sa santé : « Le père Lambert, disait-il, il est mort; ils ont fait une machine à sa ressemblance dont je ne suis pas trop satisfait; ils devraient bien m'en faire une autre. » La peau, chez cet aliéné, était insensible. Esquirol a rapporté le fait d'une femme qui croyait n'avoir plus de corps, le diable l'ayant emporté, et dont la peau était également insensible. Enfin, Bouillard a consigné, dans son traité de l'*Encéphalite*, l'observation d'un individu qui, atteint d'hémi-anesthésie, se figurait avoir un cadavre à ses côtés.

Occupons-nous maintenant de l'illusion interne. L'illusion interne est particulièrement fréquente dans les délires dépressifs, surtout les délires chroniques. Ces illusions sont, en général, produites par des affections organiques. Je citerai plusieurs exemples de ces illusions qui, on le comprend, peuvent être extrêmement variées. On verra pourtant que ce qui domine dans les délires provoqués par les douleurs internes, c'est principalement l'idée que des animaux divers sont renfermés dans la cavité où est situé l'organe souffrant. J'ai connu à l'asile de Dijon une malade, atteinte d'idées de persécution et de grandeur, qui finit par mourir d'un cancer de l'estomac. Cette malade, qui souffrit longtemps de cette affection organique, s'était figuré qu'elle avait dans l'estomac un serpent qui la rongeait : elle sentait l'animal se mouvoir, descendre, se tourner en divers sens. Cette illusion dura jusqu'à la mort de la malade.

Falret a raconté l'histoire d'une aliénée qui, atteinte d'une phtisie pulmonaire et d'anévrisme du cœur, croyait avoir un animal dans la poitrine. Cette conviction était telle chez cette aliénée, qu'il paraît qu'elle tenta de s'ouvrir la poitrine pour en faire sortir la bête qu'elle y croyait renfermée.

Le même auteur fait encore mention d'un mélancolique hypocondriaque qui, éprouvant fréquemment des borborygmes, s'imaginait avoir des oiseaux dans le ventre et craignait de les voir s'envoler. Il y a quelques années, enfin, M. Voisin a rapporté à la Société de médecine de Paris l'observation d'une malade qui, ayant avalé une fourchette, croyait avoir un serpent dans l'estomac. Je pourrais multiplier ces exemples dont des annales de folie offrent une collection aussi riche que tristement intéressante ; je m'arrêterai aux faits précédents.

Mais si les cas où les aliénés s'imaginent avoir un animal dans l'intérieur de leur corps sont de beaucoup les plus nombreux, il est des faits où il s'agit d'une conception plus compliquée et à coup sûr encore plus invraisemblable. Je me rappelle, entre autres, celui d'une pauvre malade de l'asile de Blois atteinte de phtisie. Cette femme était entrée à l'infirmerie pour des douleurs extrêmement vives qu'elle ressentait dans la région abdominale. Il s'agissait de ganglions mésentériques tuberculeux. Or, cette aliénée se plaignait que l'on prît plaisir à remuer continuellement dans son ventre un lit à roulettes. L'observation suivante, empruntée à Esquirol, est le type de ces illusions compliquées. Cette observation est un peu longue ; je l'abrégerai, mais je tiens à la citer, à cause précisément du délire complexe que faisait naître chez le malade des douleurs abdominales dues à une péritonite chronique.

Il y eut longtemps à la Salpêtrière, dit Esquirol, une femme âgée de cinquante-huit ans, qu'on appelait, dans l'hospice, la *Mère de l'Eglise*, parce qu'elle parlait sans cesse de sujets religieux. Eprouvant souvent des douleurs à l'épigastre, elle attribue ses souffrances à la méchanceté de Ponce Pilate. Cet infâme s'est établi dans son ventre, elle l'y voit; elle croit aussi avoir dans le ventre tous les personnages du Nouveau Testament, quelquefois même ceux de la Bible. On l'entend dire souvent : *Je n'y puis plus tenir, quand fera-t-on la paix de l'Eglise?* Si les douleurs s'exaspèrent, elle répète avec un sang-froid imperturbable : *Aujourd'hui, on fait le crucifiement de Jésus-Christ, j'entends les coups de marteau qu'on donne pour enfoncer les clous.* Elle s'imagine que les papes tiennent concile dans son ventre. Rien n'a pu dissiper des illusions aussi bizarres.

De ce que des aliénés prétendent que dans leur poitrine, dans leur tête, dans leur ventre, se passe tel et tel phénomène impossible, il ne faudrait pas toujours conclure que ces aliénés éprouvent des illusions. On peut parfaitement constater chez un aliéné un concept délirant qui lui fait croire à l'existence dans sa tête d'un personnage quelconque, par exemple, sans qu'un phénomène physique, sans qu'une lésion, une douleur, soit le point de départ de la conception délirante. J'ai eu longtemps sous les yeux deux malades qui étaient un exemple de ce que j'avance ici : l'un croyait avoir dans la tête le comte de Chambord, l'autre s'imaginait porter dans son ventre trois apôtres. Ni chez l'un ni chez l'autre de ces malades, il n'y avait de douleurs, soit céphalique dans le premier cas, soit abdominale dans le second, qui pussent faire regarder ces idées délirantes comme des illusions.

Mais il est quelques faits qu'on observe de temps à autre chez les aliénés, dont la nature semble tout d'abord difficile à déterminer et qui ne sont pourtant que des illusions avec mode de production spécial, comme nous pouvons le constater dans l'observation suivante par laquelle je terminerai ce que j'ai à dire sur l'illusion : Une malade du pensionnat Saint-Lazare ne pouvait voir couper, entendre déchirer une étoffe, sans se plaindre qu'on la coupât, qu'on la déchirât, et sans se mettre dans une violente colère. Cette malade souffrait évidemment quand cette action de couper, de déchirer une étoffe était accomplie en sa présence. A quoi dans ce cas pouvions-nous avoir affaire ? A mon sens, il s'agissait là d'une illusion et d'une illusion provoquée par un phénomène d'action reflexe. On sait, en effet, que certains bruits : la main humide passée rapidement sur le bois verni ou ciré, le grincement d'un couteau sur certains corps, etc., produisent chez beaucoup de personnes une sorte de frisson extrêmement désagréable ; eh bien ! notre malade, au bruit de l'étoffe déchirée éprouvait vraisemblablement ce frisson qu'elle interprétait dans le sens de son délire.

———————

CHAPITRE XIV.

OPIUM, HASCHISCH ET ALCOOL.

Il est un certain nombre de substances qui jouissent de la propriété de faire naître des images hallucinatoires. Dans l'antiquité, les prêtres, les magiciens, sans connaître exactement la nature du phénomène, avaient constaté que l'homme placé dans de certaines conditions avait des perceptions d'une nature particulière. Le moyen âge eut aussi de semblables notions et les livres sur la sorcellerie indiquent les procédés dont usaient les initiés pour assister au sabbat. De nos jours, plusieurs substances sont employées pour provoquer des hallucinations. De ces substances, les plus ordinairement usitées sont l'opium et le haschisch, dont l'usage, si répandu parmi les nations de l'Orient, semblait, il y a quelques années, tendre à s'acclimater en Europe. Nous apporterons à l'étude de l'effet de ces deux hypnotiques une attention toute spéciale, mais nous ne négligerons pas non plus de parler des hallucinations que fait naître l'abus des liqueurs alcooliques.

Avant d'aborder cette étude, nous croyons qu'il est curieux de rechercher par quels moyens dans l'antiquité et au moyen âge on faisait naître artificiellement le rêve et l'hallucination.

L'étude des écrivains anciens nous montre que c'était le plus ordinairement à l'aide de filtres et d'onctions que les magiciennes de l'antiquité provoquaient l'apparition d'images fantastiques, que ceux qui avaient pris ces filtres ou avaient pratiqué ces onctions tenaient facilement pour des réalités. L'aventure des compagnons d'Ulysse est assurément une des traditions les plus nettes des sortes de pratiques auxquelles je fais allusion ici. Un des romans de Lucien, dans lequel cet écrivain raconte comment la femme d'Hipparque se servait d'une pommade spéciale pour changer de forme et se livrer en toute sécurité à ses plaisirs, ne permet pas non plus de douter que les onctions magiques ne fussent bien connues au temps du romancier et d'un usage assez fréquent. Quant à la vertu que Lucien attribue à la substance employée, et qui aurait permis à sa magicienne et de changer réellement de forme et de se transporter invisiblement en un instant où elle voulait, j'ai à peine besoin de dire que Lucien, tout en relatant les croyances vulgaires, n'y ajoutait, en sceptique qu'il était, aucune espèce de foi; mais ce qu'il est permis de conclure de cet épisode, c'est que du temps de Lucien les femmes adonnées à la magie se servaient, pour répondre aux demandes de ceux qui venaient implorer leur aide, d'onctions qui procuraient aux croyants des rêves hallucinatoires dans lesquels ils trouvaient la satisfaction de leurs désirs. Du reste, ce fait doit d'autant moins nous étonner qu'au moyen âge c'est absolument par de semblables pratiques que nous voyons les sorciers éprouver des rêves hallucinatoires qui leur persuadent qu'ils ont changé de forme, qu'ils ont franchi en peu d'instants des distances prodigieuses, qu'ils ont assisté à des scènes, dont ils racontent les diverses circonstances avec une conviction qui effraie, quand on en mesure les conséquences possibles pour ces malheureux.

Mais si beaucoup de sorciers, persuadés qu'ils assistaient au sabbat, ont été condamnés par des juges aussi crédules qu'ils l'étaient eux-mêmes, quelques-uns ont rencontré, dans les magistrats chargés d'examiner les faits qui leur étaient imputés, des esprits éclairés qui les soumirent à des épreuves d'où résulta pour le juge la conviction

que ces histoires de voyages nocturnes et d'assistance aux assemblées du démon étaient de
véritables rêves, obtenus à l'aide de poisons
divers. Une sorcière avait dit devant le juge
Paolo Minucci que la nuit même elle devait assister au sabbat, pourvu qu'on la laissât entrer chez
elle et pratiquer l'onction magique. Le juge y
consentit et cette femme, après s'être frottée par
tout le corps, s'endormit. On l'attacha sur son
lit et les piqûres, brûlures qu'on pratiqua sur
elle, ne parvinrent pas à l'éveiller; mais dans le
récit qu'elle fit du sabbat auquel elle prétendit
avoir assisté, étaient mêlés les souvenirs des sensations douloureuses qu'on lui avait fait éprouver. Dans une autre circonstance, deux sorcières
s'étant endormies après s'être enduites d'une
pommade qui devait leur permettre de se rendre
au sabbat, d'où elles devaient revenir en traversant les airs avec des ailes, racontèrent que tout
s'était passé comme elles l'avaient annoncé et ne
voulaient pas croire qu'elles n'eussent pas quitté
leur lit. Une d'elles, à un moment de son sommeil, avait fait le mouvement de s'élancer,
comme si elle avait voulu prendre son vol. Porta
et Cardan ont indiqué la recette de deux pom-
mades magiques : l'une devait ses propriétés au

solanum somniferum; la *jusquiame* et l'*opium*
entraient dans la composition de l'autre (1).

Un autre moyen, que les devins et les prêtres
employaient pour provoquer des images hallucinatoires, consistait à soumettre les croyants à
l'action de certaines vapeurs narcotiques. La
plupart des oracles célèbres de l'antiquité,
Dodone, Claros, Cumes, possédaient des fontaines naturelles situées dans des antres ou des
grottes d'où s'exhalaient de semblables vapeurs.
L'entrée de ces grottes avait généralement quelque chose de sauvage et d'effrayant qui frappait
l'imagination et qui leur avait valu le nom géné-
rique de *Portes de l'enfer*, de *Charonium*, de
Plutonium. A Hiérapolis, dans la Phrygie paca-
tiane, existait une caverne de ce genre dont les
exhalaisons donnaient naissance à des rêves et
c'est à des émanations semblables que l'oracle de
Delphes devait sa vertu prophétique. Ces exhalaisons, effluves terrestres, n'étaient pas constantes. Il arrivait que la vertu du lieu consacré
disparaissait parfois ; l'oracle devenait muet.
« Il faut bien se figurer, dit un des personnages
de Plutarque, que la vertu des oracles n'est ni

(1) Voyez Eusèbe Salverte. — *Des Sciences occultes.*

éternelle ni préservée de la vieillesse, mais qu'elle est au contraire soumise à des altérations. Il est probable que des pluies excessives les éteignent, que la foudre tombant les disperse et surtout qu'à la suite des tremblements de terre, qui déterminent des affaissements et des désordres dans le sol, ces exhalaisons sont refoulées profondément ou complètement étouffées. C'est ainsi qu'aux lieux où nous sommes il reste encore des traces du terrible tremblement de terre qui renversa Delphes même(1). » Souvent aussi l'effluve terrestre était moins abondante, les rêves prophétiques ne se produisaient pas, la pythie elle-même n'était pas impressionnée. « Je crois, dit encore Plutarque, que l'exhalaison n'a pas en tous temps la même vertu. Elle éprouve des affaiblissements; elle se ranime ensuite. Pour appuyer cette conjecture, je me fonde sur le témoignage de beaucoup d'étrangers et sur celui de tous les ministres attachés au service du temple. En effet, la chapelle où l'on installe ceux qui viennent consulter le dieu n'est ni bien souvent ni régulièrement, mais à des intervalles

(1) Plutarque. — *Sur les Sanctuaires dont les oracles ont cessé.*

purement fortuits, imprégnée d'une odeur suave
et de cette émanation analogue aux parfums les
plus agréables et les plus coûteux, qui sort du
sanctuaire comme d'une source. Il est probable
que le développement de cette odeur exquise
est dû à la chaleur ou à quelque cause toute
locale (1). »

Il est assez difficile de savoir quelle était la
nature du gaz dont les effluves amenaient des
songes chez les croyants qui venaient chercher,
dans les temples où se pratiquait l'*incubation*,
la révélation des remèdes à employer pour re-
couvrer la santé ou la connaissance de l'avenir.
Ce qui n'est point douteux, c'est l'existence,
chez ceux qui avaient respiré les effluves, de
rêves ou hallucinations que les faits suivants
montrent bien être le résultat des vapeurs absor-
bées.

A Hiéropolis, à la fin du cinquième siècle,
alors que le temple de la déesse Cybèle, qui y
était honorée, avait été complètement abandonné, le philosophe Damascius descendit dans
le charonium, malgré le danger qu'il y avait,
disait-on, à y pénétrer. Il en sortit sain et sauf,

(1) Plutarque. — *Ibid.*

et eut un songe dans lequel il rêva être Atys,
amant de Cybèle, et assister à des fêtes qui se
célébraient en son honneur (1). L'histoire de
Timarque, qui passa un jour et deux nuits dans
l'antre de Trophonius, n'est pas moins probante.
On désespérait de lui, et ses parents déplo-
raient son trépas, quand le matin il reparut avec
un visage plein d'allégresse, et raconta le songe
qu'il avait eu. Rien n'est plus curieux que ce
songe, et il montre une fois de plus que l'action
des narcotiques, donnant naissance à des images
hallucinatoires, ne consiste, en somme, que
dans la mise en œuvre, si je puis dire, des con-
naissances antérieurement acquises, des images
contenues dans la trame cérébrale. On voit,
en effet, que Timarque eut une vision du
monde, telle que la pouvait concevoir, à cette
époque, un homme versé dans la philosophie.
Du reste, ce songe, ou plutôt cette hallucination est assez intéressante pour que j'en détache
un court fragment : Quand je fus descendu
dans l'oracle, dit Timarque, je me trouvai
d'abord entouré d'épaisses ténèbres. Je fis ma

_ (1) Voyez Maury. *La Magie et l'Astrologie dans l'anti-*
quité et au moyen âge.

prière et restai longtemps couché sur le sol. Je
ne me rendais pas bien nettement compte à
moi-même si j'étais éveillé ou si je faisais un
songe. Seulement, il me sembla qu'à la suite
d'un bruit qui éclatait, je recevais un coup sur
la tête, et que les sutures de mon crâne s'étant
disjointes, laissaient passage à mon âme. Celle-
ci, s'élançant, alla toute joyeuse se confondre
avec l'air transparent et pur... Nulle part, je ne
voyais plus la terre, mais des îles qui brillaient
d'un feu délicat, et qui échangeant les unes
avec les autres les différentes couleurs dont elles
étaient comme teintes, donnaient, par cette variété d'aspect, des nuances toujours diverses à
la lumière. Le nombre de ces îles était infini, et
leur grandeur prodigieuse. Elles n'avaient pas
toutes les mêmes dimensions, mais toutes étaient
de forme ronde. Je jugeai que dans leur marche
circulaire elles faisaient retentir le ciel, et que
la légèreté de leur mouvement répondait à la
douceur des sons harmonieux qu'elles formaient
toutes ensemble... Quand ces îles avaient opéré
leur mouvement, elles revenaient sur elles-
mêmes, mais non pas précisément au point où
elles avaient commencé à se mouvoir : de sorte
qu'elles ne décrivaient pas des circonférences,

mais rentraient un peu, et formaient des espèces d'ellipses, etc., etc. (1).

Ce n'était pas toujours sans danger qu'on s'ex-
posait à l'action des vapeurs des antres prophétiques. Timarque mourut trois mois après sa
descente dans l'antre de Trophonius, et le philosophe de Chéronée raconte encore l'histoire
d'une pythie qui, pour s'être rendue au sanctuaire malgré elle, et vraisemblablement sachant
parfaitement que son action n'était pas sans
danger, périt au bout de quelques jours (2).

D'un passage de Plutarque, cité plus haut, il
paraît résulter que, si les effluves des sanctuaires
des lieux d'oracles amenaient chez les croyants
des hallucinations et des songes prophétiques,
ces effluves n'agissaient pas toujours seules, et
que l'usage de certains parfums contribuait aussi
à la production des phénomènes. Cet usage de
parfums d'une nature spéciale pour provoquer
les rêves hallucinatoires se retrouve également
chez les magiciens italiens. Benvenuto Cellini a
raconté l'histoire d'une fantasmagorie à laquelle
le fit assister un prêtre sicilien, et il est impos-

(1) Voyez Plutarque, trad. Bétolaud. *Du Démon de Socrate*.
(2) Plutarque. *Sur les Sanctuaires dont les oracles ont
cessé.*

24

sible de ne pas voir dans la légion des démons
dont Benvenuto dit avoir été entouré des fantômes hallucinatoires, provoqués par des parfums que brûlait le magicien. Brewster a prétendu que, dans cette curieuse fantasmagorie, le
physicien dut avoir recours à des miroirs, et il
ne voit là que des phénomènes d'optique ; mais
la lecture attentive du récit de Benvenuto ne
permet guère d'admettre une telle manière d'envisager les faits, et il est d'autant plus naturel de
penser que la vapeur du charbon et l'odeur des
parfums jetés sur le feu jouent ici le rôle essentiel, que, de nos jours encore, les mêmes moyens
permettent aux talebs arabes de produire, chez
ceux qui se soumettent à leurs pratiques, de très
vives hallucinations. Le récit qu'a fait d'une
semblable expérience M. le comte de Laborde,
ne laisse guère de doute à cet égard, et
M. Charles Tissot, ancien consul de France, est
encore plus affirmatif sur la nature et la cause
des phénomènes éprouvés par les patients, qui
sont généralement des enfants.

Ce fut le taleb du consulat de Tunis qui rendit
M. Tissot témoin du fait que celui-ci a raconté.
Le sujet était un enfant juif de huit à dix ans. Le
taleb lui mit un talisman (un morceau de papier

sur lequel étaient inscrits quelques caractères)
sur le front, pour le protéger contre les mauvais
génies, lui versa dans le creux de la main une
goutte d'encre autour de laquelle il dessina une
figure magique, et récita une formule d'évocation, tout en jetant de temps à autre des parfums
sur un réchaud placé entre lui et l'enfant,
presque sous le nez de l'enfant. Au bout de quelques instants, le taleb demanda au sujet ce qu'il
voyait dans la goutte d'encre. — « Une grande
place et des gens qui s'y promènent, » répondit
l'enfant déjà fort inquiet et qui s'agitait sur sa
chaise. Regarde encore. Que vois-tu, maintenant? Au lieu de répondre, le petit juif, qui ouvrait de grands yeux effarés en regardant fixement la goutte d'encre, fit tout à coup une
grimace épouvantable, et se sauva comme s'il
avait vu le diable en personne. — Il n'y avait
pas espoir de le revoir, dit M. Tissot, et l'expérience en resta là ; mais j'en avais assez vu pour
comprendre et m'expliquer ce qu'avait raconté
M. de Laborde. La goutte d'encre et toutes les
diableries n'étaient que l'appareil extérieur,
accompagnant un état magnétique interne produit sous l'influence des vapeurs du charbon
et des drogues jetées dans le réchaud, quelque

chose d'analogue aux vapeurs qui déterminaient probablement les accès somnambuliques de la pythie antique (1).

Tel est l'ensemble des faits qui montrent que certaines substances ont toujours été employées pour donner à l'homme des visions dont les initiés connaissaient mal la nature et que ceux qui avaient recours à ces substances, et à qui les premiers en procuraient l'usage, tenaient pour des réalités. Nous allons présentement étudier les hallucinations engendrées par l'opium, le haschisch et l'alcool.

Pris en petite quantité, l'opium possède des propriétés légèrement excitantes : l'esprit de celui qui a pris cette substance à de telles doses est plus vif, plus prompt, plus lucide. A une dose plus élevée, l'opium provoque un sommeil lourd, parfois pénible, rempli de rêves, que nous étudierons tout à l'heure. L'usage de l'opium comme excitant du rêve est peu usité en Europe; en Orient, en Chine principalement, il est extrêmement répandu. L'opium est, pour les peuples de l'Orient, ce que le vin et l'eau-de-vie sont pour l'Européen : un moyen de diversion aux peines

---

(1) Cité par Tissot. *De l'Imagination.*

de la vie, une jouissance que celui qui l'a goûtée recherche parfois sans mesure, et qui ne peut être maintenue au même degré d'intensité que par des doses toujours croissantes de l'agent qui la procure. Mais l'abus de l'opium est au moins aussi funeste que celui de l'alcool : il amène assez rapidement de la maigreur, de l'énervement, un état tout particulier d'hébétude qui paraît avoir vivement frappé tous les voyageurs ayant eu l'occasion de voir des mangeurs d'opium.

Les rêves suscités par l'opium sont parfois agréables, parfois aussi, fatigants et de nature triste, presque lugubre. Les images s'y succèdent avec une extrême rapidité, et c'est vraisemblablement à ce caractère qu'est dû le sentiment d'infinie durée qui accompagne certains d'entre eux. Cette succession rapide des images ne va pas sans faire éprouver au dormeur un certain plaisir. Même lorsque les formes du rêve n'ont rien d'agréable, cette fantasmagorie, sans cesse renouvelée, à laquelle l'esprit assiste sans effort, comme à un spectacle, procure à l'halluciné une sensation de curiosité satisfaite, que ceux qui ont pris accidentellement de l'opium retrouveront certainement dans leurs souvenirs. Mais, ce que je veux étudier ici, ce sont les effets de l'usage habituel de l'opium et, comme je ne saurais invoquer à ce sujet mon expérience personnelle, je demanderai la permission d'analyser les impressions qu'a consignées, dans un livre extrêmement curieux et rempli d'humour, un écrivain anglais, Thomas de Quincey (1).

Quincey avait été amené, par des douleurs vives et persistantes, à se servir de l'opium qu'il employa d'abord à la dose ordinaire. Bientôt cependant, il augmenta progressivement la quantité de narcotique qu'il absorbait, pour arriver enfin à des doses considérables. Sous l'influence de l'opium, Quincey éprouva une série de rêves et d'hallucinations dont les scènes extrêmement curieuses forment comme les événements d'une vie artificielle à laquelle le remarquable humoriste nous fait assister. Tout d'abord, les rêves du mangeur d'opium paraissent avoir été agréables; plus tard, ils prirent un caractère pénible, d'intensité extrême, d'obsession singulière. Couché,

(1) Voyez T. de Quincey. *Confessions of an english opium-eater* et le tome IV des *OEuvres de Baudelaire,* qui a magistralement traduit de nombreux passages de l'ouvrage de Quincey.

mais éveillé, des processions funèbres défilaient
devant ses yeux, d'innombrables édifices se dres-
saient devant lui ; puis, le sommeil venant à
s'établir, ces images hallucinatoires se produisaient sous forme de rêves avec une inexprimable grandeur. Il lui .semblait, chaque nuit,
descendre dans des abîmes sans fond, dont il ne
devait jamais sortir. L'espace grandissait jusqu'à
l'infini et le temps disparaissait pour lui, se confondant avec l'éternité. Les événements de son
enfance reparaissaient devant ses yeux avec un
caractère de réalité, une exactitude, une précision désespérantes. Des scènes historiques, empruntées à ses lectures et reproduisant des
événements accomplis dans des temps singulièrement distants, se déroulaient devant lui et
se soudaient, en quelque sorte, en un drame
monstrueux.

« Dans ma jeunesse, dit de Quincey, et même
depuis, j'ai toujours été un grand liseur de Tite-
Live ; il a toujours fait un de mes plus chers
délassements ; j'avoue que je le préfère, pour la
matière et pour le style, à tout autre historien
romain, et j'ai senti toute l'effrayante et solen-
nelle sonorité, toute l'énergique représentation
de la majesté du peuple romain dans ces deux

mots qui reviennent si souvent à travers les récits de Tite-Live : *Consul Romanus*, particulièrement quand le consul se présente avec son caractère militaire. Je veux dire que les mots : roi, sultan, régent, ou tous autres titres appartenant aux hommes qui personnifient en eux la majesté d'un grand peuple, n'avaient pas puissance pour m'inspirer le même respect. Bien que je ne sois pas un grand liseur de choses historiques, je m'étais également familiarisé, d'une manière minutieuse et critique, avec une certaine période de l'histoire d'Angleterre, la période de la guerre du Parlement, qui m'avait attiré par la grandeur morale de ceux qui y ont figuré et par les nombreux mémoires intéressants qui ont survécu à ces époques troublées. Ces deux parties de mes lectures de loisir, ayant souvent fourni matière à mes réflexions, fournissaient maintenant une pâture à mes rêves. Il m'est arrivé souvent de voir, pendant que j'étais éveillé, une sorte de répétition de théâtre, se peignant plus tard sur les ténèbres complaisantes, — une foule de dames, — peut-être une fête et des danses. Et j'entendais qu'on disait, ou je me disais à moi-même : « Ce sont les femmes et les filles de ceux qui s'assemblaient dans la paix,

qui s'asseyaient aux mêmes tables, et qui étaient
alliés par le mariage ou par le sang ; et cependant, depuis un certain jour d'août 1642, ils ne
se sont plus jamais souri et ne se sont désormais
rencontrés que sur les champs de bataille ; et à
Marston-Moor, à Newbury ou à Naseby, ils ont
tranché tous les liens de l'amour avec le sabre
cruel, et ils ont effacé avec le sang le souvenir
des amitiés anciennes. » Les dames dansaient, et
elles semblaient aussi séduisantes qu'à la cour de
Georges IV. Cependant, je savais, même dans
mon rêve, qu'elles étaient dans le tombeau
depuis près de deux siècles. Mais toute cette
pompe devait se dissoudre soudainement ; à un
claquement de mains, se faisaient entendre ces
mots dont le son me remuait le cœur : *Consul
Romanus !* et immédiatement arrivait, balayant
tout devant lui, magnifique dans son manteau de
campagne, Paul-Emile ou Marius, entouré d'une
compagnie de centurions, faisant hisser la
tunique rouge au bout d'une lance, et suivi de
l'effrayant hourra des légions romaines (1). »

A une certaine époque, l'eau prit dans les
rêves de Quincey la place qu'y avaient occupée

(1) T. de Quincey. *Les Tortures de l'opium*, trad. par
Baudelaire.

les scènes historiques : des lacs, de vastes étendues d'une eau immobile s'offrirent à sa vue et devinrent l'élément prépondérant du rêve. Bientôt, ces eaux calmes et tranquilles changèrent de caractère et les lacs transparents devinrent des mers et des océans, et sur les eaux mouvantes commença à se montrer le visage de l'homme : « La mer m'apparut, dit Quincey, pavée d'innombrables têtes tournées vers le ciel ; des visages furieux, suppliants, désespérés, se mirent à danser à la surface, par milliers, par myriades, par générations, par siècles ; mon agitation devint infinie et mon esprit bondit et roula comme les lames de l'Océan (1). »

Bientôt, ce fut la Chine, puis l'Inde, avec ses animaux étranges, ses monuments, ses rites, ses légendes, qui apparurent dans les rêves de Quincey. Un Malais, qu'il avait vu quelque temps auparavant et qui était devenu un des hôtes habituels de ses songes, paraît avoir été l'introducteur, en quelque sorte, du rêveur dans ce monde qui va le faire souffrir en raison de son étrangeté même et d'une sorte de crainte, de répulsion, que Quincey avait toujours éprou-

---

(1) *Ouvrage cité.*

vée pour cette Asie mystérieuse, compliquée et
monstrueuse, si inquiétante, comme il le dit,
pour un esprit de l'Occident. Voici un fragment
de ces rêves :

« Je ramassais toutes les créatures, oiseaux,
bêtes, reptiles, arbres et plantes, usages et
spectacles, que l'on trouve communément dans
toute la région des tropiques, et je les jetais
pêle-mêle en Chine ou dans l'Indoustan. Par un
sentiment analogue, je m'emparais de l'Égypte
et de tous ses dieux, et les faisais entrer sous la
même loi. Des singes, des perroquets, des
kakatoès me regardaient fixement, me huaient,
me faisaient la grimace, ou jacassaient sur mon
compte. Je me sauvais dans des pagodes, et
j'étais, pendant des siècles, fixé au sommet, ou
enfermé dans des chambres secrètes. J'étais
l'idole, j'étais le prêtre, j'étais adoré, j'étais
sacrifié. Je fuyais la colère de Brahma à travers
toutes les forêts de l'Asie ; Vishnû me haïssait ;
Siva me tendait une embûche. Je tombais soudainement chez Isis et Osiris ; j'avais fait quelque
chose, disait-on, j'avais commis un crime qui
faisait frémir l'ibis et le crocodile. J'étais enseveli, pendant un millier d'années, dans des
bières de pierre, avec des momies et des sphinx,

dans les cellules étroites au cœur des éternelles pyramides. J'étais baisé par des crocodiles aux baisers cancéreux, et je gisais, confondu avec une foule de choses inexprimables et visqueuses, parmi les boues et les roseaux du Nil. Le crocodile maudit devint pour moi un objet parti-culier d'horreur et j'étais forcé de vivre avec lui, hélas ! (c'était toujours ainsi dans mes rêves) pendant des siècles. Je m'échappais quelquefois, et je me trouvais dans des maisons chinoises meublées de tables en roseau. Tous les pieds des tables et des canapés semblaient doués de vie ; l'abominable tête du crocodile, avec ses petits yeux obliques, me regardait partout, de tous les côtés, multipliée par des répétitions innom-brables ; et je restais là, plein d'horreur et fasciné (1). »

Jusqu'ici, les images visuelles sont fréquentes dans les rêves de Quincey et c'est leur étran-geté, leur forme terrible ou simplement répul-sive qui donne au songe son caractère pénible. Mais voici des rêves qui sont constitués par quelque chose de plus vague, où l'image n'appa-raît pas, où c'est le sentiment anxieux, de

(1) *Ouvrage cité.*

l'attente, de l'inconnu, l'horrible appréhension d'un inévitable et déplorable événement qui jette dans l'âme du rêveur son inexprimable horreur, horreur plus grande, plus poignante mille fois que celle qu'avaient pu lui inspirer toutes les étranges créations de l'Inde et de la Chine, tous les monstres hideux qui, dans les scènes précédentes, se multipliaient sous ses yeux.

« Le rêve commençait par une musique que j'entends souvent dans mes rêves, une musique préparatoire, propre à réveiller l'esprit et à le tenir en suspens ; une musique semblable à l'ouverture du service du couronnement, et qui, comme celle-ci, donnait l'impression d'une vaste marche, d'une défilade infinie de cavalerie et d'un piétinement d'armées innombrables. Le matin d'un jour solennel était arrivé, d'un jour de crise et d'espérance finale pour la nature humaine, subissant alors quelque mystérieuse éclipse et travaillée par quelque angoisse redoutable. Quelque part, je ne sais pas où, d'une manière ou d'une autre, je ne savais pas comment, par n'importe quels êtres, je ne les connais pas, une bataille, une lutte était livrée, une agonie était subie, qui se développait comme un grand drame ou un morceau de musique ; et la sym-

pathie que j'en ressentais me devenait un supplice
à cause de mon incertitude du lieu, de la cause,
de la nature et du résultat possible de l'affaire.
Ainsi qu'il arrive d'ordinaire dans les rêves, où
nécessairement nous faisons de nous-mêmes le
centre de tout mouvement, j'avais le pouvoir, et
cependant je n'avais pas le pouvoir de la décider ;
j'avais la puissance, pourvu que je pusse me
hausser jusqu'à vouloir, néanmoins je n'avais pas
cette puissance, à cause que j'étais accablé sous
le poids de vingt Atlantides ou sous l'oppression
d'un crime inexpiable. *Plus profondément que
jamais n'est descendu le plomb de la sonde,*
je gisais immobile, inerte. Alors, comme un
chœur, la passion prenait un son plus profond.
Un très grand intérêt était en jeu, une cause plus
importante que jamais n'en plaida l'épée ou n'en
proclama la trompette. Puis arrivaient de sou-
daines alarmes ; çà et là des pas précipités, des
épouvantes de fugitifs innombrables. Je ne savais
pas s'ils venaient de la bonne cause ou de la
mauvaise : ténèbres et lumières, tempêtes et faces
humaines ; et à la fin, avec le sentiment que tout
était perdu, paraissaient des formes de femmes,
des visages que j'aurais voulu reconnaître, au
prix du monde entier, et que je ne pouvais

entrevoir qu'un seul instant ; et puis des mains crispées, des séparations à déchirer le cœur, et puis des adieux éternels ! et avec un soupir comme celui que soupirèrent les cavernes de l'enfer, quand la mère incestueuse proféra le nom abhorré de la Mort, le son était répercuté : Adieux éternels ! et puis, et puis encore, d'écho en écho, répercuté : Adieux éternels ! Et je m'é-veillais avec des convulsions, et je criais à haute voix : Non, je ne veux plus dormir ! (1) »

Nous nous bornerons à ces citations. Elles nous suffisent, en effet, pour bien concevoir la nature des rêves suscités par l'opium. Dans ces rêves comme dans les rêves du sommeil naturel, comme dans l'hallucination, nous voyons que les images sont en grande partie formées des acqui-sitions antérieures du rêveur. L'opium ne crée rien, il met en œuvre les images cérébrales précédemment acquises, leur donnant une inten-sité extrême. Aussi est-il probable que les Orien-taux ont, sous l'influence de l'opium, des rêves bien différents de ceux que nous venons de voir se dérouler dans le récit de Quincey. Tortures et jouissances doivent être en rapport avec la nature

(1) *Ouvrage cité.*

du rêveur, et il y a lieu de penser que les images
voluptueuses, complètement absentes des rêves
de l'écrivain anglais comme elles l'étaient de ses
préoccupations, ont une plus large part dans les
songes des Orientaux sensuels. Il n'est pas
inutile non plus de noter cet agrandissement du
temps et de l'espace, le caractère grandiose,
énorme, monstrueux même des architectures du
rêve, car il semble qu'il y ait là quelque chose
de spécifique, de particulièrement inhérent à la
substance génératrice du rêve. J'en dirai autant
des visions de lacs et de tranquilles surfaces
liquides miroitantes, qui se retrouvent avec le
même attrait et parfois avec le même caractère
obsédant dans les visions produites par le
haschisch.

Que ces sortes de visions se rencontrent dans
les rêves du sommeil naturel, cela peut arriver
et cela arrive en effet, mais non pas avec cette
constance ni surtout avec cette intensité. On a
pu remarquer le caractère pénible de certains
rêves de Quincey, et on est porté à s'étonner,
en présence de tels rêves, de la passion des
mangeurs d'opium. Mais outre que tous les rêves
n'ont pas le caractère effrayant ou simplement
pénible que nous voyons dans les visions de

l'écrivain anglais, il y a dans l'anéantissement produit par l'opium, dans ce quasi dédoublement de la personnalité qui fait assister le moi, sans qu'il y intervienne en rien, à la continuelle succession de tableaux éternellement changeants, une sorte de volupté qui, même en présence de l'horreur des images, exerce, semble-t-il, sur celui qui l'a éprouvée, une redoutable séduction. C'est la séduction exercée, du reste, par tous les narcotiques, par tous les hypnotiques, et qui consiste dans cet engourdissement demi-voluptueux, pendant lequel nos pensées passent devant l'œil de l'esprit sans que nous y fassions effort, et que tous ceux qui ont jamais usé de l'opium, de l'éther ou du tabac connaissent parfaitement.

Le haschisch est tiré du chanvre indien. Les sommités de cette plante sont les parties qui contiennent surtout le principe enivrant. On peut les fumer seules ou mélangées avec du tabac. Mais le plus ordinairement on se sert de l'extrait gras ou *haschisch*, qui, combiné avec diverses substances aromatiques, est pris dans une tasse de café.

Quand on a pris du haschisch, pour en éprouver l'effet le plus complet et le plus agréable, il convient de se placer dans un milieu favorable,

dans un bel appartement, par exemple, en vue
d'un paysage aux sites accidentés ; de la musique
sera encore un adjuvant très précieux. Ces
conditions réalisées, on peut attendre l'arrivée
de l'hallucination-illusion (car le phénomène est
ici double) qui, si elle tarde un peu, finira généralement pourtant par se montrer. Quelques
signes précurseurs l'annonceront. Tout d'abord
une certaine hilarité s'empare du sujet : il rit de
tout, tout le contente et le réjouit ; il sent en lui
une bienveillance extrême. Bientôt les relations
des choses lui semblent modifiées : ses idées ne
se lient plus que par des rapports si légers, si
insolites, que lui seul peut comprendre ces rapports. Cependant il ressent bientôt une grande
faiblesse, sa pâleur est extrême, il a la tête
lourde, pesante ; le sens de la résistance musculaire a disparu, et il lui semble que ses mains
sont de coton. Les sens acquièrent en même
temps une finesse extrême. Les hallucinations
commencent. Pour la description de ces hallucinations, je ne saurais mieux faire que de donner
la parole à un très remarquable écrivain, devenu, hélas ! la proie de la folie, et qui a retracé
avec une précision merveilleuse et un grand
bonheur d'expression les rêves hallucinatoires

qu'il a éprouvés après l'ingestion d'une dose de haschisch.

« Les objets extérieurs, dit Baudelaire, prennent des apparences monstrueuses. Ils se révèlent à vous sous des formes inconnues jusque-là. Puis ils se déforment et, enfin, ils entrent dans votre être, ou bien vous entrez en eux. Les équivoques les plus singulières, les transpositions d'idées les plus inexplicables ont lieu. Les sons ont une couleur, les couleurs ont une musique. Les notes musicales sont des nombres, et vous résolvez avec une rapidité effrayante de prodigieux calculs d'arithmétique à mesure que la musique se déroule dans votre oreille. Vous êtes assis et vous fumez; vous croyez être assis dans votre pipe, et c'est vous que votre pipe fume; c'est vous qui vous exhalez sous la forme de nuages bleuâtres.

« Vous vous y trouvez bien, une seule chose vous préoccupe et vous inquiète. Comment ferez-vous pour sortir votre pipe ? Cette imagination dure une éternité. Un intervalle de lucidité avec un grand effort vous permet de regarder à la pendule. L'éternité a duré une minute. Un autre courant d'idées vous emporte; il vous emportera pendant une minute dans son tourbillon vivant, et cette minute sera encore une éternité. Les proportions du temps et de l'être sont dérangées par la multitude innombrable et par l'intensité des sensations et des idées. On vit plusieurs vies d'homme en l'espace d'une heure.

« De temps en temps, la personnalité disparaît. L'objectivité qui fait certains poètes panthéistes et aussi les grands comédiens devient telle, que vous vous confondez avec les êtres extérieurs. Vous voici arbre mugissant au vent et racontant à la nature des mélodies végétales. Maintenant, vous planez dans l'azur du ciel, immensément agrandi. Toute douleur a disparu. Vous ne luttez plus, vous êtes emporté, vous n'êtes plus votre maître, et vous ne vous en affligez pas. Tout à l'heure, l'idée du temps disparaîtra complètement.

« D'autres fois, la musique vous raconte des poèmes infinis, vous place dans des drames effrayants ou féeriques. Elle s'associe avec les objets qui sont sous vos yeux. Les peintures du plafond, même médiocres ou mauvaises, prennent une vie effrayante. L'eau limpide et enchanteresse coule dans le gazon qui tremble. Les nymphes aux chairs éclatantes vous regardent avec de grands yeux plus limpides que l'eau et l'azur.

Vous prendriez votre place et votre rôle dans les plus méchantes peintures, les plus grossiers papiers peints qui tapissent les murs des auberges.

« J'ai remarqué que l'eau prenait un charme effrayant pour tous les esprits un peu artistes illuminés par le haschisch. Les eaux courantes, les jets d'eau, les cascades harmonieuses, l'immensité bleue de la mer, roulent, dorment, chantent au fond de votre esprit. Il ne serait peut-être pas bon de laisser un homme en cet état au bord d'une eau limpide ; comme le pêcheur de la ballade, il se laisserait peut-être entraîner par l'ondine.

« La troisième phase, séparée de la seconde par un redoublement de crise, une ivresse vertigineuse suivie d'un nouveau malaise, est quelque chose d'indescriptible. C'est ce que les Orientaux appellent le *Kief*; c'est le bonheur absolu. Ce n'est plus quelque chose de tourbillonnant et de tumultueux. C'est une béatitude calme et immobile. Tous les problèmes philosophiques sont résolus, l'homme est passé Dieu (1). »

Quand on compare ce rêve, provoqué par le haschisch, à ceux qu'ont pu faire, dans les mêmes

_____

(1) Baudelaire. — *Les Paradis artificiels.*

circonstances, des personnes ayant une culture intellectuelle et des occupations différentes, on voit que le haschisch non plus que l'opium ne crée rien, et que c'est dans les pensées habituelles que se recrutent, si je puis dire, les visions du rêveur. Ce qui appartient à l'agent mis en jeu, c'est l'exagération de la personnalité, la succession rapide des idées, la perte de la notion du temps et une aptitude particulière à transformer les objets qui apparaissent avec des formes plus ou moins fantastiques, plus ou moins étranges, suivant la richesse d'imagination de celui qui a pris du haschisch. Hallucinations et illusions sont donc en rapport avec la nature de l'esprit influencé. Je dis hallucinations et illusions, car, contrairement à ce qui a lieu pour l'opium, l'illusion joue ici un rôle considérable (1). C'est ce

(1) « Faisant un appel désespéré aux forces de mon âme, dit Théophile Gautier, racontant l'état où il se trouvait après avoir pris du haschisch, je réussis, par une énorme projection de volonté, à soulever un de mes pieds qui s'agrafaient au sol et qu'il me fallait déraciner comme des troncs d'arbres. Je sentais mes extrémités se pétrifier et le marbre m'envelopper jusqu'aux jambes. J'étais statue jusqu'à mi-jambes, ainsi que ces princes enchantés des *Mille et une Nuits ;* cependant, j'étais arrivé sur le palier de l'escalier que j'essayais de descendre, les marches était molles et s'enfon-

rôle spécial, presque prépondérant, qui nous a
fait adopter, sur une question controversée et
curieuse que nous allons examiner incidemment,
l'opinion à laquelle nous nous sommes arrêté au
sujet de l'existence des jardins enchantés du
vieux de la Montagne.

On sait l'histoire de ce despote oriental, connu
sous le nom de vieux de la Montagne, qui se
servait vraisemblablement du haschisch pour inspirer à ses séides un indomptable courage. Dans
des jardins merveilleux, le récipiendaire, après
une sorte d'initiation, était entouré de femmes
d'une admirable beauté qui passaient à ses yeux
pour les houris du paradis de Mahomet. Enivré de
délices sensuelles, croyant retrouver après sa mort
les joies qu'il avait goûtées dans les jardins enchantés, le sectaire déployait dans les actes
atroces auxquels Hassan l'employait une incroyable audace. L'existence des jardins du vieux de la

çaient sous moi ainsi que les échelles mystérieuses dans les
épreuves de la franc-maçonnerie Les pierres gluantes et
flasques s'affaissaient comme des ventres de crapauds. » Il
est facile de reconnaître dans ces singulières sensations le
résultat d'illusions de la sensibilité. L'état d'obtusion tactile
et de faiblesse musculaire qu'accompagne l'ingestion du
haschisch était ainsi interprété par l'imagination du romancier surexcitée par la substance ingérée.

Montagne a été admise par Malte-Brun et M. de
Hammer, mais Salverte et Virey nient absolument
qu'il y ait là rien de réel et attribuent uniquement
aux rêves inspirés par le haschisch ce que racon-
taient les *haschischins* (1) des scènes merveilleuses
auxquelles ils prétendaient avoir assisté. Salverte
a soutenu très habilement cette opinion, s'étonnant qu'on pût supposer que les complices du
tyran, esclaves des deux sexes, anges et houris,
qui figuraient parmi ces scènes, fussent constamment discrets, se demandant ce qu'ils devenaient
quand, arrivés à la vieillesse, ils ne pouvaient
plus paraître dans les divers rôles pour lesquels
la beauté et la jeunesse étaient absolument nécessaires. La mort assurait-elle leur silence ?
Mais cette perspective devait les engager à se
débarrasser du tyran. Puis, comment ce peuple
de comédiens se nourrissait-il ? « Leur maître
pouvait-il pourvoir à tous leurs besoins, ajoute
Salverte, sans qu'on s'en aperçût au dehors ?
Combinez le nombre des précautions à prendre,
les approvisionnements à renouveler, la néces-

---

(1) Consulter, sur la société secrète des haschischins, le
livre de M. de Hammer, et le mémoire de M. de Sacy,
tome XVI des *Mémoires de l'Académie des inscriptions et
belles-lettres.*

sité fréquente de se défaire d'agents dont l'indis-
crétion était trop à craindre : vous ne parviendrez
pas à faire durer trois ans cet abominable mys-
tère. » Les raisons que produit Salverte, à l'appui
de sa thèse, ont assurément une très grande
valeur, mais je crois pourtant que la tradition
des jardins du vieux de la Montagne ne doit pas
être rejetée. Elle repose vraisemblablement sur
quelque chose de réel. Que dans les scènes merveilleuses auxquelles Hassan faisait assister le
récipiendaire, une large part doive être faite au
rêve, cela n'est pas douteux ; et il est très probable, en effet, que le haschisch était [donné à
l'initié. Mais si nous nous rappelons combien
dans l'ivresse du haschisch sont fréquentes les
illusions, comment les images extérieures servent de trame à la broderie de l'imagination,
nous ne nous refuserons nullement à admettre
que le despote oriental ait placé le malheureux
qu'il voulait séduire et tromper au milieu des
scènes les plus propres à fournir à sa fantaisie un
thème, en quelque sorte, qui se prêtât facilement
aux plus merveilleuses variations. Pour ce qui
est l'objection tirée de la difficulté de recruter le
personnel nécessaire à ces scènes, il faudrait,
pour l'admettre, connaître peu le monde oriental

et juger des mœurs de l'Orient par celles de l'Europe. Du reste, si l'on interprète comme nous l'avons fait le rôle que les houris et les anges de ce paradis artificiel jouaient dans la fantasmagorie représentée, on n'assiste plus en réalité qu'à une scène assez semblable à celle que nous voyons retracée dans l'histoire du *Dormeur éveillé*, sauf toutefois les émotions sensuelles qui, d'après la tradition qui nous en est parvenue, étaient une des plus puissantes séductions offerte aux haschischins dans les jardins enchantés.

Cette existence des plaisirs sensuels dans les rêves des haschischins fait penser que le haschisch n'était pas la seule substance génératrice du songe. Dans les récits des rêves suscités par le chanvre indien on voit bien, en effet, qu'il existe des visions de jeunes femmes d'une merveilleuse beauté, que ces visions soient le résultat d'une hallucination ou, ce qui est plus fréquent, d'une illusion; mais les désirs sensuels ne paraissent point excités. « Je regardais d'un œil paisible, bien que charmé, dit Théophile Gautier, la guirlande de femmes idéalement belles qui couronnaient la frise de leur divine nudité; je voyais luire des épaules de satin, étinceler des seins d'argent, plafonner de petits

pieds à plantes roses, onduler des hanches opu-
lentes, sans éprouver la moindre tentation. Les
spectres charmants qui troublaient saint Antoine
n'eussent eu aucun pouvoir sur moi (1). » Cette
absence d'émotions sensuelles, accusée par l'écrivain romantique, concorde parfaitement avec ce
qu'a rapporté le docteur Roubaud, de la frigidité
complète que l'on constate chez les individus
soumis, à l'influence du haschisch (2). Aussi y
a-t-il grand lieu de croire, comme je le disais
tout à l'heure, qu'en même temps que le haschisch donnait aux séides du vieux de la Montagne la faculté de transformer et d'idéaliser les
formes humaines qu'ils avaient sous les yeux,
quelque autre substance engendrait en eux les
désirs sensuels qui ôtaient, aux images créées par
le haschisch, la pureté idéale que des esprits
grossiers n'auraient nullement goûtée. Nous savons du reste que, dans les préparations dont
usent aujourd'hui les Orientaux, entrent fréquemment des substances aphrodisiaques.

Le plaisir, le simple oubli des peines de la vie
que l'Oriental demande à l'opium et au haschisch,

(1) Théophile Gautier. *Le Club des Haschischins.*
(2) F. Roubaud. *Traité de l'Impuissance et de la Stérilité.*

l'Européen le trouve dans l'usage des boissons
fermentées. Le vin, l'alcool, font naître, en effet,
un état psychique particulier dans lequel tout
apparaît au buveur sous les couleurs les plus
agréables. La tristesse, le chagrin, la misère,
sont oubliés ; la rive désolée, où s'agitent les pénibles réalités humaines, a disparu, et le buveur
nage en pleine mer de l'oubli. Mais autant que
l'opium et le haschisch, le vin et l'alcool ont leur
danger. La navrante réalité est loin, mais voici
apparaître le fantôme et le rêve, trompeurs,
anxieux, parfois terribles, engendrant les craintes sans motifs, les terreurs sans nom, le suicide
et le meurtre. Le monde imaginaire qu'a créé le
buveur, ce monde va le poursuivre, l'entourer,
le presser de toutes parts. En proie à des hallucinations sans cesse renaissantes, l'alcoolique
n'échappera à un fantôme que pour devenir la
proie d'un autre, ne fuira un effroyable abîme
que pour se sentir entouré d'immondes animaux
qui pullulent sur toute la surface de son corps,
que pour entendre des bruits effrayants, des
injures de toute sorte, de terribles menaces. Ce
que je viens de dire montre que dans l'alcoolisme
on peut rencontrer des hallucinations de tous les
sens. Cependant, il semble évident que les phan-

tasmes visuels sont de tous les plus fréquents.
Nombreux et mobiles, ils se remplacent avec
une rapidité singulière qui fait que le malheureux
alcoolisé assiste pour ainsi dire à une décevante
et pénible fantasmagorie dont il est l'éternel
jouet. Cette prédominance des hallucinations
visuelles dans l'alcoolisme, ce remplacement rapide et incessant des images qui passent devant
les yeux de l'alcoolique comme les scènes d'un
songe ont été très nettement mis en lumière
par un de nos médecins aliénistes les plus dis-
tingués, M. le Dr Lassègue. Pour frapper l'esprit
du lecteur, l'éminent professeur a intitulé : *Le
délire alcoolique n'est pas un délire, mais un
rêve* (1), un très remarquable travail dans lequel
il montre le rapport très grand, en effet, que l'on
rencontre entre les conceptions délirantes de
l'intoxication alcoolique et le rêve. Que les
hallucinations des sens autres que celui de la vue
soient aussi rares que le dit M. le Dr Lassègue, il
serait difficile de l'admettre ; que dans le rêve
même les phantasmes soient toujours purement
visuels, c'est ce qui n'est pas facile non plus
d'accepter ; mais il n'en demeure pas moins vrai

(1) *Archives générales de médecine.*

que dans le délire alcoolique, comme dans certains rêves, les hallucinations visuelles sont pré-
dominantes, variées, incessantes, se remplaçant
l'une l'autre comme les formes fantastiques que
l'œil aperçoit à travers un kaléidoscope, et que le
récit délirant d'un alcoolisé, racontant les bizarres
et incohérents événements qui se sont déroulés
devant ses yeux, ressemble singulièrement à un
songe. Mais la donnée vraiment neuve et origi-
nale sur laquelle M. Lassègue s'appuie pour
montrer l'étroite parenté du délire alcoolique et
du rêve, c'est qu'ainsi qu'il le fait voir par un
certain nombre d'exemples, les conceptions délirantes de l'alcoolique éveillé sont ordinairement
la continuation, l'épanouissement, en quelque
sorte, des incohérences de son rêve. Tandis que
le sommeil serait chez l'aliéné ordinaire suspensif
du délire, que le persécuté, par exemple, cesserait d'être persécuté pendant son sommeil, le
mégalomane ou le paralytique d'être roi, l'alcoolique commence par délirer en rêve pour ensuite
délirer éveillé et, cela, sur le même thème.

On a donné la vision de bêtes plus ou moins
repoussantes, tels que serpents, rats, araignées,
comme caractéristique en quelque sorte de la
folie alcoolique. Le fait est en réalité extrême-

ment fréquent et il suffit pour s'en convaincre
de lire les nombreuses observations que Magnan
a consignées dans son mémoire sur l'alcoolisme.
Mais ce qui est d'une vérité plus générale, c'est
le caractère effrayant et pénible des hallucinations
des fous ébrieux. En effet, outre les images
fantastiques de serpents, de rats, de lions,
d'araignées, que l'on rencontre souvent dans la
folie ébrieuse, il est au moins aussi fréquent de
voir les malades en proie au délire alcoolique
accuser des visions de flammes, de cadavres
ensanglantés, de fantômes, de gens armés,
d'assassins qui les poursuivent ; de les entendre
se plaindre de menaces qui leur sont faites, d'injures qui sont proférées contre eux. Un malade,
dont parle Magnan, voyait des individus rassem-
blés pour lui faire subir une horrible mutilation ;
il sentait le couteau pénétrer dans ses chairs.
Un autre avait devant les yeux sa femme, à
qui des misérables s'apprêtaient à faire subir
les derniers outrages. Un malade, que j'ai eu
dans mon service, voyait continuellement autour
de lui des flammes auxquelles il cherchait à
échapper. Ce n'est pas pourtant que le délire
alcoolique ne puisse être accompagné parfois de
visions de nature agréable ; on a cité des faits

de ce genre, mais le cas est extrêmement rare et j'avoue pour ma part ne l'avoir jamais observé. Quoi qu'il en soit, on voit que si l'usage de l'alcool peut être tout d'abord une source de sensations agréables, il arrive au bout d'un temps plus ou moins long que la maladie surgit et que l'hallucination qui s'impose remplace la vague rêverie ou la béate quiétude que cherchait le buveur. Quel que soit l'agent employé, ce n'est donc jamais sans danger que l'homme s'efforce, d'une façon plus ou moins inconsciente ou avec un dessein arrêté, de substituer un monde factice au monde réel, les enchantements du rêve aux sévérités de la vie.

CHAPITRE XV.

DU RAGLE OU HALLUCINATION DU DÉSERT.

Les voyageurs qui parcourent le désert sont sujets à un phénomène que les Arabes nomment le *ragle*. Le ragle se présente si communément qu'il a été créé un verbe pour représenter l'état du voyageur en proie au ragle : on dit *ragler* comme on dit rêver.

C'est à la suite d'une grande fatigue, de la privation de sommeil, sous l'influence de la faim, ou d'une soif excessive que se développe le ragle. Il consiste en un ensemble d'aberrations sensorielles intéressant les sens de la vue, de l'ouïe, du goût, de l'odorat et même du toucher. Cependant, les aberrations visuelles sont de beaucoup les plus fréquentes ; puis viennent celles de l'ouïe, qui atteignent principalement les voyageurs soumis à l'influence du *simoun* et dont l'organe auditif est fatigué et irrité par le sable. Ceux qui sont sous l'influence de la quinine éprouvent fréquemment aussi des troubles semblables.

C'est par une demi-obscurité et dans le moment qui précède le sommeil, ou bien quand il finit, que se montre le ragle. En d'autres termes, l'instant le plus favorable à la production du phénomène que nous étudions est le moment intermédiaire à la veille et au sommeil. Ce fait a quelque importance; il peut, en effet, nous éclairer sur la nature de certaines aberrations sensorielles éprouvées par les personnes en état de ragle. Je dois ajouter que le ragle se produit aussi en plein jour et qu'il paraît alors engendré par une éblouissante lumière. Mais ce dernier fait est une exception, et la demi-obscurité est la condition essentiellement favorable à la naissance des diverses perceptions anormales par lesquelles le ragle est constitué.

Mais il est nécessaire que nous décrivions très exactement les sensations auxquelles est soumis le voyageur en état de ragle. Puis nous chercherons par une exacte analyse des faits à pénétrer la nature vraie du phénomène. N'ayant jamais été à même de constater par nous-même cette curieuse hallucination, c'est d'après les observations d'un éminent voyageur, M. d'Escayrac de Lauture, que nous retracerons le tableau des sensations variées éprouvées dans l'hallucination du désert.

Le voyageur fatigué par une longue course,

pressé par le sommeil, et luttant pour demeurer
éveillé, ne tarde pas à se trouver dans un état
qui n'est ni le sommeil ni la veille. Tout en conservant le sentiment de sa situation, il éprouve
des impressions singulières. Il lui semble que
l'horizon s'élève autour de lui comme une muraille, le ciel lui paraît la voûte d'une salle
immense fermée de tous côtés et les étoiles ne
sont plus pour lui que des milliers de lampes et
de lustres destinés à éclairer cette salle. Il voit
parfois s'élever devant lui et autour de lui des
forêts d'arbres à branchages très minces et peu
touffus, mais d'une grande hauteur et dont le
feuillage cache une partie du ciel sans pourtant
voiler les étoiles. Les pierres deviennent des rochers, des édifices; les traces des animaux, les
ornières donnent à la route l'apparence d'une
terre labourée ou d'une prairie. Les ombres
projetées par la lune paraissent des puits, des
précipices, des ravins. Les ombres de moindre
dimension offrent l'aspect d'êtres animés; on voit
passer devant soi de longues files de chameaux,
des caravanes, des troupes nombreuses dont on
distingue les armes et les uniformes. Ces images
ne sont pas éloignées de l'observateur de plus de
cinquante centimètres ou un mètre. Parfois, il

lui semble qu'il traverse des murailles, des édifices, qu'il revoit toujours devant lui. « Mon bras, dit M. d'Escayrac de Lauture, plongeait dans la maçonnerie, mon corps ne la rencontrait jamais ; elle s'ouvrait pour lui donner passage. » Une aberration très fréquente encore, d'après le même observateur, est le redressement des surfaces horizontales. « Des treillis s'élèvent aux côtés de la route. L'horizon devient un mur, une enceinte ou une immense cuve ; quelquefois il semble qu'on se trouve au milieu d'un cratère, au milieu du val del Bove ou de quelque gorge resserrée des Alpes. Un fait d'une nature analogue est la transformation de la partie du ciel qui qui est devant nous en une longue et étroite bande de gaze. » Un autre fait sur lequel M. d'Escayrac de Lauture a encore appelé l'attention, c'est la nature variable des fausses perceptions du ragle suivant la race du sujet affecté de ce trouble sensoriel et l'identité, la similitude tout au moins, de ces mêmes perceptions chez les individus de même race, de même éducation. Là où l'Européen verra un sapin, un chariot, un clocher, l'Arabe apercevra des palmiers, un chameau, un minaret. Enfin, les perceptions visuelles du ragle sont ordinairement aussi en rapport avec les occupations du moment.

Si maintenant nous cherchons à analyser cet ensemble de perceptions réelles et fausses par lequel le ragle est constitué, nous voyons que ce qui domine dans l'hallucination du désert, c'est l'illusion par préoccupation d'esprit et impressions fausses dues à l'affaiblissement du sens de la vue. Quand la personne en proie au ragle voit dans les traces laissées par les animaux sur le sol les sillons d'une terre labourée, c'est ce genre d'illusion qui se produit; de même, lorsque les ombres portées par les objets sont prises pour des précipices; de même encore, quand le voyageur prend des rochers pour des édifices d'une architecture plus ou moins compliquée.

Mais bien que l'illusion forme, pour ainsi dire, la trame principale du délire sensoriel du ragle, il semble néanmoins qu'une partie des images perçues dans ce singulier état relève de l'hallucination pure. Les conditions dans lesquelles s'offrent certaines des images que nous avons décrites plus haut, leur nature, leur aspect, si je puis dire, ne permettent guère de douter que le voyageur soumis au ragle n'éprouve de véritables hallucinations hypnagogiques. C'est, en effet, dans l'état intermédiaire à la veille et au sommeil qu'un certain nombre d'images se montrent dans le ragle, et cet état est essentiellement propre à faire naître cette sorte d'hallucination. Cette raison ne serait peut-être pas suffisante pour conclure à l'existence de ces hallucinations, mais l'examen attentif des phénomènes présentés par les personnes atteintes de ragle nous semble confirmer cette manière de voir. Quand M. d'Escayrac de Lauture nous parle d'ombres transformées en précipices, d'empreintes de pas offrant l'apparence de champs labourés, nous reconnaissons là une véritable illusion : il y a une perception réelle que transforme l'esprit; mais lorsque le même auteur dit que le voyageur voit surgir devant ses yeux des files de chameaux, des troupes armées, des êtres animés, en un mot, dont une perception réelle actuelle ne nous paraît pas rendre suffisamment compte, nous pensons involontairement et nécessairement à la succession des images que le demi-sommeil engendre si souvent à l'hallucination hypnagogique.

Mais il est un autre genre de sensation qu'on ne peut rapporter ni à l'illusion ni à l'hallucination pure : je veux parler de cette impression signalée par M. d'Escayrac de Lauture qui lui faisait voir les surfaces horizontales se redressant, l'horizon transformé en une muraille s'élevant tout près de lui et que sa main traversait, son bras plongeant dans la maçonnerie. Je noterai encore cette vision d'arbres au branchage ténu, à travers lequel le ciel et les étoiles sont nettement perçus, comme un phénomène qui demande une explication spéciale. Elucidons ce dernier point tout d'abord.

L'éminent voyageur qui nous a donné la description du ragle, à laquelle j'ai emprunté les traits essentiels sous lesquels j'ai retracé ce singulier phénomène, pense que ces visions de branchages ténus à travers lesquels on aperçoit les étoiles et le ciel sont produites par un état d'injection des vaisseaux de la cornée. L'explication tout en étant fautive à un certain point de vue, puisque la cornée n'a pas de vaisseaux, est, en somme, parfaitement juste dans son essence même, et il est extrêmement probable que ce sont les vaisseaux de la rétine ou de la choroïde injectés qui donnent naissance à cette illusion. M. Giraud-Teulon (1), qui a commenté au point de

(1) Giraud-Teulon. *Physiologie et Pathologie fonctionnelle de la vision binoculaire.*

vue des troubles visuels l'intéressant mémoire
de M. de Lauture, se range à cette opinion ou,
tout au moins, voit dans cette interprétation des
faits une très grande vraisemblance. Nous aurions
donc affaire ici à une illusion ayant sa source
dans la fatigue des muscles de l'accommodation
qui, ne donnant plus la notion des distances, permettent à l'esprit de rapporter à la voûte du ciel
le lacis arborescent qui se trouve sur une des
membranes de l'organe visuel lui-même.

Pour ce qui est du redressement des surfaces
horizontales, nous admettrons avec M. Giraud-
Teulon que cette impression d'un plan vertical
substitué naît, d'une part, de l'incertitude
des limites et des impressions qui en résul-
tent, impressions rendues nécessairement confuses par le peu de lumière répandue sur la
rétine ; de l'autre, « de l'affaiblissement du sens
sous l'influence de la fatigue et d'une paralysie
physiologique qui commence à se faire sentir. »

Si maintenant nous étudions ce phénomène
d'un mur suspendu devant l'observateur et qu'il
traverse, mais qui reparaît toujours devant lui,
dans lequel il plonge son bras, il est difficile,
comme le dit très bien l'auteur que nous venons
de citer, de n'être pas frappé de l'analogie qui

existe entre cette illusion et les faits signalés par
Brewster. Voici ces faits rapidement exposés :
Si on vient à regarder une tapisserie à fleurs
semblables, à une distance de trois pieds, et
qu'on cherche à réunir deux fleurs séparées par
un intervalle de 12 pouces, toute la muraille
apparaîtra toujours couverte de fleurs comme
auparavant, mais chaque fleur sera formée par
la réunion de deux fleurs semblables superpo-
sées, et la muraille tout entière, avec ses bou-
quets, semblera suspendue en l'air, à la distance
de six pouces de l'observateur. « Au premier
instant, continue l'auteur anglais, l'observateur
n'apprécie pas exactement cette distance apparente. Généralement, ce n'est qu'avec lenteur
que la tapisserie se fixe à cette nouvelle position ;
au moment où cela a lieu, l'aspect qui en résulte
offre un singulier caractère : la surface semble
légèrement courbe, et présente un aspect ar-
gentin. Elle est beaucoup plus belle que la tapisserie même qui a disparu, et le plus léger
mouvement de la tête la fait mouvoir en même
temps qu'elle. Si l'observateur, que nous avons
supposé à trois pieds de la muraille, s'en éloigne,
la muraille suspendue le suivra dans son mouvement, s'éloignant comme lui de la muraille

réelle, mais non dans la même proportion, car la première s'éloignera aussi graduellement de l'observateur. Lorsqu'au contraire il demeure en repos, il peut étendre sa main et est fort étonné de lui faire traverser la muraille ; un flambeau allumé, qu'il tiendrait au delà de ces six pouces, lui procure la sensation du fantôme de la tapisserie qui se dresse entre lui et le flambeau. »

Ces faits curieux, ces singulières apparences s'expliquent par une aberration dans la coordination synergique des axes oculaires, aberration voulue et cherchée dans les expériences de Brewster. Dans le ragle, nous rencontrons les mêmes apparences illusoires et l'identité des effets nous conduit très naturellement à admettre l'identité des causes. Il y a, toutefois, entre ces deux ordres de faits cette différence essentielle que, tandis que dans les expériences de Brewster l'incoordination des axes visuels est, comme nous l'avons dit, voulue et cherchée, ici, elle est absolument involontaire et résulte simplement de la fatigue de l'organe. Mais, encore une fois, l'analogie entre les illusions décrites par Brewster et certaines particularités de celles rapportées par M. de Lauture, est frappante, et nous pouvons nous appuyer sur les explications du physicien

anglais pour interpréter quelques circonstances
des visions du ragle, et principalement celle
d'un obstacle que le voyageur croit traverser.
Quant à l'ensemble de la vision, qui consiste
dans l'illusion de l'horizon et du sol redressé
se confondant et se transformant en une sorte de
mur dans lequel l'observateur peut plonger son
bras, cette vision tiendrait à une triple cause : à
l'incoordination des axes visuels, qui rend compte
de la proximité de l'image ; à la disposition mentale du voyageur en état de ragle, qui lui fait
attribuer à l'horizon qu'il a devant lui l'apparence d'une muraille ; à l'incertitude des limites
et à la confusion des impressions venant d'une
insuffisante lumière qui, unies à la fatigue du
sens, amènent, comme nous l'avons dit, la sensation du redressement des surfaces horizontales.

On le voit, ces faits sont complexes ; ils relè-
vent tout à la fois de la physiologie oculaire et de
la physiologie psychique. Mais cette explication,
plausible en certains cas, convient-elle à tous
les faits où l'on constate ce redressement des
images et la possibilité, pour le sujet en état de
ragle, de plonger son bras dans les murailles
imaginaires qui se dressent devant lui ? Nous ne
le croyons pas. Une des conditions de l'expé-

rience de Brewster consiste dans l'identité des
dessins placés à une distance donnée, condition
qui permet à l'œil de fusionner les deux images
perçues. Or, il n'est pas possible que cette condition soit fréquemment réalisée dans les perceptions visuelles du voyageur en état de ragle.
Aussi, tout en admettant que, dans certains cas,
les choses se passent comme dans l'expérience
de Brewster, pensons-nous qu'on a quelquefois
affaire à un phénomène différent. Le redressement des images horizontales tient bien toujours
à la cause signalée plus haut, mais l'image perçue
ne serait pas une simple illusion. Il s'agirait ici
d'une illusion-hallucination. La perception réelle
servirait simplement à mettre en mouvement les
images cérébrales qui, s'objectivant, donneraient
naissance à l'hallucination, et l'image hallucinatoire serait alors aperçue à la distance où sont
vues ordinairement les images fantastiques,
c'est-à-dire à la distance indiquée par l'éminent
voyageur.

Que si l'on trouvait étrange cette idée d'une
perception du sens de la vue donnant naissance
à une hallucination du même sens, nous dirions
que le fait est à la réflexion moins extraordinaire
qu'il ne le paraît tout d'abord. Nous avons, dans

la vie physiologique, des faits qui se rapprochent singulièrement du phénomène dont nous nous occupons en ce moment. Il est peu de personnes, en effet, qui, en présence d'un objet leur rappelant une scène qui les a vivement frappées, n'aient vu se dresser, en quelque sorte, devant elles cette scène même, avec tous ses détails, détails nets, précis, vivants comme la réalité. Or, si l'on veut bien se rappeler que les images de la mémoire sont les matériaux mêmes de l'hallucination, si l'on considère combien il est probable qu'il n'y a, entre les deux phénomènes, mémoire et hallucination, qu'une différence de degré, on sera moins étonné de voir une impression du sens de la vue donner naissance à une hallucination visuelle.

CHAPITRE XVI.

LE CERVEAU ET LE RÊVE.

La plus simple observation suffit à constater
que toutes les images hallucinatoires, qu'il
s'agisse du rêve ou de l'hallucination proprement
dite, sont tirées, au moins quant à leurs éléments, du monde extérieur où elles ont été
recueillies par les sens. Ce que j'ai dit de l'habituelle relation des images avec les occupations
ordinaires des hallucinés le démontre déjà nettement, et la différence des visions éprouvées par
des hommes de race différente en donne une
preuve plus évidente encore : on a vu, en effet,
que, dans cette hallucination si curieuse éprouvée par les voyageurs qui parcourent le désert
et à laquelle on a donné le nom de ragle, l'Européen voit des clochers, des arbres touffus, des
sapins, etc., là où l'Arabe aperçoit les minarets
et des palmiers. Ce sont donc les images antérieurement acquises qui font la matière de l'hallucination, et si des associations disparates se
montrent dans les images hallucinatoires, il n'en
est pas moins vrai que les apparitions les plus

fantastiques ont toujours, comme je le disais
tout à l'heure, au moins quant à leurs éléments,
leur objet dans le monde extérieur. Cela établi,
nous devons rechercher le lieu du système nerveux où ces matériaux de l'hallucination, si je
puis me servir de cette expression, acquis pendant la vie antérieure de l'halluciné, ont été
recueillis et, souvent pendant un fort long
temps, conservés.

Quand on examine les hémisphères cérébraux,
on est frappé de l'étendue de la substance grise
qui les recouvre. Cette étendue est, en effet, considérable ; car si l'on tient compte des anfractuo-
sités qui séparent les circonvolutions, on voit
qu'elle n'est pas moins de dix-sept cents centimètres carrés (1). On ne peut douter qu'une telle
surface de cellules nerveuses ne joue, dans les
actes cérébraux, un rôle d'une extrême importance. Si maintenant on se rappelle que partout,
dans le système nerveux, la cellule est l'élément
nerveux spécial, l'aboutissant des impressions,
l'agent des transformations de mouvement, la
substance blanche n'étant constituée que par des
conducteurs, on est déjà tenté, en principe, de

(1) Cette évaluation est due à M. Baillarger.

localiser dans la substance corticale toutes les impressions recueillies par les sens. Ces impressions, en effet, qui s'accumulent tous les jours, mieux encore, à tous les instants, demandent assurément comme lieu de localisation un appareil d'une certaine étendue, et si, par ses dimensions relativement considérables, une portion de la substance grise cérébrale répond à cette exigence, c'est assurément la couche corticale. Cette raison, néanmoins, pour assez plausible qu'elle puisse paraître, serait néanmoins insuffisante; mais les faits pathologiques viennent pleinement confirmer cette simple vue d'esprit.

Il existe une affection mentale, la démence, qui est caractérisée, au point de vue des symptômes, par l'abolition plus ou moins complète des facultés intellectuelles et de la mémoire en particulier. Or, des belles recherches de Parchappe, recherches pleinement confirmées par les travaux de Marcé et des anatomo-pathologistes contemporains, il résulte que dans la démence on constate une altération considérable de la substance corticale. Une autre affection, la paralysie générale qui présente, elle aussi, dans sa période ultime principalement, une abolition à peu près complète des facultés, et surtout de la mémoire,

offre également à l'examen une destruction plus
ou moins profonde des éléments nerveux de cette
même couche corticale. En présence des résultats que je viens d'indiquer et que j'aurais pu
appuyer d'observations nombreuses, il est difficile de ne pas considérer la substance grise corticale comme le lieu de condensation, d'emmagasinement des images que les sens recueillent à
chaque instant dans le monde extérieur.

Cela étant admis, et pour essayer de nous rendre compte de la nature des images qui constituent la matière de la mémoire et de l'imagination
et qui sont comme l'essence, en quelque sorte,
de tous les phénomènes étudiés dans le présent
ouvrage, il convient de rechercher comment les
sens, et principalement le sens de la vue, sont
impressionnés par ce qui nous entoure.

Nous pouvons dire que les objets du monde
extérieur nous affectent, quant à l'organe visuel,
par la couleur et par la forme, qui n'est, en définitive, pour le sens qui nous occupe qu'un accident de la couleur. Or, on sait que les corps
n'ont pas par eux-mêmes de couleur propre. S'ils
nous semblent colorés, c'est qu'ils réfléchissent
ou, pour parler plus rigoureusement, diffusent
certains rayons du spectre en absorbant les

autres. Les diffusent-ils en totalité? ils nous
offrent l'apparence du blanc. Les absorbent-ils
tous? ils nous paraissent complètement noirs. Absorbent-ils enfin une certaine partie des rayons
du spectre, en renvoyant les autres? nous les
voyons de la couleur qu'ils nous envoient. La
couleur des corps n'est donc, en somme, que le
résultat de l'impression, sur un de nos sens, de
la lumière diffusée en partie ou en totalité par
les corps sur lesquels elle vient tomber, et la
lumière sert ainsi d'intermédiaire entre nous et
le monde extérieur. Mais la lumière est un mouvement.

Si, dans le volet d'une chambre obscure, on
pratique deux petites ouvertures peu distantes
l'une de l'autre et de diamètre égal, et que l'on
munisse ces deux ouvertures de verres colorés
en rouge, par exemple, la lumière passant par
ces ouvertures donnera naissance à deux cônes
de lumière rouge qui se rencontreront à une
certaine distance et dans une certaine étendue.
Que l'on interpose un écran sur le trajet de ces
deux cônes, et l'on verra, dans le segment commun aux deux cercles produits par l'intersection
des cônes avec l'écran, des lignes alternative-
ment rouges et obscures. Vient-on à boucher

l'une des ouvertures, les lignes obscures disparaissent. Laisse-t-on passer de nouveau la lumière par l'ouverture précédemment bouchée, elles reparaissent aussitôt. D'où l'on doit conclure, naturellement, que de la lumière ajoutée à de la lumière produit de l'obscurité. Ce phénomène, constaté pour la première fois par Grimaldi, et dont la théorie a été établie par Young et plus complètement par Fresnel, est connu sous le nom d'interférence lumineuse. Il ne peut s'expliquer que dans le cas d'un mouvement et d'un mouvement ondulatoire.

Il est nécessaire ici de dire, en quelques mots, en quoi consiste cette sorte de mouvement.

Supposons que dans un bassin renfermant une eau tranquille on laisse tomber, d'une hauteur déterminée, un corps de volume donné. Autour de ce corps se formeront une série d'élévations et de dépressions concentriques qui, partant de l'endroit où le corps est tombé, iront en s'élargissant de plus en plus. Ces dépressions et ces élévations s'appellent des ondes. Il semble, au premier abord, que ces ondes soient formées par le liquide qui se déplace; mais une observation plus attentive nous apprend qu'il n'en est rien. Si, en effet, on place sur une des élévations que produit la chute d'un corps un flotteur de liège, par exemple, ce flotteur n'est pas entraîné; il ne change pas de place. Nous avons donc ici un mouvement de forme et non de matière. Cela étant établi, supposons qu'à une certaine distance du centre des ondes que nous venons de considérer, au moment précis où le premier corps était abandonné à lui-même, nous en ayons laissé tomber un second absolument identique au premier et d'un point également éloigné de la surface du liquide, sous l'influence de la chute de ce corps, une nouvelle série d'ondes, identiques aux premières, aura pris naissance, et ces ondes se propageront en allant à la rencontre des premiers cercles. Si les élévations d'un des systèmes d'ondes rencontrent les élévations de l'autre, ces élévations seront doublées. Si ce sont les vallées qui rencontrent les vallées, ces vallées deviendront une fois plus profondes. Si une élévation rencontre une vallée, le liquide offrira, en cet endroit, l'aspect d'une surface plane : un flotteur placé sur ce point ne présentera aucune oscillation : les deux systèmes auront interferré et deux mouvements auront produit l'immobilité.

C'est d'une façon analogue, que de la lumière

ajoutée à de la lumière produit de l'obscurité, car, chaque fois que nous constatons l'interférence, nous devons conclure au mouvement ondulatoire. C'est la seule explication plausible du phénomène. Il faut donc que nous concevions les corps lumineux dans un état de vibration continuelle. Interposé entre eux et tous les corps contenus dans l'immensité de l'espace, est un fluide élastique, *l'éther*, qui ondule sous l'influence de ces vibrations, et ce sont ces ondulations extrêmement rapides, qui venant frapper la surface de la rétine, produisent la sensation de lumière. Nous ne voyons pas l'éther, mais ses effets, les phénomènes d'interférence, nous permettent d'affirmer son existence. Donc la lumière est un mouvement et les corps du monde extérieur nous envoient à chaque instant, sous l'influence des vibrations des centres lumineux, une série d'ondes variables suivant la nature de ces corps. Ces ondes, dont la réunion, dont les systèmes sont en relation intime avec les corps qui les envoient, arrivent jusqu'à la rétine. Celle-ci entre elle-même en vibration et les vibrations rétiniennes, en un exact rapport avec les ondes qui leur ont donné naissance, parviennent à la couche optique (*sensorium*) pour se propager ensuite jusqu'à

la couche corticale, où nous admettons qu'elles
sont incessamment recueillies et conservées.

Mais, avant d'aller plus loin, il nous paraît
convenable d'examiner rapidement les perceptions qui nous arrivent par les autres sens que
celui de la vue et de rechercher quelle peut être
la nature de ces impressions. Mais, si nous nous
livrons à cette recherche, nous voyons facilement
que, là partout, ces impressions sont encore le
résultat d'un mouvement communiqué et consistent en un mouvement.

Le son, en effet, provient, nous le savons,
d'ondes aériennes qui frappant les fibres de Corti,
les font vibrer à l'unisson. Donc, ici, nous avons
affaire à un mouvement. La chaleur, dont l'essence est un mouvement vibratoire (car, pour
la chaleur, comme pour la lumière, et pour le
son, des phénomènes d'interférence sont constatés et produits à volonté expérimentalement), la
chaleur, dis-je, dont l'essence est un mouvement,
ne doit-elle pas produire un mouvement? Que
peut faire naître le contact d'un corps, sinon un
mouvement? Quel peut être le résultat de
l'action, sur nos sens, des odeurs et des saveurs,
action qui ne paraît s'exercer que par contact,
sinon un mouvement? Nous pouvons ainsi penser

que toutes les impressions nerveuses, d'où qu'elles viennent, sont le résultat d'un mouvement.

Les êtres animés sont donc, en définitive, soumis à une infinité de vibrations venues du monde extérieur, vibrations qui sont recueillies par les sens à la surface du corps, transmises aux couches optiques, puis à la couche corticale qui les conserve en quelque sorte. De telle façon qu'à l'imitation des anciens et dans un autre sens on peut dire de l'homme qu'il est un *microcosme*, puisque dans la substance grise des circonvolutions, sont contenues et conservées les images du monde extérieur présent et passé. Et le mot image convient aussi bien au résultat des impressions sonores, tactiles, etc., qu'à celui des impressions lumineuses, puisque, dans tous ces cas, il s'agit d'un mouvement. Il y a donc pour nous, — et, si le lecteur nous a bien suivi, il ne s'étonnera pas de ce que nous disons ici, — il y a donc pour nous des images tactiles, des images sonores, comme il y a des images lumineuses, images toutes emmagasinées dans la substance corticale péri-hémisphérique. Mais comment se peut comprendre cet emmagasinement, cette conservation des images ? La question est déli-

cate et, ici, une large part doit être faite à
l'hypothèse.

Ce qu'en y réfléchissant, on est le plus facilement porté à admettre pour expliquer comment
des images, autrefois perçues, demeurées latentes
en quelque sorte, pendant un temps plus ou
moins long, apparaissent à nouveau, soit dans le
phénomène du souvenir, soit dans le rêve ou
l'hallucination, c'est la possibilité, pour la cellule
nerveuse corticale qui a été mise par une impression reçue dans un certain état d'activité, de
revenir à cet état quand elle est l'objet d'une
nouvelle excitation. Cette excitation pourra avoir
lieu par le fait de la volonté; elle pourra venir
d'un point quelconque du cerveau, de la périphérie même, ou encore des profondeurs de
l'organisme; quel que soit le mode d'excitation,
une cellule ayant vibré d'une certaine façon,
c'est ce mouvement même qui se reproduira,
quand cette cellule sera de nouveau mise en
action. Voilà une première explication. Cependant, quelques physiologistes et psychologues, ne
voulant pas sans doute concéder à la cellule nerveuse corticale cette possibilité de revenir à
l'état d'activité dans lequel elle était au moment
de la perception, pensent que tout mouvement

vibratoire, transmis à la couche corticale, s'y continue, allant s'affaiblissant, sans s'éteindre, cependant, jusqu'au moment où une impulsion nouvelle sera donnée qui ravivera ce mouvement, lequel se transmettra aux couches optiques et au sens en parcourant une route inverse de celle suivie dans la perception. Que, si le mouvement était complètement éteint, aucun ravivement de l'image ne serait possible : c'est là le cas des souvenirs effacés. Une telle conception est assurément séduisante et elle a l'avantage de ne pas concéder à la cellule une virtualité dont on ne comprend pas nettement la nature.

En tous cas et quelle que soit l'hypothèse que l'on veuille admettre, nous avons, dans la couche corticale, un ensemble de cellules où se trouve une image en puissance, si je puis dire. Mais voici ces cellules, par suite d'une des causes dont j'ai parlé plus haut, — volonté, excitation venant du cerveau, de la périphérie, *d'un point quelconque de l'organisme*, — de nouveau mises en action, et alors l'image, qui correspond à cet état actif des cellules, va parcourir les fibres blanches conductrices dans la direction de la couche optique et du sens. Si le mouvement est faible, s'arrêtant à la couche optique, ou ne parvenant à l'organe

sensoriel qu'extrêmement atténué, nous avons le
phénomène auquel on a donné le nom de *mémoire*, de *souvenir*. Si l'ébranlement est plus
considérable, arrivant jusqu'au sens sans avoir
rien perdu de son intensité, l'appareil étant mis
à nouveau dans l'état où il était lors de la perception réelle, l'hallucination est constituée.

Ici se présente une intéressante question :

Existe-t-il une lésion cérébrale qu'on puisse
regarder, soit en raison de sa nature, soit plutôt
par le lieu qu'elle occupe, comme la cause de
l'hallucination ?

C'est, semble-t-il, se faire une singulière idée
de l'hallucination que de concevoir qu'un trouble
statique y corresponde constamment et nécessairement. S'il est un trouble qui semble pouvoir
être essentiellement fonctionnel, c'est bien celui-
là. L'identité, l'analogie extrême, si l'on veut
être plus réservé dans l'expression, du rêve, de
certains rêves surtout et de l'hallucination, me
paraît une preuve suffisante de cette manière de
voir. Il y a plus : quand on se rappelle la vivacité de certains souvenirs, de certaines scènes
qui nous ont frappés, on ne saurait être bien
éloigné d'admettre qu'entre la pensée ou plutôt
l'image qui constitue le souvenir et l'halluci-

nation, il n'y a qu'une différence de degré d'intensité; et cela est si vrai que, normalement, dans certaines circonstances, chez certains hommes particulièrement — et ces hommes ne paraissent pas des moins doués — ce degré est franchi et la pensée s'objective. De ce que nous venons de dire, faut-il conclure que lorsqu'on rencontre des lésions cérébrales chez un halluciné, ces lésions ne soient pour rien dans la production de l'hallucination? Loin de nous une telle pensée; mais notre persuasion est que ces lésions sont, le plus ordinairement, simplement l'occasion du trouble hallucinatoire, elles n'en sont pas le *substratum;* en d'autres termes : l'hallucination n'est pas un phénomène pathognomonique d'une lésion cérébrale déterminée, ni comme nature ni comme siège (1). Cette

---

(1) Les aliénistes sont très partagés sur le siège des lésions qu'on pourrait regarder comme cause des troubles hallucinatoires. MM. Luys et Ritti les localisent dans les couches optiques; M. Tamburini, dans la couche corticale; Foville père, « dans les parties nerveuses intermédiaires aux organes des sens et au centre de perception, ou dans les parties cérébrales auxquelles aboutissent les nerfs de la sensation. » Enfin, d'après M. le professeur Ball et son élève distingué M. Régis, « il n'est pas un seul point de l'organe du sens, depuis sa partie la plus extérieure jusqu'à sa partie la plus

lésion, en effet, peut se trouver dans la couche corticale, dans tel autre point du cerveau, et de ce point lésé — quelle que soit, du reste, la nature de la lésion — partira l'excitation qui, -aboutissant à tel ou tel département de la couche corticale, donnera naissance au phénomène hallucinatoire qui variera, quant à son expression, suivant l'ensemble des cellules de la substance grise qui auront été touchées. Mais il y a plus, et ces excitations donnant naissance à l'hallucination peuvent venir, non seulement du cerveau, mais de la périphérie et des profondeurs de l'organisme. C'est ce que l'on constate, en effet, pour les hallucinations de certains enfants porteurs d'entozoaires intestinaux et dont le point de départ est l'excitation produite sur l'intestin par la présence du parasite. C'est par un mécanisme analogue qu'une blessure de la cornée peut donner naissance à une hallucination; c'est enfin un phénomène du même genre que nous observons dans ces agitations accompagnées d'hallucinations plus vives qui se ren-

profonde et la plus reculée dans le territoire cérébral qui, sous l'influence d'une altération quelconque, ne puisse devenir, *chez un sujet prédisposé*, la source d'hallucinations. » (*Société médico-psychologique*, séance du 27 février 1882)

contrent si souvent chez les aliénés et qui, liées
à un trouble gastrique, disparaissent avec le
trouble qui les produit. On voit donc que de tous
les points de l'organisme, du cerveau, des viscères et de la périphérie même, peuvent partir
des excitations qui, aboutissant à la couche corticale, donnent naissance à l'hallucination. De
telle sorte que s'il n'y a pas de lésions déterminées produisant nécessairement l'hallucination,
que si l'excitation qui lui donne naissance peut
venir de tous les points de l'organisme, il est une
partie du système nerveux encéphalique, *la
couche corticale, qui entre toujours en action
dans la production du phénomène*. La cellule
corticale doit être nécessairement impressionnée,
et le résultat de cette impression doit se trans-
mettre jusqu'à l'organe sensoriel. Mais quelle est
la nature de cette impression? C'est ce qu'il n'est
point aisé de décider, quoi qu'on puisse dire
cependant qu'il s'agit très probablement, ici, de
phénomènes de mouvements et de transformations de mouvements.

Mais ces mouvements et ces transformations
de mouvements, nous ne pouvons les saisir dans
le système nerveux lui-même. Force nous est
donc de chercher à les constater par une sorte

d'artifice, ce à quoi nous parvenons en effet.
L'action de la lumière sur la rétine consiste,
nous l'avons vu, en une série de vibrations. Or,
le sens, après la production de l'image fantastique, est dans le même état qu'après une perception réelle. L'organe sensoriel a donc été soumis
pendant l'hallucination à une action identique à
celle qui se produit dans la perception, c'est-à-
dire à un mouvement vibratoire. Ce mouvement,
que nous ne pouvons, comme je l'ai noté, suivre
dans son trajet à travers les appareils nerveux,
nous le saisissons donc, si je puis dire, à sa sor-
tie. Et comme un mouvement ne peut être
engendré que par un mouvement, l'excitation
elle-même a dû consister en un mouvement qui
atteignant la cellule corticale l'a fait vibrer suivant l'aptitude antérieure qu'une première impression lui avait fait contracter ou a augmenté
la vibration conservée, et une série d'ondulations
ont parcouru le nerf sensoriel jusqu'à l'appareil
de perception. De telle sorte que nous pouvons
nous représenter la série d'actions qui se passent
dans le système nerveux lors de la production de
l'hallucination engendrée par une excitation organique par le schème suivant : mouvement
partant de l'organisme, transformation de mou-

vement dans la cellule nerveuse corticale, propagation de ce mouvement jusqu'à l'organe sensoriel. Telle est la manière dont il nous semble que se peuvent comprendre les faits, sans que nous accordions pourtant à notre explication plus de portée qu'il ne convient, et en reconnaissant qu'il ne s'agit ici que d'une très vraisemblable hypothèse.

Mais si l'on ne peut se prononcer qu'avec réserve sur la nature intime du dynamisme, si je puis dire, au moyen duquel se réalise le phénomène hallucinatoire, il est un fait sur lequel on peut être plus affirmatif : c'est que la production de l'hallucination est certainement accompagnée d'un état spécial de la circulation cérébrale. Il y a, en effet, dans l'hallucination, travail cérébral, et tout travail cérébral — les expériences de Mosso ne laissent aucun doute à cet égard — est accompagné d'une dilatation vasculaire. J'ajouterai que l'état de turgescence de la substance cérébrale pendant le rêve, état que des lésions crâniennes ont permis de constater, fournit un argument de plus en faveur de notre opinion, l'hallucination et le rêve étant deux phénomènes identiques.

Dans les faits dont nous avons cherché, au

cours de cet ouvrage, à donner l'explication, nous n'avons eu affaire qu'à la matière, si je puis dire, de la mémoire et de l'imagination. Nous avons à peine parlé de la force agissante qui dispose de cette matière. Nous avons montré l'instrument, autant que nous l'avons pu, dans ses ressorts cachés, mais non pas le principe qui le met en mouvement. Les impressions confuses du milieu ambiant, les réactions de l'organisme dans l'état normal ou pathologique, peuvent bien, comme nous l'avons indiqué, donner la perception d'images plus ou moins cohérentes, plus ou moins bien agencées ; mais c'est là tout. Chaque fois que les combinaisons de la mémoire et de l'imagination sont voulues, ces combinaisons volontaires sont le résultat de l'action d'une libre puissance que nous sentons en nous-mêmes, puissance que les circonstances extérieures peuvent influencer, auxquelles l'instrument lésé peut mal obéir, mais qui, dans l'état d'intégrité céré-brale, est la vraie maîtresse de ce clavier aux touches infinies qui constitue la mémoire et l'imagination. Cette puissance, cette force, c'est l'âme humaine. De sa nature, la physiologie ne nous apprend rien ; de son mode d'action sur la matière, nous ne savons rien non plus : nous sentons qu'elle agit, voilà tout. De ce mode d'action pourtant il semble possible d'entrevoir quelque lueur qui, sans éclairer d'une vraie lumière cet obscur problème, nous mettrait peut-être plus près du vrai en cette insondable question. On peut se demander, en effet, si ces vibrations que nous avons considérées, comme constituant les images de la mémoire et de l'imagination, n'ont pas pour excitant, pour moteur intermédiaire dans le système nerveux, ce fluide impondérable, l'éther, que les physiciens considèrent comme pénétrant tous les corps de la nature et donnant naissance par ses modalités diverses à toutes les forces physiques, forces que les travaux modernes nous ont montrées se transformant les unes dans les autres par quantités équivalentes. S'il en était ainsi, on comprendrait plus facilement l'action de cette essence invisible qui est en nous, sur cet agent aussi invisible, mais dont, nous l'avons vu, les phénomènes d'interférence nous permettent de constater physiquement l'existence.

FIN.

28

TABLE

FIN DE LA TABLE.

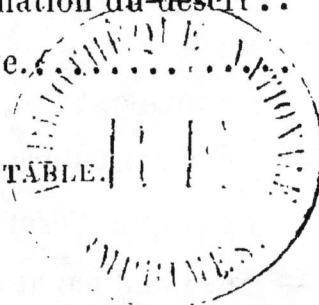

Lyon. — Imprimerie Schneider frères, quai de l'Hôpital, 12.

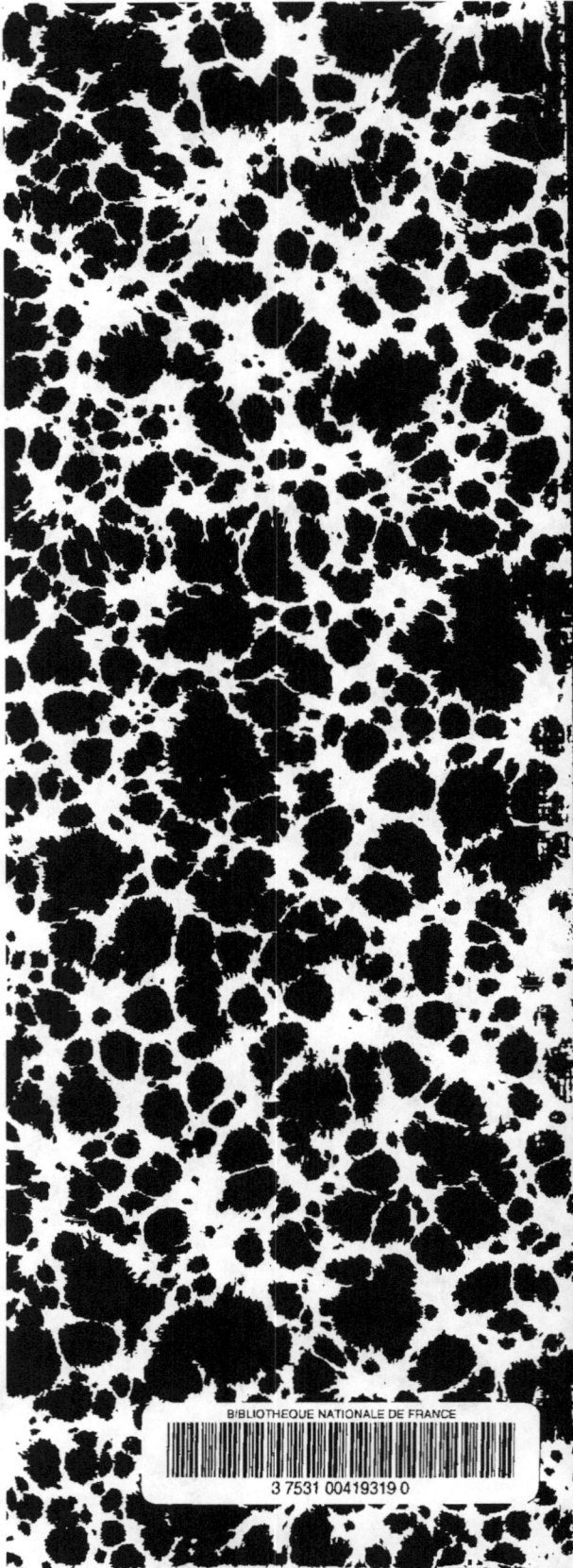